高等学校教材

Visual Basic 程序设计教程

主　编　郭晓君
副主编　谢日行

黄 河 水 利 出 版 社

内容提要

本书是针对 VB 程序设计的初学者编写的。本书共分 13 章，主要内容包括：VB 的基础知识、窗体与常用控件、三种结构的程序设计、数组、过程、变量与过程的作用域、文件、界面设计、图形、数据库、VB.NET 基础知识。每一章节后面都配有相应的习题和实验。本书可作为高等院校非计算机专业文、理本专科的教材，也可作为国家计算机二级考试的辅导教材。

图书在版编目（CIP）数据

Visual Basic 程序设计教程/郭晓君主编.—郑州：黄河水利出版社，2007.5

ISBN 978-7-80734-189-5

Ⅰ.V… Ⅱ.郭… Ⅲ.BASIC 语言-程序设计-高等学校-教材 Ⅳ.TP312

中国版本图书馆 CIP 数据核字（2007）第 027214 号

出 版 社：黄河水利出版社

地址：河南省郑州市金水路 11 号　　邮政编码：450003

发行单位：黄河水利出版社

发行部电话：0371-66026940　　传真：0371-66022620

E-mail：hhslcbs@126.com

承印单位：黄河水利委员会印刷厂

开本：787 mm×1 092 mm　1/16

印张：16

字数：367 千字　　印数：1—4 600

版次：2007 年 5 月第 1 版　　印次：2007 年 5 月第 1 次印刷

书号：ISBN 978-7-80734-189-5/TP·26　　定价：29.00 元

前 言

Visual Basic 是微软公司开发的基于 Windows 平台的 32 位程序设计开发平台，其最大的优点是简单易学，并且可以高效地开发出标准的 Windows 应用程序。高等院校非计算机专业的计算机基础课时有限，大部分学生入学前都没有任何编程基础。由于 Visual Basic 的显著特点，越来越多的高校将 Visual Basic 作为大学生程序设计的第一门课程。本书针对初学者的特点，尽量做到基本概念清晰、通俗易懂、例题丰富。

本书由河南工业大学信息科学与工程学院的白丽媛、刘淤勋、郭晓君、谢日行、孙会峰、朱红莉、闫秋玲、马丽、胡江汇、曹丹、李永锋，郑州铁路职业技术学院铁道分院信息工程系的高辉共同编写完成。其中，第 1 章和第 11 章由郭晓君编写，第 2 章由朱红莉编写，第 3 章由闫秋玲编写，第 4 章由胡江汇编写，第 5 章由马丽编写，第 6 章由白丽媛编写，第 7 章由刘淤勋编写，第 8 章由谢日行编写，第 9 章由高辉编写，第 10 章由孙会峰编写，第 12 章由曹丹编写，第 13 章由李永锋编写。全书由郭晓君任主编，谢日行任副主编。

在编写此书的过程中作者做了许多的努力，但由于水平有限，加之编写时间仓促，书中难免会有疏漏之处，敬请读者批评指正。

作 者

2006 年 12 月

目　录

前　言
第1章　概　述 ……………………………………………………………………… (1)
1.1　VB 简介 ……………………………………………………………………… (1)
1.2　VB 的集成开发环境 ………………………………………………………… (4)
1.3　对象及事件驱动的概念 …………………………………………………… (8)
1.4　窗体和基本控件 …………………………………………………………… (9)
1.5　程序设计的一般步骤 ……………………………………………………… (19)
1.6　工程的管理 ………………………………………………………………… (22)
本章小结 ………………………………………………………………………… (24)
习题 1 …………………………………………………………………………… (24)
实验 1 …………………………………………………………………………… (26)
第2章　VB 语言基础 ……………………………………………………………… (27)
2.1　数据类型 …………………………………………………………………… (27)
2.2　常量与变量 ………………………………………………………………… (29)
2.3　运算符与表达式 …………………………………………………………… (32)
2.4　常用函数 …………………………………………………………………… (35)
本章小结 ………………………………………………………………………… (42)
习题 2 …………………………………………………………………………… (42)
实验 2 …………………………………………………………………………… (43)
第3章　顺序结构程序设计 ………………………………………………………… (44)
3.1　基本语句 …………………………………………………………………… (44)
3.2　数据输出 …………………………………………………………………… (47)
3.3　数据输入 …………………………………………………………………… (56)
本章小结 ………………………………………………………………………… (59)
习题 3 …………………………………………………………………………… (59)
实验 3 …………………………………………………………………………… (60)
第4章　选择结构程序设计 ………………………………………………………… (62)
4.1　选择结构程序设计的概念 ………………………………………………… (62)
4.2　单条件选择语句 IF ………………………………………………………… (62)
4.3　多分支条件选择语句 SELECT CASE …………………………………… (67)
4.4　使用计时器控件 …………………………………………………………… (69)
4.5　提供简单选择的控件 ……………………………………………………… (72)
本章小结 ………………………………………………………………………… (76)
习题 4 …………………………………………………………………………… (76)

实验 4 ………………………………………………………………………… (78)
第 5 章　循环结构 ………………………………………………………………… (79)
5.1　各种循环语句介绍……………………………………………………… (79)
5.2　嵌套循环与退出循环…………………………………………………… (86)
5.3　列表框和组合框………………………………………………………… (89)
本章小结 ………………………………………………………………………… (93)
习题 5 …………………………………………………………………………… (94)
实验 5 …………………………………………………………………………… (95)
第 6 章　数　组 …………………………………………………………………… (96)
6.1　数组的概念……………………………………………………………… (96)
6.2　静态数组………………………………………………………………… (98)
6.3　动态数组 ……………………………………………………………… (110)
6.4　控件数组 ……………………………………………………………… (112)
本章小结………………………………………………………………………… (116)
习题 6 …………………………………………………………………………… (116)
实验 6 …………………………………………………………………………… (118)
第 7 章　过　程…………………………………………………………………… (120)
7.1　子过程 ………………………………………………………………… (120)
7.2　函数过程 ……………………………………………………………… (124)
7.3　参数传递 ……………………………………………………………… (127)
7.4　过程的嵌套调用与递归调用 ………………………………………… (132)
7.5　键盘与鼠标事件 ……………………………………………………… (135)
本章小结………………………………………………………………………… (138)
习题 7 …………………………………………………………………………… (139)
实验 7 …………………………………………………………………………… (143)
第 8 章　变量与过程的作用范围………………………………………………… (144)
8.1　代码模块的概念 ……………………………………………………… (144)
8.2　变量的作用范围 ……………………………………………………… (146)
8.3　过程的作用范围 ……………………………………………………… (149)
8.4　高级变量 ……………………………………………………………… (153)
8.5　用户定义类型 ………………………………………………………… (155)
本章小结………………………………………………………………………… (157)
习题 8 …………………………………………………………………………… (158)
实验 8 …………………………………………………………………………… (160)
第 9 章　文　件…………………………………………………………………… (161)
9.1　文件系统控件 ………………………………………………………… (161)
9.2　文件概述 ……………………………………………………………… (165)
9.3　文件的读写 …………………………………………………………… (169)

本章小结…………(177)
习题 9…………(177)
实验 9…………(178)
第 10 章　界面设计…………(180)
10.1　对话框…………(180)
10.2　菜单设计…………(186)
10.3　工具栏设计…………(191)
本章小结…………(194)
习题 10…………(195)
实验 10…………(196)
第 11 章　图形操作…………(198)
11.1　VB 的坐标系统…………(198)
11.2　绘图属性…………(200)
11.3　图形控件…………(202)
11.4　图形方法…………(204)
11.5　简单动画设计…………(209)
本章小结…………(211)
习题 11…………(212)
实验 11…………(213)
第 12 章　数据库技术…………(214)
12.1　数据库概念…………(214)
12.2　数据库管理器…………(217)
12.3　数据控件…………(223)
本章小结…………(227)
习题 12…………(227)
实验 12…………(229)
第 13 章　Visual Basic.NET 基础…………(231)
13.1　Visual Basic.NET 介绍…………(231)
13.2　Visual Basic.NET 的新特征…………(233)
13.3　Visual Basic.NET 的安装与配置…………(236)
13.4　Visual Basic.NET 的集成开发环境…………(238)
本章小结…………(244)
习题 13…………(244)
实验 13…………(245)
参考文献…………(247)

第1章 概 述

1.1 VB简介

1.1.1 什么是VB 6.0

Visual Basic是Microsoft公司在原BASIC语言的基础上开发出的新一代面向对象程序设计语言。它继承了BASIC语言易学易用的特点,以结构化BASIC语言为基础,以事件驱动为运行机制。它的诞生标志着软件设计和开发的一个新时代的开始。在以后的几年里,Visual Basic经历了1.0版、2.0版……6.0版的几次版本升级,它的功能更加强大,也更完善。最新版本为VB.Net。本书以VB 6.0中文版为蓝本。

Visual Basic中的"Visual"一词的意思为"可视化",它是指一种开发图形用户界面(GUI)的方法。Visual Basic用一种巧妙的方法把Windows的编程复杂性封装起来,同时为编写程序带来了很大方便。

VB 6.0提供了三种版本:学习版、专业版和企业版。三种不同的版本分别满足不同的开发需求。相对而言,后者比前者的功能更强大一些,读者可根据需要选用不同的版本。

1)学习版

学习版是VB 6.0的基础版本,是针对初学者进行学习和使用的。它包括所有的内部控件、数据绑定等控件。

2)专业版

专业版为专业编程人员提供了一整套软件开发的功能完备的工具。该版本包括学习版的全部功能以及Active控件、Internet控件等开发工具。

3)企业版

企业版使专业编程人员能够开发出功能强大的分布式应用程序。该版本包括专业版的全部功能,还增加了自动化管理器、部件管理器、数据管理工具等。

1.1.2 VB 6.0的特点

VB之所以受到广大编程爱好者及专业编程人员的青睐,是因为它具有以下一些特点。

1)具有面向对象的可视化设计工具

在VB中,应用面向对象的程序设计方法,把程序和数据封装起来视为一个对象,每个对象是可视的。程序员在设计时只需利用现有工具,根据界面设计的要求,直接在屏幕上画出窗口、菜单、命令按钮等不同类型的对象,并为每个对象设置属性。程序员的编程工作只是编写针对对象要完成的事件过程的代码,因而程序设计的效率可大大提高。

2)事件驱动的编程机制

在 Windows 环境下,程序是以事件驱动的方式运行的,每个对象都能响应多个不同的事件,每个事件都能驱动一段代码——事件过程,该代码决定了对象的功能。通常称这种编程机制为事件驱动。事件可由用户的操作触发,也可由系统或应用程序触发。

3)提供了易学易用的应用程序集成开发环境

VB 为编程提供了一个集成开发环境。在这个环境中,用户可以设计界面、编写代码和调试程序,把应用程序编译成可执行文件,并可将它制作成安装盘,以便于在脱离 VB 系统的 Windows 环境中运行。

4)结构化的程序设计语言

VB 具有丰富的数据类型,众多的内部函数,模块化、结构化的程序设计机制,结构清晰,简单易学。

5)强大的数据库访问功能

VB 利用数据控件可以访问多种数据库。VB 6.0 提供的 ADO 控件,不但可以用最少的代码创建数据库应用程序,也可以取代 Data 和 RDO 控件,支持多种数据库系统的访问。

6)支持对象的链接与嵌入技术

VB 的核心是对对象的链接与嵌入(OLE)技术的支持,它是访问所有对象的一种方法。利用 OLE 技术,能够开发集声音、图像、动画、字处理、Web 等对象于一体的程序。

7)网络功能

VB 6.0 提供了 DHTML(Dynamic HTML)设计工具。利用这种技术可以动态创建和编辑 Web 页面,使用户在 VB 中开发多功能的网络应用软件。

8)多个应用程序向导

VB 提供了多种向导,如应用程序向导、安装向导、数据对象向导和数据窗体向导,通过它们可以快速地创建不同类型、不同功能的应用程序。

9)完备的联机帮助功能

在 VB 中,利用帮助菜单和 F1 功能键,用户可以方便地得到所需的帮助信息。VB 帮助窗口中显示了有关的示例代码,通过复制、粘贴可以获取大量的示例代码,为用户的学习和使用提供方便。

1.1.3 VB 6.0 的运行环境和启动

1.运行环境

VB 6.0 是 Windows 9x 以上或 Windows NT 下的一个应用程序,对软、硬件没有特殊要求。VB 6.0 有三种版本,即学习版、专业版和企业版。使用企业版对硬盘的要求为 140MB 左右。安装帮助系统 MSDN 还需约 67MB 空间。

2.启动

VB 系统最常用的启动方法是通过“开始”按钮,选择“程序”菜单,打开“Microsoft Visual Studio 6.0 中文版”子菜单中的“Microsoft Visual Basic 6.0 中文版”程序,就可以启动 VB 6.0。当然，用户也可以在桌面上创建 VB 6.0 的快捷方式，以后只需双击该快捷方式的图标就可以启动 VB 6.0。

启动 VB 6.0 之后，屏幕出现如图 1-1 所示的窗口。该窗口列出了用户能够建立的应用程序类型，初学者只需选择默认的“标准. EXE”即可。在该窗口中有三个选项卡：

- 新建：建立新工程。
- 现存：选择和打开现有的工程。
- 最新：列出最近使用过的工程。

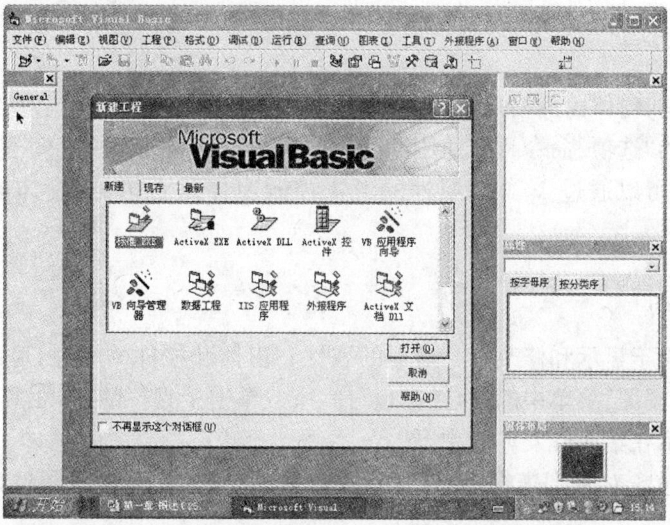

图 1-1　VB 6.0 的启动窗口

在单击“新建”按钮后，就可以创建该类型的应用程序，进入如图 1-2 所示的 VB 6.0 应用程序的集成开发环境。

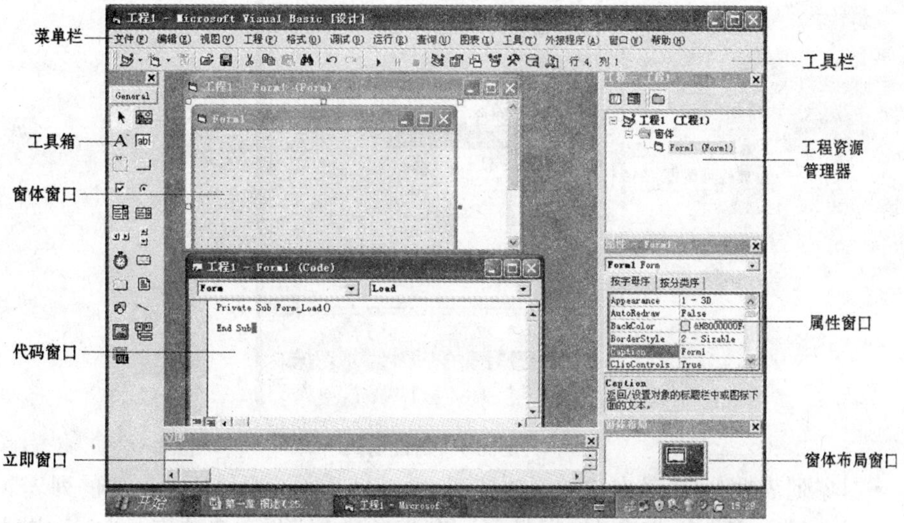

图 1-2　VB 6.0 应用程序的集成开发环境

1.2　VB的集成开发环境

1.2.1　窗体窗口

窗体窗口是建立 VB 应用程序的主要部分,使用窗体编辑器可以用可视化的方式设计其包含的可视控件的外观、初始显示位置和其他属性等。每个窗体必须有一个唯一的窗体名称,建立窗体时的默认名称为 Form1、Form2…… 一个应用程序至少有一个窗体窗口。

在设计状态,窗体由网格点构成,网格点方便用户对控件的定位。网格点间距可以通过“工具”菜单的“选项”命令,在“通用”标签的“窗体网格设置”中输入“宽度”和“高度”来改变。运行时,可以通过 Visible 属性的值来控制窗体是否可见(窗体的网格始终不显示)。

1.2.2　属性窗口

属性窗口用于显示和修改一个对象的属性。窗体和控件的属性,可以通过属性窗口来修改。单击“视图”菜单中的“属性窗口”命令,或单击工具栏的“属性窗口”按钮,就可以把属性窗口显示在集成开发环境中。

属性窗口包含对象列表框、属性显示排列方式、属性列表框及属性说明框,如图 1-3 所示。

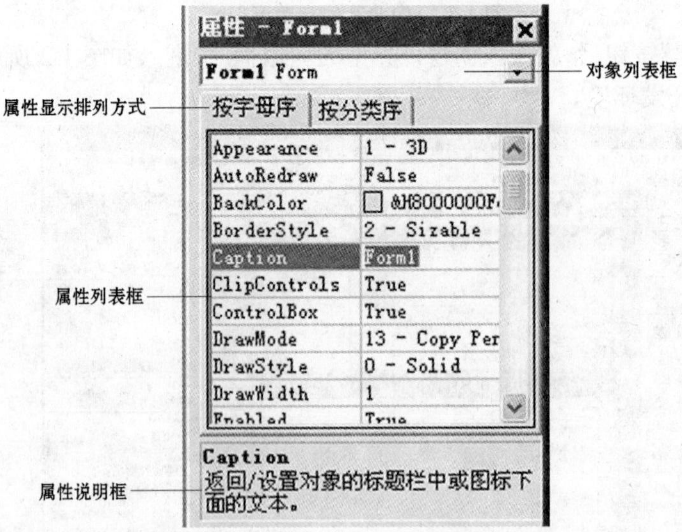

图 1-3　属性窗口

• 对象列表框:单击其右边的下拉按钮,可以打开所选窗体所含对象的列表。

• 属性显示排列方式:有“按字母序”和“按分类序”两个选项卡,图 1-3 中显示的是“按字母序”排列。

• 属性列表框:列出所选对象在设计模式可更改的属性及其默认值,对于不同的对象,所列出的属性也不相同。分左右两列,左列是可以在设计时设计或修改的属性,右列是相应的属性值。用户可以选定某一属性,然后对该属性值进行设置或修改。

• 属性说明框:当属性列表框选取某个属性时,在该区显示所选属性的说明。

1.2.3 工程资源管理器窗口

在VB中要创建一个应用程序,首先要创建一个工程。如果同时创建多个应用程序,则要创建一个包含多个工程的工程组。它保存一个应用程序所有属性以及组成这个应用程序的所有文件。工程文件的扩展名为.VBP,工程文件名显示在工程文件窗口的标题栏内。

工程资源管理器用来浏览和管理工程的资源。工程资源管理器窗口如图1-4所示。单击"视图"菜单中的"工程资源管理器"命令或工具栏上的"工程资源管理器"按钮,就可把工程资源管理器窗口显示在集成开发环境中。使用工程资源管理器,不仅可以浏览工程的构成部件,还可以为工程添加新部件或删除已有的部件、保存部件或激活部件的编辑窗口。另外,双击工程资源管理器中显示的一个窗体或模块,也可以打开编辑它的窗口。

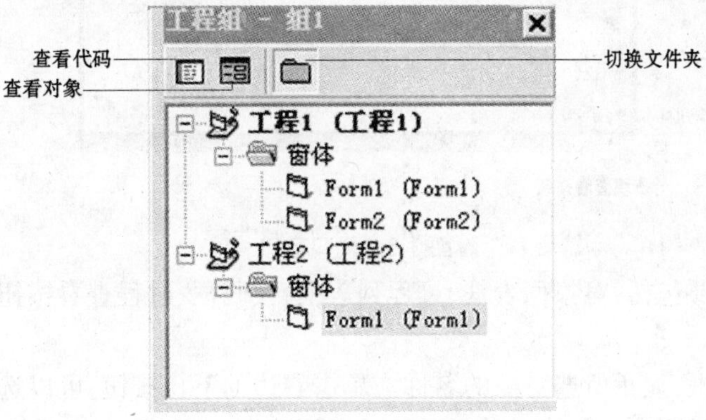

图1-4 工程资源管理器窗口

工程资源管理器窗口下面有三个按钮:

• "查看代码"按钮:切换到代码窗口,显示和编辑代码。
• "查看对象"按钮:切换到窗体窗口,显示和编辑对象。
• "切换文件夹"按钮:切换文件列表显示方式。

工程资源管理器下面的列表窗口,以层次列表形式列出组成这个工程的所有文件。它包含以下三种类型的文件:

(1)窗体文件(.frm):该文件存储窗体上使用的所有控件对象和有关的属性、对象相应的事件过程、程序代码。一个应用程序至少包含一个窗体文件。

(2)标准模块文件(.bas):该文件存储所有模块级变量和用户自定义的通用过程。通用过程是指可以被应用程序各处调用的过程。

(3)类模块文件(.cls):可以用类模块来建立用户自己的对象。类模块包含用户对象的属性及方法。

1.2.4　代码窗口

代码窗口如图 1-5 所示，是专门用来进行程序设计的窗口，可以显示和编辑程序代码。每个窗体或模块都有各自的代码窗口。用户可以打开多个代码窗口，查看不同窗体、标准模块的代码。打开代码窗口有以下三种方法：

(1)在工程窗口中选择一个窗体或标准模块，并选择“查看代码”按钮。

(2)在窗体窗口中用鼠标双击一个控件或窗体。

(3)在“视图”菜单中选择“代码窗口”命令。

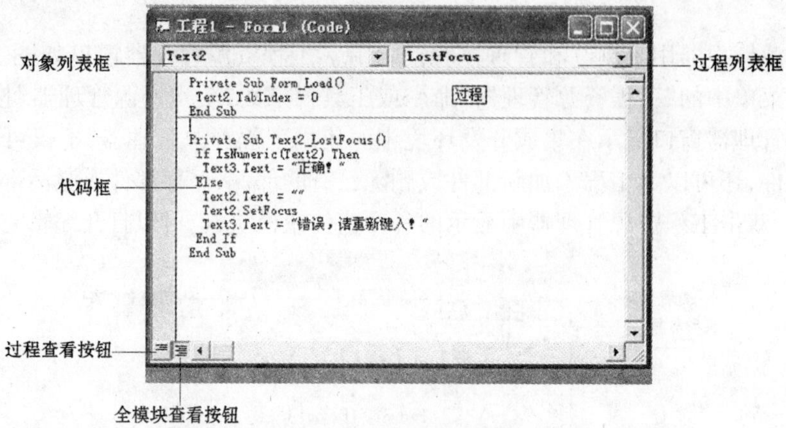

图 1-5　代码窗口

代码窗口主要包括：对象列表框、过程列表框、代码框、过程查看按钮以及全模块查看按钮。

• 对象列表框：显示所选对象的名称。单击右边的下拉按钮，可以选择此窗体中对象的名称。其中“通用”表示与特定对象无关的通用代码，一般在次声明模块级变量或用户编写的自定义过程。

• 过程列表框：列出所有对应于对象列表框中对象的事件过程名。在对象列表框中选择对象名，在过程列表框中选择事件过程名，即可构成所选对象的事件过程模板，用户可在模板内输入代码。

• 代码框：用于用户输入程序的代码。

• 过程查看按钮：用于显示所选的一个过程。

• 全模块查看按钮：用于显示模块中的全部过程。

在书写代码时，要遵守以下规则：

(1)通常一条语句占一行，如果要在一行中书写多条语句，则每条语句之间必须用冒号作为分隔符。VB 规定，一个程序行的长度不能超过 1023 个字符。

(2)如果一条语句太长，一行写不下，可以使用续行符(一个空格后面跟一个下划线“_”)，将一条长语句分成多行书写。

(3)不区分大小写。为了便于阅读，VB 会自动将代码中的关键字的首字母转换为大写，其余字母转换为小写。

(4)各关键字之间,关键字和变量名、常量名、过程名之间一定要有空格分隔。

(5)为了提高程序的可读性,通常在程序的相应位置加上必要的注释。以注释符(单撇号"′")开头,直接写在其他语句后面。

1.2.5　立即窗口

立即窗口是为调试应用程序提供的,用户可以直接在该窗口利用 Print 方法,或直接在程序中用 Debug.Print 显示所关心的表达式的值。

1.2.6　窗体布局窗口

窗体布局窗口用于指定程序运行时各个窗体在屏幕上的初始位置,在多窗体应用程序中比较有用。用户可以通过拖动窗体布局窗口中的 Form 窗体来移动窗体的初始位置。

1.2.7　工具箱窗口

VB 6.0 刚安装完毕时,工具箱窗口由 21 个被绘制成按钮形式的图标所构成,如图 1-6所示。工具箱中提供的是一组可以添加到窗体上的控件,在设计窗体时可以把工

图 1-6　工具箱窗口

具箱上的控件直接添加到窗体上。工具箱中有 20 个常用控件,称为标准控件或内部控件。用户可以通过“工程”菜单的“部件”命令来装入 ActiveX 控件到工具箱中。

1.3　对象及事件驱动的概念

在设计状态时,工具箱总是出现的。若要不显示工具箱窗口,可以将其关闭。想要再显示时,可以选择“视图”菜单的“工具箱”命令,或单击工具栏中的“工具箱”按钮。在运行状态下,工具箱窗口自动隐去。

1.3.1　对象

在现实生活中,任何一个实体都是对象。例如,一个人,一本书,一支笔等都是对象。在 VB 程序设计中,对象是 VB 系统中的基本运行实体。VB 中常用的对象有工具箱中的控件、窗体、菜单、应用程序的部件以及数据库等。

在 VB 中,对象是一组程序代码和数据的集合。如果将应用程序看做是由一系列程序模块组成的,那么,每一个对象都是一个程序模块。VB 中的对象分为两类,一类是由系统设计好的,称为预定义对象,可以直接使用或对其进行操作,如工具箱中的控件。另一类是由用户定义的对象。

1. 对象的属性

每个对象都有其特征,称之为对象的属性。不同的对象有不同的属性。例如,命令按钮具有名称、标题、大小、位置等属性,文本框具有名称、文本内容、字体等属性。

每一个对象属性一般都有一组默认值,如窗体中命令按钮的名称默认为 Command1、Command2……,其标题的初始值也分别默认为 Command1、Command2……

当修改一个对象的属性时,就会改变对象的特征。设置对象属性一般有两种方法:

(1)选定对象,然后在属性窗口中双击要设置的属性名,即可设置或修改相应的属性值。这种方法的优点是可以立即在窗体上看到效果。

(2)在程序运行时更改对象的属性。可以使用赋值语句动态地修改对象的属性,其一般格式为:

[对象名.]属性名=属性值

其中,“对象名.属性名”是 VB 引用对象属性的方法。如果针对当前的窗体,可省略该窗体对象名。例如:

```
Command1.Caption ="确定"        '设置命令按钮的标题
Timer1.Interval = 100           '设置计时器的时间间隔
Caption ="例题"                 '设置当前窗体的标签
```

2. 对象的方法

方法是对象能够执行的动作。它是对象本身包含的函数或过程,用于完成某种特定的功能。例如,Print 是一种方法,用来向对象输出信息。

方法只能在程序代码中使用,其调用格式为:

[对象名.]方法名[(参数)]

有的方法需要提供参数,而有的方法是不带参数的。例如:

```
Form1.Hide              '隐藏窗体 Form1
Text1.SetFocus          '使文本框获得焦点
Print "3+2="; 3+2       '在当前窗体上显示
```

1.3.2 事件驱动

事件是由 VB 系统预先设置好的、能够被对象识别的动作。例如,单击事件、双击事件、卸载事件等。

每一种对象能够识别的事件是不同的,例如,窗体能够识别单击和双击事件,而命令按钮能识别单击事件而不能识别双击事件。每一种对象能够识别的事件在设计阶段可以从代码窗口中该对象的过程框的下拉列表框中看到。

对象的事件可以由用户触发,如单击鼠标、按键盘上的某个键等,也可以由系统或应用程序触发,如装载窗体、用程序代码修改某些对象的属性等。

VB 应用程序运行时,通常先装载和显示一个窗体,之后会等待下一个事件(通常由用户的操作来引发)的发生。当某一事件发生时,程序就会执行此事件的事件过程。当完成一个事件过程后,程序又会进入等待状态,直到下一事件发生为止。如此周而复始地执行,直到程序结束。也就是说,事件过程要经过事件的触发才能被执行,这种工作模式称为事件驱动方式。

VB 采用事件驱动运行机制,程序的执行顺序不再按预先设计好的固定程序流程进行,而是通过响应不同的事件执行不同的事件过程代码。响应的事件顺序不同,执行过程代码的顺序也不同,即事件发生的顺序决定了整个程序的执行流程。

1.4 窗体和基本控件

在讨论窗体和控件对象时,很重要的是说明它们的属性。在以后的学习中,将不难发现,学习 VB 的各种控件,主要是掌握各个控件的主要属性及设置方法。学习了常用的控件后,其余控件的使用可以触类旁通,很容易掌握。

1.4.1 基本属性

VB 程序中许多对象具有多种属性,它们是用来描述对象特征的参数,对象中的数据就保存在属性中。在属性窗口就可以看到所选对象的属性。属性的设置可以在设计时通过属性窗口设置,也可以通过代码窗口在编程时设置。需要注意的是,有些属性在程序运行时是只读的,这些属性只能在设计时通过属性窗口设置。不同的对象有许多相同的属性,而有些属性不是所有的对象都具有的。本小节介绍一些许多对象都具有的基本属性。

1)Name 属性(名称)

该属性是所有对象都具有的属性,是所创建对象的名称。所有控件在创建时由 VB 自动提供一个默认名称,用户可以在设计时,通过属性窗口的“名称”栏修改该属性。对象的名称是作为对象的标识在程序中被引用的,不会显示在窗体上。该属性在程序运行时是只读的。

2)Caption 属性(标题)

该属性是对象的标题,决定了控件上显示的内容。新添加对象的 Caption 属性被自动设置为 Name 属性的内容。

3)Height 和 Width、Top 和 Left 属性

Height 属性表示控件的高度,Width 属性表示控件的宽度,这两个属性决定了控件的大小。Top 属性表示控件上边框到窗体顶部的距离,Left 属性表示控件左边框到窗体左边框的距离,这两个属性决定了控件在窗体中的位置。图 1-7 表示了一个控件在窗体中的位置。

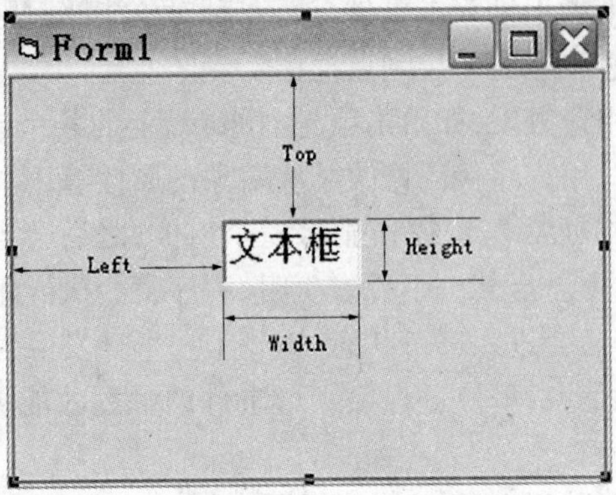

图 1-7

对于窗体,Top 属性表示窗体上边框到屏幕顶部的距离,Left 属性表示窗体左边框到屏幕左边的距离。

在窗体上设计控件时,VB 自动提供了默认坐标系统。在默认坐标系统中,窗体的上边框为坐标横轴,左边框为坐标纵轴,窗体左上角顶点为坐标原点。度量单位为 twip(缇,音 ti),1twip = 1/20 点 = 1/1440 英寸 = 1/567 厘米。

4)Enabled 属性

Enabled 属性决定控件是否允许操作。属性值有:

True:允许用户对该控件进行操作,并对操作做出响应。

False:禁止用户对该控件进行操作,此时控件呈暗淡色。

5)Visible 属性

Visible 属性决定控件在程序运行时是否可见。属性值有:

True:程序运行时控件可见。

False:程序运行时控件隐藏起来,不可见,但是该控件本身还存在。

6)Appearance 属性

Appearance 属性是窗体与具有边框的控件都具有的属性,其值决定了边框的绘制样式。属性值有:

0:表示以平面样式绘制边框,没有立体效果。

1:表示以立体样式绘制边框。

7)BorderStyle 属性

BorderStyle 属性用来设置窗体和控件边框样式,在程序运行时是只读的。属性值有:

0 - None:控件周围没有边框。

1 - Fixed Single:控件带有单边框。

8)Font 属性

Font 系列属性用来设置改变文字的外观,"字体"对话框如图 1-8 所示。

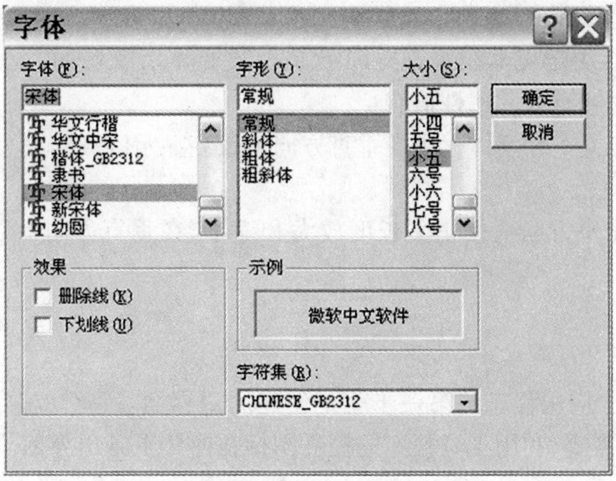

图 1-8 "字体"对话框

FontName 属性:其值为字符型,决定了控件上正文的字体。

FontSize 属性:其值为整型,决定了控件上正文字体的大小,以磅为单位。

FontBold 属性:其值为逻辑型,表示控件上正文是否是粗体。

FontItalic 属性:其值为逻辑型,表示控件上正文是否是斜体。

FontStrikethru 属性:其值为逻辑型,表示控件上正文是否加删除线。

FontUnderline 属性:其值为逻辑型,表示控件上正文是否带下划线。

9)ForeColor 属性

ForeColor 属性用来设置对象的前景色,即正文和作图时的颜色。其值为一个十六进制的常数,用户也可在调色板中直接选择所需要的颜色。

10)BackColor 属性

BackColor 属性用来设置对象的背景色,即除正文以外的显示区域的颜色。

11)BackStyle 属性

BackStyle 属性用来设置对象的背景样式。属性值有:

0 - Transparent:透明显示,即控件背景颜色显示不出来,若控件后面有其他控件,均可显示出来。

1 - Opaque:不透明,此时可为控件设置背景颜色。

12)Alignment 属性

Alignment 属性决定控件上的对齐方式。属性值有:

0 - Life Justify:正文左对齐。

1 - Right Justify:正文右对齐。

2 - Center:正文居中。

13)AutoSize 属性

AutoSize 属性决定控件是否自动调整大小。属性值有:

True:自动调整大小。

False:保持原设计时的大小,正文若太长自动裁剪掉。

14)WordWarp 属性

WordWarp 属性决定文本在垂直方向上是否改变显示区域的大小,只有在 AutoSize 属性设置为 True 时才有效。属性值有:

True:表示按照文本和字体大小在垂直方向上改变显示区域的大小,在水平方向上不会发生变化。

False:表示在水平方向上按正文长度放大和缩小,在垂直方向上以字体大小来放大或缩小显示区域。

1.4.2 窗体

用 VB 创建一个应用程序的第一步就是创建用户界面。窗体是所有控件的容器,用户可以根据自己的需要,利用工具箱上的控件图标在窗体上画出界面。

1. 主要属性

窗体属性决定了窗体的外观和操作。对于大部分窗体属性,既可以通过属性窗口设置,也可以在代码窗口通过编程设置。而只有少量属性只能在属性窗口设置,或只能通过编程设置。窗体的外观如图 1-9 所示。

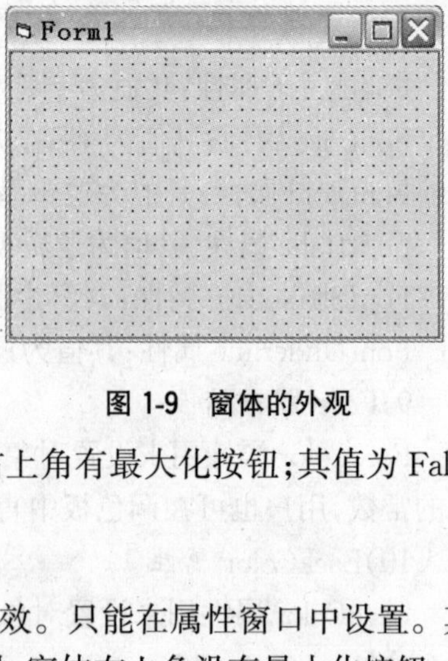

图 1-9　窗体的外观

1)Caption 属性

Caption 属性决定窗体标题栏显示的内容。

2)MaxButton 属性

MaxButton 属性指定标题栏中的最大化按钮是否有效。只能在属性窗口中设置。其值为 True 时,窗体右上角有最大化按钮;其值为 False 时,窗体右上角没有最大化按钮。

3)MinButton 属性

MinButton 属性指定标题栏中的最小化按钮是否有效。只能在属性窗口中设置。其值为 True 时,窗体右上角有最小化按钮;其值为 False 时,窗体右上角没有最小化按钮。

4)ControlBox 属性

ControlBox 属性指定在窗体左上角是否有控制菜单框。只能在属性窗口中设置。其值为 True 时,窗体左上角有控制菜单框;其值为 False 时,窗体左上角没有控制菜单框。

5)WindowState 属性

WindowState 属性表示窗体执行时以什么状态显示。属性值有:

0 - Normal:正常窗口状态,有窗口边界。

1 - Minimized:最小化状态,以图标方式显示。

2 - Maximized:最大化状态,无边框,充满整个屏幕。

6)Icon 属性

在属性窗口中,可以单击 Icon 设置框右边的“…”(省略号),打开一个“加载图标”对话框,用户可以选择一个图标文件装入。当窗体最小化时,以该图标显示,否则,以 VB 默认的图标显示。

7)Picture 属性

Picture 属性用于设置窗体中要显示的图片。在设计时,单击属性窗口中 Picture 设置框右边的“…”(省略号),可以打开一个“加载图片”对话框,用户可以选择一个图形文件装入。也可以在代码中通过 LoadPicture 函数加载图形文件。

8)BorderStyle 属性

BorderStyle 属性用于设置窗体边框的样式。该属性在运行时只读。属性值为 0～5,共 6 种取值。当其值设置为除 2 以外的值时,系统自动将 MinButton 和 MaxButton 设置为 False。

2. 常用事件

窗体的事件比较多,常用的事件有以下 6 种。

1)Click(单击)事件

Click 事件是单击鼠标左键时发生的事件。程序运行后,当单击窗体的某个位置时,VB 将调用窗体事件过程 Click。单击的位置必须没有其他控件,否则就不能调用此事件。

2)DblClick(双击)事件

程序运行后,双击窗体内的某个位置,VB 将调用窗体事件过程 DblClick。双击鼠标左键时,实际上触发两个事件,第一次触发 Click 事件,第二次触发 DblClick 事件。

3)Load(装入)事件

Load 事件是在窗体被装入工作区时触发的事件。当应用程序启动时,自动执行该事件。所以该事件通常用来在启动程序时对属性和变量进行初始化。

4)UnLoad(卸载)事件

当从内存中清除一个窗体(关闭窗体或执行 UnLoad 语句)时,触发该事件。如果重新装入该窗体,则窗体中所有的控件都要重新初始化。

5)Activate(活动)和 DeActivate(非活动)事件

当窗体变为活动窗口时触发 Activate 事件,而在另一个窗体变为活动窗口前触发 DeActivate事件。通过操作可以把窗体变为活动窗口,例如,单击窗体或在程序中执行 Show 方法等。

6)Paint(绘图)事件

当窗体被移动或放大时,或者窗口移动覆盖了另一个窗体时,将触发该事件。

3. 常用方法

窗体上最常用的方法有 Print、Cls、Move 等方法,其具体用法见 1.4.6 节。

1.4.3　标签

标签用于显示文本信息,它不允许用户直接编辑文本中的内容,但是可以在运行时使用代码更改文本内容。常常把标签用作标题,来提示没有标题的控件。例如,可以用标签为文本框、列表框等控件添加描述性标题。

1. 主要属性

标签的主要属性有 Caption、Font、Left、Top、Borderstyle 和 BackStyle 等。

2. 常用事件

标签的常用事件有 Click(单击)和 DblClick(双击)事件。

【例 1-1】 利用标签制作文字的浮雕效果,如图 1-10 所示。程序启动后,在窗体上显示不带浮雕效果的文字,如图 1-10a 所示。单击“浮雕”按钮后文字出现浮雕效果,如图 1-10b所示。单击“普通”按钮后,文字的浮雕效果将被取消。

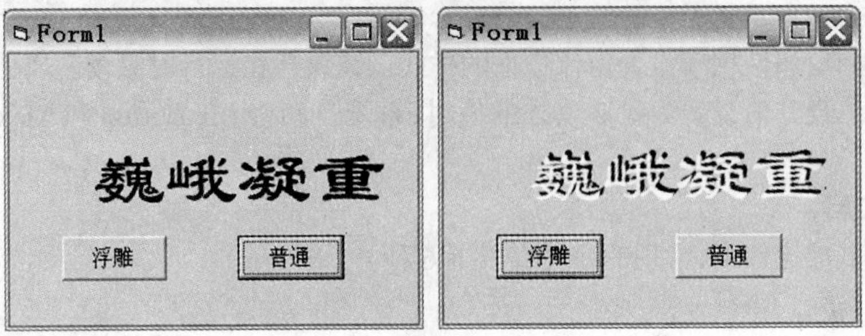

a　　b

图 1-10

设计步骤如下:

(1)设计程序界面及设置控件属性。选择新建工程,进入窗体设计器,在窗体中添加两个命令按钮 Command1、Command2 和两个标签 Label1、Label2。

按表 1-1 所示设置控件的属性。

表 1-1　属性设置

对象	属性	属性值
Command1	Caption	浮雕
Command2	Caption	普通
Label1	Caption	巍峨凝重
	BackStyle	0
	FontName	隶书
	Left	960
	Top	960
Label2	Caption	巍峨凝重
	BackStyle	0
	FontName	隶书
	Left	960
	Top	960

(2)编写程序代码。

```
Private Sub Command1 _ Click()
  Label1.Left = 1000
  Label1.Top = 920
  Label2.Left = 960
  Label2.Top = 960
  Label2.ForeColor = RGB(255, 255, 255)      '将前面标签字体设置为白色,产生浮雕效果
End Sub

Private Sub Command2 _ Click()
  Label1.Left = 960
  Label1.Top = 960
  Label2.Left = 960
  Label2.Top = 960
  Label2.ForeColor = RGB(0, 0, 0)      '将前面标签字体设置为黑色
End Sub
```

1.4.4 文本框

文本框是一个文本编辑区域。在设计阶段或运行期间,用户可以在这个区域中输入、编辑、修改和显示正文内容,类似于一个简单的文本编辑器。

1. 主要属性

1)Text 属性

文本框没有 Caption 属性,显示的正文内容存放在 Text 属性中。当程序执行时,用户通过键盘输入、编辑正文。

2)MaxLength 属性

MaxLength 属性用于设置文本框中能够输入的正文内容的最大长度。属性值有:

0:默认值。此时文本框中能够输入任意长字符串。

非零值:文本框中字符数的最大值。一个英文字符与一个汉字都为 1。

3)MultiLine 属性

MultiLine 属性用于设置文本框中的文本是否能够输入或显示多行。属性值有:

True:文本框可以显示或输入多行正文,当输入的正文超出显示框时,会自动换行。按 Ctrl + Enter 键可以插入一个空行。

False:在文本框中只能输入单行文本。

4)PasswordChar 属性

PasswordChar 属性常用于口令输入。在默认状态下,该属性被设置为空字符串,当用户从键盘上输入时,每一个字符都可以在文本框中显示出来。当把 PasswordChar 属性设置为某一个字符,例如星号(*),则在文本框输入字符时,显示的不是输入的字符,而是被设置的字符。不过文本框中的实际内容仍是输入的文本,只是显示的结果改变了。

5)ScrollBars 属性

ScrollBars 属性用来设置文本框中是否有滚动条。当 MultiLine 属性值为 True 时，ScrollBars 属性才生效。属性值有：

0 - None：无滚动条。

1 - Horizontal：加水平滚动条。

2 - Vertical：加垂直滚动条。

3 - Both：同时加水平和垂直滚动条。

当文本框具有水平或垂直滚动条后，文本框的自动换行功能会自动消失，只有按 Enter 键才能换行。

6)Locked 属性

Locked 属性用于指定文本框是否能够被编辑。属性值有：

True：文本框相当于标签的作用，不能够被编辑。

False：默认值。此时文本框能够被编辑。

7)SelStart、SelLength、SelText 属性

在程序运行中，对文本进行选择时，这三个属性用来标识用户选中的正文。

SelStart 属性：选定正文的起始位置，第一个字符的位置是 0，依次类推。

SelLength 属性：选定的正文长度。

SelText 属性：选定的正文内容。

2. 常用事件

文本框常用的事件有 Change、LostFocus 事件。

1)Change 事件

当用户向文本框中输入新内容，或当程序把 Text 属性设置为新值，从而改变文本框的 Text 属性时，将触发 Change 事件。程序运行时，在文本框中每输入一个字符，就将触发一次该事件。

2)LostFocus 事件

LostFocus 事件是在一个对象失去焦点时发生。移动制表键(Tab)或单击另一个对象都会触发该事件。该事件过程主要用来对数据更新进行验证和确认。Change 事件和 LostFocus 事件过程都可以检查 Text 属性的内容，但后者更有效。

3. 常用方法

SetFocus 是文本框中常用的方法。

格式：[对象.]SetFocus

功能：把光标移到指定的文本框中。当建立了多个文本框后，可以用该方法把光标置于所需要的文本框中。

【例 1-2】 文本框的 PasswordChar 属性可以隐蔽用户通过键盘输入的字符。编写程序，利用文本框检查用户的密码，如图 1-11 所示。

设计步骤如下：

(1)设计程序界面及设置控件属性。选择新建工程，进入窗体设计器，在窗体中添加一个命令按钮 Command1、两个标签 Label1、Label2 和一个文本框 Text1，如图 1-11a 所示。

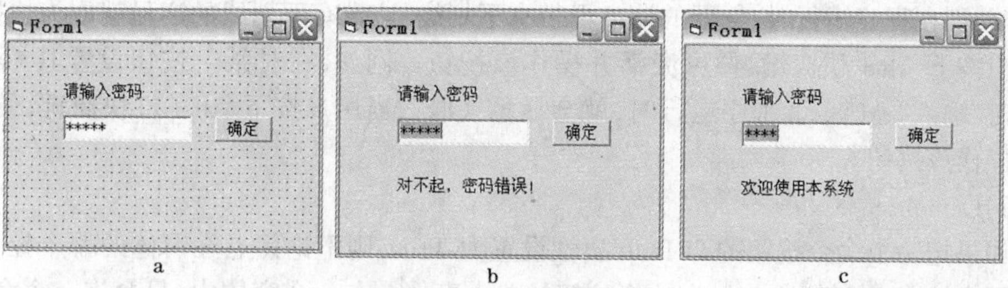

图 1-11 检查用户密码

按表 1-2 所示设置控件的属性。

表 1-2 属性设置

对象	属性	属性值
Command1	Caption	确定
Label1	Caption	请输入密码
Label2	Caption	空
Text1	PasswordChar	*

(2)编写程序代码。

```
Private Sub Command1 _ Click()
  If LCase(Text1.Text) = "asdf" Then
    Label2.Caption = "欢迎使用本系统"
  Else
    Label2.Caption ="对不起,密码错误!"
  End If
  Text1.SelStart = 0
  Text1.SelLength = Len(Text1.Text)
  Text1.SetFocus
End Sub
```

程序运行结果分别如图 1-11b 和图 1-11c 所示。

1.4.5 命令按钮

在 VB 应用程序中,命令按钮的应用十分广泛。在程序执行期间,当用户选择某个命令按钮时,就会执行相应的事件过程。

在程序运行时,选中命令按钮的方法通常用以下几种方法:

(1)用鼠标单击命令按钮。

(2)按 Tab 键将焦点移到相应的命令按钮上,再按回车键。

(3)快捷键(Alt + 有下划线的字母)。

1. 主要属性

1)Caption 属性

Caption 属性设置在按钮上显示的文字。在设置 Caption 属性时,如果把某个字母前加"&",则在程序运行时,标题的该字母带有下划线,该带有下划线的字母就成为快捷键。当用户按下 Alt + 快捷键,便可激活并操作该按钮。例如,在对某个按钮设置其 Caption 属性时,输入"&OK"。程序运行时,就会显示"<u>O</u>K",当用户按下 Alt + O 快捷键,便可激活并操作该按钮。

2)Default 属性

如果把一个命令按钮的 Default 属性设置为 True,则不论焦点在窗体的哪个控件上,只要用户按 Enter 键,都将触发这个按钮的单击事件。在一个窗体中,只允许一个命令按钮的 Default 属性被设置为 True。当把一个命令按钮的 Default 属性设置为 True,其他命令按钮的 Default 属性都被自动设置为 False。

3)Cancel 属性

如果把一个命令按钮的 Cancel 属性设置为 True,则不论焦点在窗体的哪个控件上,只要用户按 Esc 键,都将触发这个按钮的单击事件。在一个窗体中,只允许一个命令按钮的 Cancel 属性被设置为 True。当把一个命令按钮的 Cancel 属性设置为 True,其他命令按钮的 Cancel 属性都被自动设置为 False。

4)Style 属性

Style 属性决定命令按钮中是否可以显示图形。若要显示图形,首先必须将 Style 属性设置为 1,然后在 Picture 属性中设置要显示的图形文件。在运行时,Style 属性是只读的。属性值有:

0 - Standard:标准的,按钮上不能显示图形。默认值。

1 - Graphical:图形的,按钮上可以显示图形,也能显示文字。

5)Picture 属性

Picture 属性用来给命令按钮指定一个图形。只有 Style 属性设置为 1 时(图形方式),Picture 属性才有效。否则,若 Style 属性设置为 0,即使在 Picture 属性中设置了图形文件,图形也不能显示。

2. 常用事件

命令按钮的常用事件为 Click(单击)事件,命令按钮不支持 DblClick(双击)事件。

1.4.6 常用方法

1. Cls 方法

格式:[对象.]Cls

功能:清除窗体上或图片框中的文本或图形,并把光标移到对象的左上角(0,0)。

说明:

(1)对象是指窗体或图片框。

(2)当窗体的背景是用 Picture 属性装入的图形时,不能用 Cls 方法清除,只能通过 LoadPicture()函数清除。

2. Move 方法

格式:[对象.]Move 左边距离[,上边距离[,宽度[,高度]]]

功能:移动窗体或控件,并可改变其大小。

说明:

(1)对象可以是窗体及除时钟、菜单外的所有控件。对象省略时为窗体。

(2)左边距离、上边距离、宽度、高度均为数值表达式,以 Twip 为单位。如果对象是窗体,则左边距离和上边距离以屏幕左边界和上边界为准,否则以窗体的左边界和上边界为准。给出宽度和高度表示可改变其大小。

1.5　程序设计的一般步骤

VB 程序设计一般有五个步骤:

(1)创建应用程序的界面。

(2)设置属性。

(3)编写代码。

(4)调试运行程序。

(5)生成可执行文件。

下面就一个简单的例子来具体说明 VB 程序设计的一般步骤。该例题的窗口上有一个文本框、一个标签、一个按钮。编写程序,实现这三个控件的同步。即,当文本框中的内容发生变化时,标签和按钮上所显示的内容也跟着发生相应的变化。

1.5.1　创建应用程序的界面

应用程序的界面是人机交互的接口。通过应用程序的界面,用户可以输入数据,可以查看结果。其中,窗体是应用程序界面的基础,可以在窗体上添加各种控件。

1. 创建工程

在"文件"菜单中选择"新建工程"菜单项,打开"新建工程"对话框。在"新建工程"对话框中选择"标准 EXE"项,单击"确定"按钮。系统将创建一个新的工程,并显示一个新的窗体。此时,工程的默认文件名为"工程 1",窗体的默认文件名为"Form1"。

2. 添加控件

(1)添加文本框:单击工具箱中的 TextBox 按钮 abl ,此时按钮是凹下去的。将鼠标指针移动到窗体上,此时指针图标变为十字形的。将鼠标指针放在文本框所在位置左上角,按下鼠标左键,拖动鼠标,画出所需文本框的大小,松开鼠标左键,文本框即出现在窗体上。此时,文本框的默认名称为 Text1。

(2)添加标签:单击工具箱中的 Label 按钮 **A** ,与添加文本框同样的操作,将标签添加到窗体上。该标签的默认名称为 Label1。

(3)添加按钮:单击工具箱中的 CommandButton 按钮  ,与添加文本框同样的操作,将按钮添加到窗体上。该按钮的默认名称为 Command1。添加控件后的窗体如图 1-12 所示。

3. 调整控件

此时,用户可以看到,窗体上所添加的三个控件的大小及位置都不协调,接下来应该将调整控件的大小及位置。

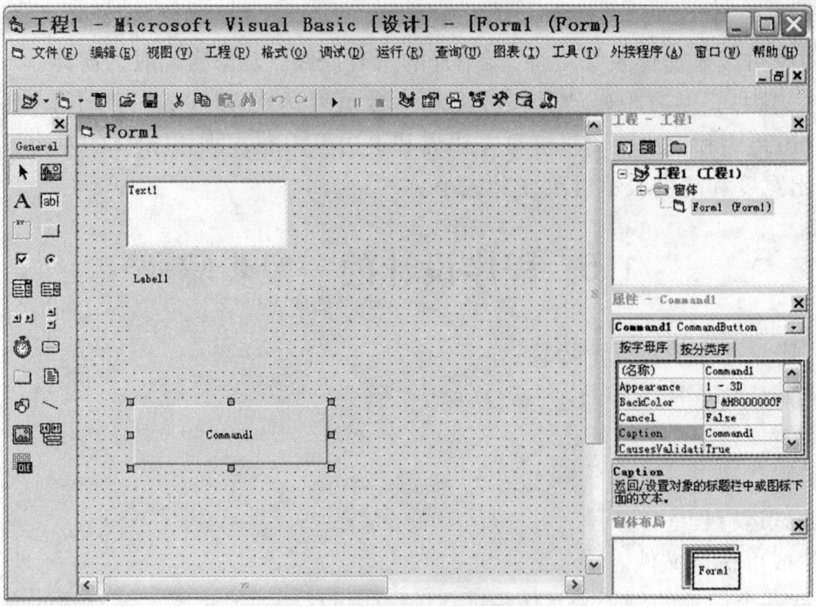

图 1-12　添加控件后的窗体

(1)调整控件的大小:用鼠标指针单击欲调整大小的控件,被选中的控件四周会出现八个黑色的小矩形框(黑色的小矩形框被称为句柄)。拖动控件角上的句柄,可以同时调整控件垂直方向和水平方向上的大小。拖动控件边上的句柄,可以调整控件垂直方向或者水平方向上的大小。

(2)统一尺寸:当希望窗体上的多个控件具有相同的大小时,先同时选中这多个控件。欲选中的多个控件若相连时,可以用拖动鼠标的方法同时选中它们。若这多个控件不相连,则可以按下 Shift 键不松开,逐个单击这多个控件即可。本例同时选中窗体上的文本框、标签和按钮。之后,单击"格式"菜单上的"统一尺寸"菜单项,根据需要选择"宽度相同"、"高度相同"或者"两者都相同"。本例选择"两者都相同"。

(3)调整控件的位置:选中欲调整位置的控件,拖动鼠标,将控件移动到目标位置即可。

(4)对齐控件:选中欲对齐的控件,单击"格式"菜单的"对齐"菜单项,根据需要选择对齐方式。本例选择三个控件的左对齐。

(5)锁定控件:为了防止在程序设计阶段,用户不小心将已经调整好的控件改变,可以将调整好的控件锁定。单击"格式"菜单的"锁定控件"菜单项,此时,该窗体上的所有控件都被锁定,用户不能在窗体上直接对该窗体上的控件进行调整。需要解锁时,再次单击"格式"菜单的"锁定控件"菜单项即可。

控件调整后的窗体如图 1-13 所示。

1.5.2　设置属性

应用程序界面上的控件添加并调整好之后,接下来开始通过属性窗口来设置控件的属性。

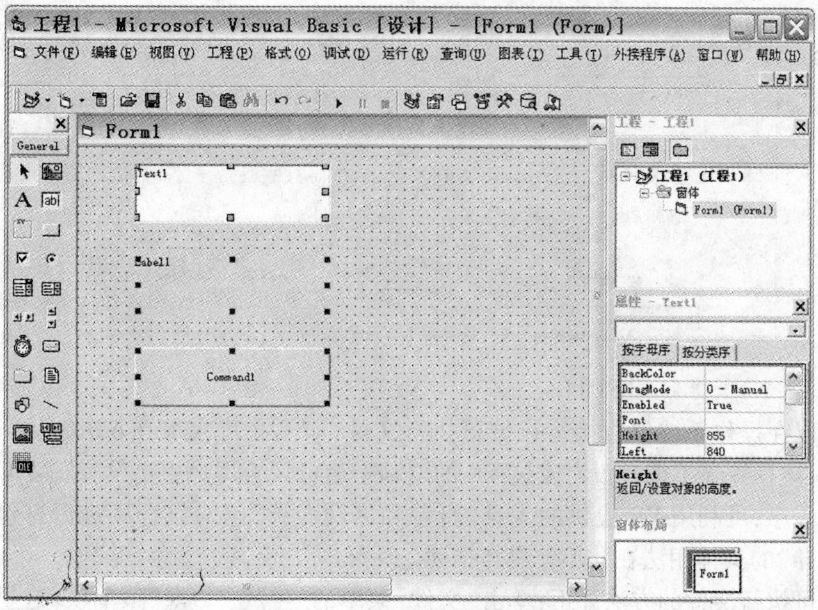

图 1-13 控件调整后的窗体

1.5.3 编写代码

编写代码是 VB 程序设计中很重要的一个步骤。

双击窗体上的文本框,打开代码编辑器窗口,光标停留在 Text1 _ Change 过程体中。在该过程体中添加如下代码:

```
Label1. Caption = Text1. Text
Command1. Caption = Text1. Text
```

完整的代码清单如下:

```
Private Sub Text1 _ Change( )
  Label1. Caption = Text1. Text
  Command1. Caption = Text1. Text
End Sub
```

1.5.4 调试运行程序

代码编辑完之后,可以通过调试菜单的各种手段来调试程序,尽可能地发现程序存在的问题和错误。

程序调试成功之后,就可以运行。运行的方法如下:单击工具栏上的启动按钮▶,或者单击“运行”菜单的“启动”菜单项,运行程序,如图 1-14 所示。

当文本框中的内容发生改变时,我们可以看到标签和按钮上的内容都发生了相应的变化, 如图 1-15 所示。

1.5.5 生成可执行文件

创建 VB 应用程序的最后一步就是生成可执行文件(. exe)。生成可执行文件之后,

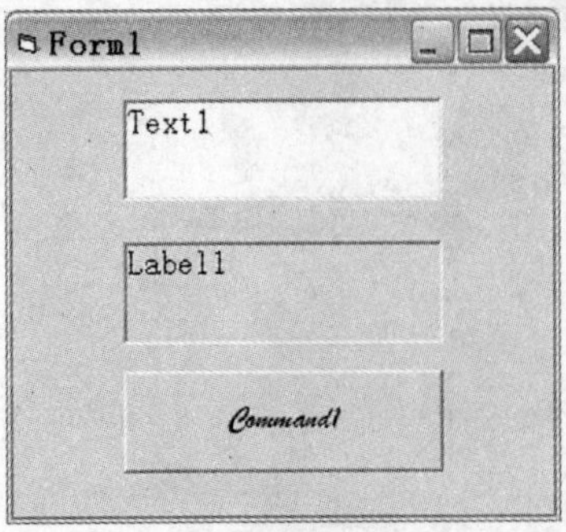

图 1-14

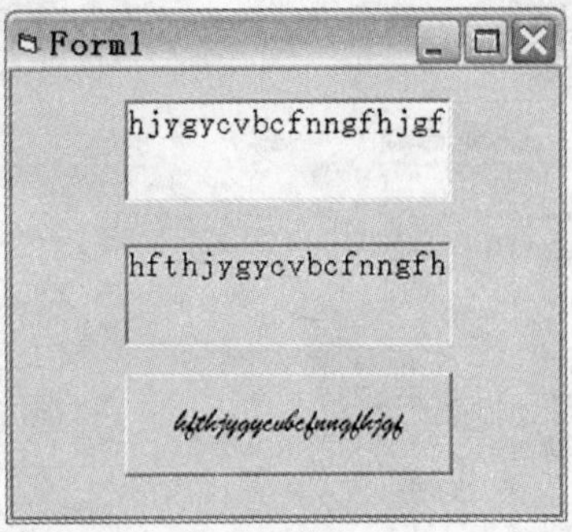

图 1-15

用户就可以在操作系统中直接运行该可执行文件,而不必每次都在 VB 中运行该程序。注意,此时该程序还不能在没有安装 VB 的电脑上运行。若用户想在没有安装 VB 的电脑上运行该程序,可利用 VB 提供的工具"打包和展开向导"来对该程序进行打包。"打包和展开向导"的具体用法在此不作具体描述。

生成可执行文件的方法如下:单击"文件"菜单的"生成…. exe"菜单项(这里是"生成工程 1. exe"),如图 1-16 所示。

此时系统将打开"生成工程"对话框,如图 1-17 所示。在这里用户可以选择工程的存放位置以及工程名。若用户想要添加一些版本号、版本信息等内容,可以单击"生成工程"对话框中的"选项"按钮,在打开的"工程属性"对话框中输入相应内容即可。

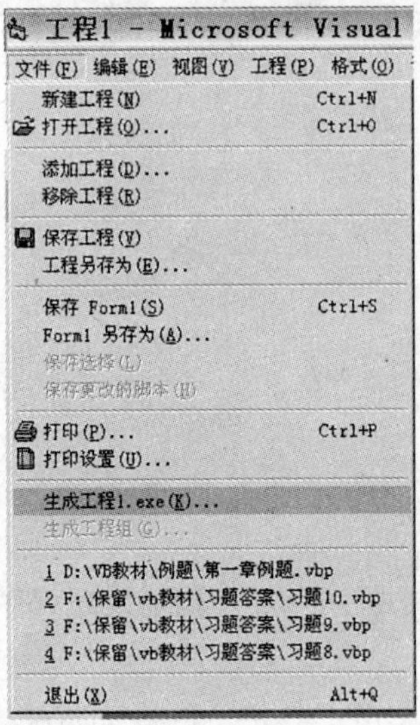

图 1-16

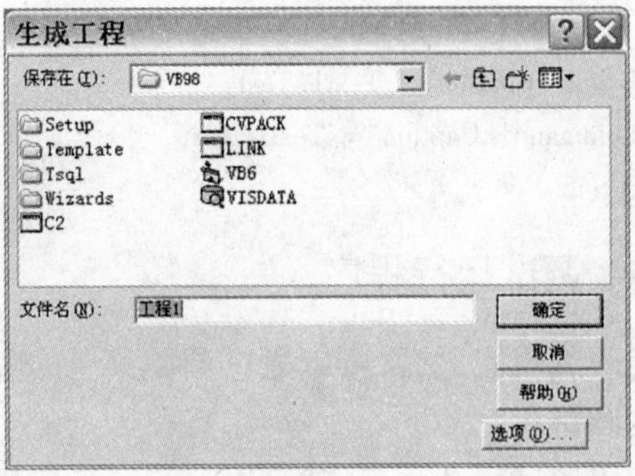

图 1-17

1.6　工程的管理

工程的管理包括工程的组成和创建工程。其中创建工程又包括新建工程、打开工程、保存工程、向工程中添加窗体和模块、删除工程等操作。

1.6.1　工程的组成

在 VB 中,一个工程一般包含多种类型的文件:

(1)工程文件(.vbp):与该工程有关的全部文件和对象的清单。

(2)窗体文件(.frm):该工程所有的窗体及 MDI 窗体,有一个窗体就有一个窗体文件。

(3)类文件(.cls):该文件是可选的,用于创建含有方法和属性的用户自己的对象。

(4)Basic 文件(.bas):该文件是可选的,包含该工程所有的标准模块。

1.6.2　创建工程

1. 新建工程系统

每一次启动 VB 时都会打开"新建工程"对话框,如图 1-18 所示,提示用户新建或打开一个工程。

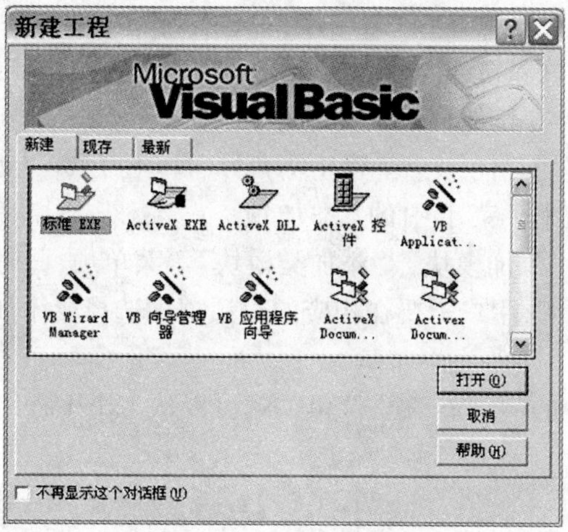

图 1-18　"新建工程"对话框

在"新建工程"对话框中有三个选项卡。其中"新建"选项卡中显示了可以新建的工程的类型,单击一个图标后再单击"打开"按钮或者直接双击一个图标就可以创建一个所选类型的工程。工程的类型决定了工程被编译后生成的文件类型和格式。使用最广泛的是"标准 EXE"工程,被编译后将生成一个能够在 Windows 系统中运行的可执行文件。

创建一个新工程可以单击"文件"菜单中的"新建工程"或"添加工程"菜单项,此时系统将打开"新建工程"或"添加工程"对话框。这两个对话框内容类似,使用方法也相同。但是这两个命令有本质的区别:使用"新建工程"命令创建一个新的工程后,会将原来已经打开的工程或工程组自动关闭;而使用"添加工程"命令创建的新工程将添加到当前打开的工程组中,或者与当前打开的工程形成一个工程组。

2. 打开工程

打开一个工程可以单击"文件"菜单中的"打开工程"菜单项,或者单击工具栏中的"打开工程"按钮,此时系统将打开"打开工程"对话框,如图 1-19 所示。选择相关文

件,单击对话框中“打开”按钮,就可以打开相应的文件。

3. 保存工程

用户在编辑程序的过程中要注意保存文件,以防止因死机或断电等原因造成的文件丢失。保存文件的方法如下:单击“文件”菜单的“保存工程”菜单项,或者在工具栏单击“保存工程”按钮。如果是第一次保存该文件,将出现“文件另存为”对话框,如图 1-20 所示。根据系统提示,依次选择该工程中所包含文件的保存位置及文件名。VB 将把工程组保存为一个扩展名为. vbg 的文件,工程、窗体、模块和类模块将分别保存为扩展名为. vbp、. frm、. bas 和. cls 的文件。

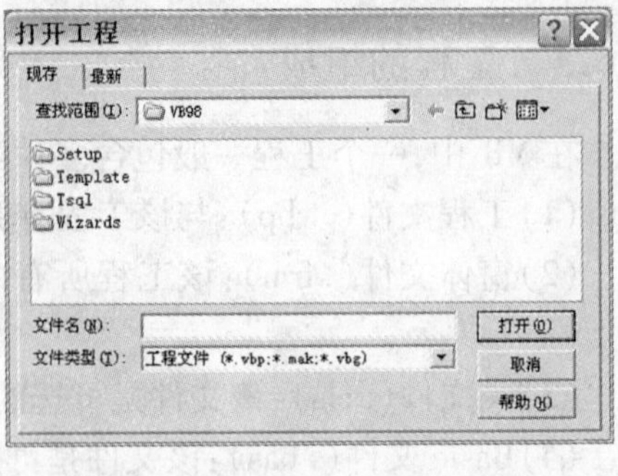

图 1-19　“打开工程”对话框

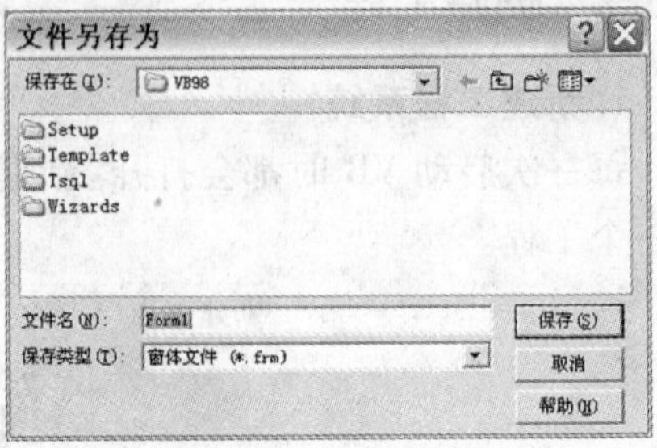

图 1-20　“文件另存为”对话框

4. 向工程中添加窗体和模块

对于需要多个窗体或其他模块的工程,向该工程中添加窗体或模块。向一个工程中添加窗体和模块可单击“工程”菜单中的“添加窗体”、“添加 MDI 窗体”、“添加模块”、“添加类模块”等菜单项,此时将打开相应的对话框。窗体和模块有不同的类型,用户需要在相应的对话框中选择要添加的窗体和模块的类型。

5. 删除工程

单击“文件”菜单中的“移除工程”菜单项就可以从一个工程组中删除一个工程。

本章小结

本章主要介绍了 VB 的特点、VB 的集成开发环境、对象及事件驱动的概念、窗体和基本控件以及它们的主要属性和常用方法、VB 程序设计的一般步骤、工程管理。通过本章的学习,您应该了解 VB 的特点,熟悉 VB 的集成开发环境和 VB 程序设计的一般步骤,理解对象及事件驱动的概念,掌握窗体和基本控件以及它们的主要属性和常用方法、工程管理。

习题 1

1.1　选择题

1. 在设计阶段,当双击窗体上的某个控件时,所打开的窗口是(　　)。

(A)工程资源管理器　　(B)工具箱窗口　　(C)代码窗口　　(D)属性窗口

2. 与传统的程序设计语言相比，VB 最突出的特点是(　　)。

(A)结构化程序设计　(B)程序开发环境

(C)事件驱动变成机制　(D)程序调试技术

3. VB 窗体设计器的主要功能是(　　)。

(A)建立用户界面　(B)编写源程序代码

(C)画图　(D)显示文字

4. 下列哪个属性决定了一个控件在窗体上的位置(　　)。

(A)Left 和 Top 属性　(B)Left 或 Top 属性

(C)Height 和 Width 属性　(D)Height 或 Width 属性

5. 若要使命令按钮不可操作，要对其(　　)属性进行设置。

(A)Enabled　(B)Visible　(C)BackColor　(D)Caption

6. 文本框没有的属性是(　　)。

(A)Enabled　(B)Visible　(C)BackColor　(D)Caption

7. 不论任何控件，共同具有的属性是(　　)。

(A)Text　(B)Visible　(C)Name　(D)Caption

8. 在一行内书写多条语句时，每个语句间用(　　)符号分隔。

(A),　(B):　(C)、　(D);

9. Print 方法不可以在(　　)对象中输出数据。

(A)图片框　(B)打印机　(C)立即窗口　(D)文本框

10. 下列叙述不正确的是(　　)。

(A)注释语句是非执行语句，仅对程序的有关内容起注释作用，它不被解释和编译

(B)注释语句可以放在代码中的任何位置

(C)注释语句不能放在续行符的后面

(D)代码中加入注释语句的目的是提高程序的可读性

1.2 填空题

1. VB 一个应用程序至少应该包括一个______文件，该文件存储窗体上使用的所有控件对象和有关的______、对象相应的______过程和______代码。

2. 欲使标签上显示“姓名”两个字，须将其______属性的值设置为“姓名”。

3. VB 规定，工程文件的扩展名是______，窗体文件的扩展名是______。

4. VB 的控件可以分为三类：______、______、______。

1.3 编程题

1. 用标签、文本框和命令按钮，设计一个标签、命令按钮与文本框同步的程序(其中，标签名字为 Label1，文本框名字为 Text1，命令按钮名字为 Commond1)。

2. 在窗体上画三个文本框，其名称分别为 Text1、Text2、Text3，文本框内容分别设置为“等级考试”、“计算机”和空白。然后画两个命令按钮，其名称分别为 Cmd1 和 Cmd2，其标题分别设置为“交换”和“连接”。编写适当的事件过程代码，要求在程序运行时，先单

击“交换”按钮,使 Text1 和 Text2 文本框中的内容交换,并使“交换”按钮消失;然后单击“连接”按钮,则把交换后的 Text1 和 Text2 按 Text1 的内容在前、Text2 的内容在后的顺序连接起来,并在 Text3 文本框中显示出来。

实验 1

【实验目的】

(1)熟悉 VB 开发运行环境。

(2)掌握 VB 程序设计的一般步骤。

(3)掌握窗体的主要属性、常用事件和常用方法。

(4)掌握常用控件标签、命令按钮、文本框的主要属性、常用事件和常用方法。

【实验内容】

实验 1.1 进入 VB 应用程序,熟悉 VB 的开发环境。

实验 1.2 依据 1.5 节的步骤,创建相应的工程,并运行程序,体会效果。

实验 1.3 在窗体上设置一个文本框和“居左”、“居右”、“居中”三个命令按钮,文本框中显示“Left 属性的使用”。三个命令按钮的作用如下:

单击“居左”按钮时,文本框移到窗体的左侧;

单击“居右”按钮时,文本框移到窗体的右侧;

单击“居中”按钮时,文本框移到窗体的中间。

第2章 VB语言基础

2.1 数据类型

数据是程序的组成部分,也是程序处理的对象,数据类型体现了数据结构的特点。在VB中,为解决各类实际问题,要采用各种不同的数据类型。数据类型不同,它所表达的数据范围、精度、所占的存储空间和可以进行的运算均不相同。VB提供了丰富的数据类型,主要可以分为两类,即基本数据类型和用户自定义数据类型。

2.1.1 基本数据类型

VB提供的基本数据类型主要有以下几种。

1.数值型数据

数值型数据包括整型、长整型、浮点型(单精度和双精度)3种。

1)整型数

整型数(Integer)表示的就是不带小数点的整数,在计算机内一般用两个字节表示整数,其取值范围为-32,768~+32,767。-32,768~+32,767之间的数字在尾部加一个"%"符号也表示一种整型数据,如125%,-86%。

2)长整型数

长整型数(Long)是指范围在-2,147,483,648~+2,147,483,647之间的不带小数点的数,计算机内一般用4个字节表示。在-2,147,483,648~+2,147,483,647之间的数字在尾部加一个"&"符号也表示为一个长整数。

在VB中也可以用八进制和十六进制表示整数。为了与十进制有所区别,八进制数必须在其数字前冠以符号"&"或者"&o";十六进制数必须在其数字前冠以符号"&H"。而且,在用八进制和十六进制表示长整型数时,必须在数字结尾加符号"&"。例如:&56、&o25、&53& 分别是八进制整型数、八进制整型数和八进制长整型数;&H45A、&H67F& 分别是十六进制整型数和十六进制长整型数。

3)浮点数

浮点数表示的是实数,根据所表示的数的范围和精度不同,可以分为单精度实型(Single)、双精度实型(Double)。

单精度实型(Single)是带小数点的实数,在计算机中一般用4个字节存放一个单精度数,有效位为7位,通常用指数形式(科学记数法)来表示,以"E"或"e"表示指数部分。

双精度实型(Double)也是带小数点的实数,在计算机中一般用8个字节存放一个单精度数,有效位为15位。双精度实型通常用指数形式(科学记数法)来表示,以"D"或"d"表示指数部分。

2. 字符串型数据(String)

除数字之外,我们更常见的数据是字符形式的,有英文字符,也有中文字符或数字,可能是一个英文字母或汉字,也可能是一串文字,它们在 VB 中均被视为字符串类型,比如学生的姓名、地址等。

字符串型数据(String)是用双引号括起来的一串字符,引号内的字符是可以输出到屏幕和打印机上的字符,在内存中一个字符用一个字节来存放。

例如,以下都是字符串型数据:

"VB"

"程序设计"

字符串中包含的字符个数称为字符串长度,VB 中,字符串可细分为两种类型:定长字符串和变长字符串。

定长字符串:事先定义字符串的长度(即字符串内所含字符的个数),在程序运行过程中,始终保持其长度不变的字符串。假设定义 k 为长度为 10 的定长字符串,如果给 k 赋值时,字符个数少于 10,则用空格将不足部分填充,如果所赋字符个数超过 10,则截去超出部分的字符。

变长字符串:字符串的长度不固定,随着对字符串变量赋值,它的长度可以发生变化。按照缺省规定,一个字符串如没有定义为固定长度的,都属于变长字符串。

对于字符串型数据,需注意以下几点:

(1)在 VB 中,把汉字作为一个字符处理。

(2)长度为 0 的字符串(即不含任何字符的字符串)称为空串,表示为""。

(3)双引号是字符串的定界符。从键盘输入字符串时,不需要输入双引号,在屏幕上输出一个字符串时,不显示双引号,只显示字符串本身。

(4)如字符串本身包含有双引号,则应在有双引号的位置连续用两个双引号表示。

(5)在字符串中,字符的比较是通过 ASCII 码来实现的,所以字符的大小写是有区别的。

3. 货币类型(Currency)

货币类型(Currency)是为计算货币而设置的定点数据类型,在内存中一般用 8 个字节表示,它的精度要求高,规定精确到小数点后 4 位。

4. 字节类型(Byte)

字节类型(Byte)是一种数值类型,在计算机内用一个字节表示无符号整数,取值范围为 0~255。

5. 逻辑类型(Boolean)

逻辑类型(Boolean)也称为布尔型。该类型数据经常用来表示逻辑判断的结果,它只取两种值:真(True)或假(False),用两个字节存储。任何只有两种状态的数据,均可以表示为逻辑类型。例如描述一个人结婚状况时,婚否只能填写是或否,类似的一个人是否退休、一个控件在窗口上是否可见、数据库记录是否允许修改等属性的描述都可以表示为布尔类型。

逻辑型可与整型或长整型进行相互转换。若把一个整型或长整型数赋给一个逻辑型变量,0值转化为False,非0值转化为True;若将一个逻辑型数据赋给一个整型或长整型,False转化为0,True转化为-1。

6. 日期类型(Date)

日期类型(Date)用以表示日期,在计算机中一般用8个字节的浮点数表示,可以同时或分别表示日期与时间。其取值范围为:日期从100年1月1日到9999年12月31日,时间从00:00:00到23:59:59。日期值使用两个"#"符号括起,例如:

```
#12/5/87#
#1997-12-14#
#1990-10-12 12:00:00AM#
```

7. 对象型(Object)

对象型(Object)数据以4个字节地址来存储,用来表示图形、OLE对象或其他对象。

8. 可变型数据(Variant)

可变型数据也称通用类型,是可以随着为它所赋的值的类型改变自身类型的一类特殊的数据类型,系统默认的数据类型是可变型。

假设定义a为通用体变量,则在a中可以存放任何类型的数据。例如:

```
a="vb"
a=23
```

根据赋给a的值的类型不同,变量a的类型不断变化,这就是变体类型的由来。

2.1.2 用户自定义数据类型

有时会感到仅有以上基本数据类型是不够的,还希望将不同类型的数据组合成一个有机的整体以便于引用。类似于C语言中的结构体类型,这种结构称为"记录"。

自定义数据类型的格式如下:

```
[Private|Public]Type      类型名
            元素名 As 数据类型
            元素名 As 数据类型
              …
            End  Type
```

说明:Private|Public是两个可选项,它们表示自定义数据类型的作用范围,将在以后章节中讲解。

定义了自定义数据类型以后,就可以定义该类型的变量。

2.2 常量与变量

在程序运行的过程中,有些值是固定不变的,有些值是可以发生改变的,因此可以将数据分为常量和变量。

2.2.1 常量

常量就是在程序运行过程中,其值不会发生改变的量。VB中,常量有两种:普通常量和符号常量。

1. 普通常量

普通常量可以分为数值常量、字符串常量、逻辑常量和日期常量等。

数值常量:即数学中的常数。例如:34,-23 等都是数值常量。

字符串常量:用双引号括起来的字符序列。例如"vb","数据库"等都是字符串常量。

逻辑常量:只有两个值,True 和 False。

日期常量:用于表示某一具体的日期和时间,必须把日期和时间用# #括起来。

2. 符号常量

符号常量是用一个符号来表示一个固定不变的量,它有两种来源:用户自定义和系统内部定义。

用户自定义符号常量的方法如下:

```
Const 符号常量名[As 数据类型]=表达式
```

用[ ]括起来的部分表示是可选的。表达式的值就是符号常量所表示的值。

例如:

```
Const PI=3.14
```

以后要使用 3.14 的地方,可以用 PI 来代替。

系统内部定义的符号常量是由控件提供的内部或系统定义的符号常量,在对象浏览器窗口可以查到它们。

2.2.2 变量

在程序运行过程中其值可以发生改变的量称为变量。每一个变量均有属于自己的名字和数据类型。变量的名字称为变量名,变量名用来唯一地标志每一个变量,程序通过变量名来引用变量的值。变量的数据类型则表明了该变量的类型,变量的数据类型决定以后该变量可存储哪种类型的数据。变量一般要先声明,再使用。

1. 变量的命名规则

在 VB 中变量的命名要遵循以下规则:

(1)变量名要以字母或汉字开头,不能以数字或下划线开头。

(2)变量名一般由字母、数字、汉字和下划线组成,不得含有句号、小数点、空格或者类型声明字符!、#、@、$、%、& 等。

(3)长度不能超过 255 个字符。

(4)不能用 VB 的关键字作变量名。

(5)VB 中不区分变量名的大小写。例如,B1 和 b1 被认定为同一个变量名。为了便于区分,通常首字母用大写字母,其余用小写字母;常量全部用大写字母表示。

在为变量命名时应注意:

(1)变量名最好使用有明确意义和容易记忆的变量名,即要见名知义。

(2)尽可能简单明了,尽量不要让变量名太长。

(3)尽量采用 VB 建议的变量名前缀或后缀的约定来命名,以便区分变量的类型。

2.变量的声明

1)用Dim语句显式声明变量

在使用变量前,最好先声明这个变量。所谓声明一个变量就是事先将变量的有关信息通知程序,包括变量名及数据类型。

通常使用Dim语句来声明一个变量,其格式为:

```
Dim    变量名    [As  类型]
```

其中:变量名的命名应遵循变量的命名规则;As　类型:可选项,其中"类型"用来定义被声明变量的数据类型。

例如:

```
Dim    iNum1    As    Integer    '把 iNum1 定义为整型变量
```

当省略As子句时,系统默认变量为变体类型。

说明:

1>使用Dim语句说明一个变量后,VB自动将变量初始化,将数值型的变量赋初值为0,将字符串型的变量赋初值为空串。

2>除了可以用As子句说明变量的类型外,还可以把变量类型声明字符放在变量名的尾部来表示不同类型的变量。

例如:

```
Dim  iNum1%                 '把 iNum1 定义为整型变量
Dim  sMystring$             '把 sMystring 定义为变长字符串型变量
```

3>符号"$"可以说明变长字符串型变量,但是不能说明定长字符串型变量,说明定长字符串型变量必须使用As子句完成。使用As子句可以说明变长字符串,也可以说明定长字符串。变长字符串的长度取决于赋给它的字符串值的长度,定长字符串的长度通过加上"*<数值>"来决定。例如:

```
Dim    sStr2    As    String*15    '把 sStr2 定义为定长字符串,长度为 15
```

4>一个Dim语句可以定义多个变量,变量之间以逗号进行分隔。

2)变量的隐式说明

在VB中,使用一个变量之前并不一定非要先声明这个变量。如果使用一个变量之前不事先经过声明,称为隐式声明。所有隐式声明的变量都是Variant类型的。

使用隐式声明虽然方便,但是如果把变量名拼错了的话,系统会认为它是隐式声明的另一个变量,而检查不出错误。

3)强制变量声明

为了避免写错变量名引起麻烦,用户可以对系统规定:系统强制所有变量必须先声明,在编译时一旦发现使用了未经声明的变量名(如写错),就会报告错误,即强制显式声明变量。

要强制显式声明变量,可以在每个程序文件的开头增加一条设置语句,即Option Explicit。

2.3　运算符与表达式

2.3.1　算术运算符与算术表达式

1.算术运算符

算术运算符包括+(加)、-(减)、*(乘)、/(除)、\(整除)、Mod(求余)、-(负号)、^(指数)。算术运算符进行简单的算术运算,运算对象是数值型数据。

其中,+(加)、-(减)、*(乘)、/(除)和-(负号)与数学中的运算规则相同。

VB 中还有两种特殊的除法运算:\(整除)和 Mod(求余)。

"\"(整除)运算就是对两数进行除法运算后取商的整数部分,例如 5\3 的结果为 1。Mod(求余)运算就是对两数进行除法运算后取商的余数部分,若参与运算的两个数都是整数,则可直接进行运算。若参与运算的两个数中有实数,则先将实数的小数部分进行四舍五入,再进行运算。例如:6.7\3 的结果为 2,6.7Mod3 的结果为 1。

"^"(指数)对数据进行指数运算。例如:2^2 的结果为 4。

2.算术表达式

VB 中,用规定的算术运算符和括号将常数、变量、函数连接起来的有意义的式子,称为算术表达式。表达式通过运算后有一个结果,运算结果的类型由数据和运算符共同决定。

书写表达式的注意事项:

(1)表达式要在同一行书写。

(2)在表达式中乘号"*"不能省略。例如数学里的 5x,在 VB 中必须写成 5*x,而不能省略其中的乘号。

(3)括号可以改变运算次序。表达式中只能使用圆括号,对出现方括号和花括号的部分均用圆括号代替,但必须成对出现。

(4)当表达式中含有多个算术运算符时,各运算符的优先级如表 2-1 所示,当乘法和除法或者加法和减法同时出现在表达式中时,每个运算符按照从左到右的顺序处理。

表 2-1　算术运算符的优先级(由高到低)

名称	运算符
指数运算	^
负号	-
乘法	*
除法	/
整除	\
取余	Mod
加法	+
减法	-

2.3.2　关系运算符与关系表达式

关系运算符又称比较运算符,用来对两个表达式的值进行比较,运算对象是数值型数据和字符型数据。关系表达式是指用关系运算符将两个表达式连接起来的式子,比较的结果是一个逻辑值(True 或 False),若关系成立,则返回 True,否则返回 False。

VB 提供的关系运算有以下 8 种,见表 2-2。

表 2-2　VB 关系运算符

运算符	名称	例子	返回值
=	等于	″abs″=″abc″	False
>	大于	5>6	False
>=	大于等于	5>=3	True
<	小于	34<45	True
<=	小于等于	23<=8	False
<>	不等于	45<>23	True
Like	字符串匹配	″abcde″Like″＊cd＊″	True
Is	对象引用比较	Is>0	由对象当前值决定

说明:

(1)关系运算符两侧值或表达式的类型应一致。

(2)如果操作数是数值型,则按其大小比较。

(3)如果操作数是字符型数据,则按其 ASCII 码值进行比较。在比较两个字符串时,首先比较两个字符串的第一个字符,其中 ASCII 码值较大的字符所在的字符串大。如果第一个字符相同,则比较第二个,依此类推。

(4)汉字字符按拼音序进行比较,汉字字符大于西文字符。

(5)关系运算符优先级相同。

在 VB 中,增加的"Like"运算符与通配符"?"、"＊"、"＃"、[字符列表]、[! 字符列表]结合使用,在数据库的 SQL 语句中经常使用,用于模糊查询。

其中"?"表示任何单一字符,"＊"表示零个或多个字符,"＃"表示任何一个数字(0~9),[字符列表]表示字符列表中的任何单一字符,[! 字符列表]表示不在字符列表中的任何单一字符。

例如:

查找姓名中姓王的学生,则表达式为:姓名 Like ″王＊″

查找姓名中不包含王字的学生,表达式为:姓名 Like ″[! 王]″

2.3.3　逻辑运算符与逻辑表达式

逻辑运算符包括 And(逻辑与)、Or(逻辑或)、Not(逻辑非)、Xor(异或)、Eqv(逻辑等价)、Imp(蕴含)。逻辑运算符是对操作数进行逻辑运算,运行的结果为逻辑型数据。当逻辑关系成立时,运算结果为 True;当逻辑关系不成立时,运算结果为 False。对于较为复杂的条件,必须使用逻辑表达式,逻辑表达式是指用逻辑运算符连接若干关系表达式或逻辑值而成的式子。

1. And(逻辑与)

当且仅当参与运算的两个数都为 True 时,运算结果为 True。否则,只要参与运算的两个操作数中有任何一个为 False 时,运算结果都为 False。

例如:

(3>4)And(5>3)的结果为 False。

(3<4)And(5>3)的结果为 True。

2. Or(逻辑或)

当且仅当参与运算的两个数都为 False 时,运算结果为 False。否则,只要参与运算的两个操作数中有任何一个为 True 时,运算结果都为 True。

例如:

(3>4)Or (5>3)的结果为 True。

(3>4)Or(3>5)的结果为 False。

3. Not(逻辑非)

Not(逻辑非)是单目运算符。当参与运算的数为 False 时,结果为 True。当参与运算的数为 True 时,结果为 False。

例如:

Not(3<5) 的结果为 False。

Not(3>5) 的结果为 True。

4. Xor(异或)

当且仅当参与运算的两个数相异时,即其中一个为 True,另一个为 False 时,运算结果为 True。否则,当参与运算的两个数相同时,即它们都为 True 或者它们都为 False 时,运算结果为 False。

例如:

(2>5)Xor(6<7)的结果为 True。

(3>2)Xor(4>3)的结果为 False。

5. Eqv(逻辑等价)

当且仅当参与运算的两个数相同时,即它们都为 True 或者它们都为 False 时,运算结果为 True。否则,当参与运算的两个数相异时,即其中一个为 True,另一个为 False 时,运算结果为 False。

例如:

(2>5)Eqv (6<7)的结果为 False。

(3>2)Eqv(4=4)的结果为 True。

6. Imp(蕴含)

当且仅当参与运算的两个数中,第一个数为 True,第二个数为 False 时,运算结果为 False。否则,运算结果为 True。

例如:

(2<3)Imp(2=2)的结果为True。

(2<3)Imp(3<>3)的结果为False。

2.3.4　字符串运算符

字符串运算符包含“+”和“&”两个运算符,它们的作用是将两个操作数连接起来,成为一个字符串。

其中“+”是直接将两个字符串从左至右原样连接,生成一个新的字符串。参与运算的数据为字符型数据。

例如:

"visual"+" basic"　'结果为一个新的字符串“visual basic”

“&”是将参与运算的两个数据强制性地按字符串类型连接在一起,生成一个新的字符串。参与运算的两个数可以是字符型、数值型和可变型数据。

例如:

"visual basic"&6.0　'结果为一个新的字符串“visual basic 6.0 ”

注意:若在变量后使用运算符“&”时,应在变量和“&”之间加一个空格。因为“&”既是字符串运算符,又是长整型类型符,当变量名和“&”连在一起时,VB会先把它作为类型符号处理。

2.3.5　各种运算符的混合运算

在一个表达式中进行多种操作时,Visual Basic会按一定的顺序进行求值,称这个顺序为运算符的优先顺序。

运算符的优先顺序如下(从高到底):

算术运算符

字符串运算符

关系运算符

逻辑运算符

【例2-1】　设变量x=4,y=1,a=7,b=-5,求表达式x+y>a+b And Not y<b的值。

(1)先作算术运算:5>2 And Not y<b

(2)再作关系运算:True And Not False

(3)作逻辑非运算:True And True

(4)最后得:True

2.4　常用函数

在VB中函数是一种特定的运算符,在程序中要使用一个函数时,只要给出函数名和相应的若干个参数,就可以得到一个函数值。函数名后面的参数可以是常量、变量或者表达式。参数可以有一个或者多个,也可以没有,若有多个参数,参数之间用逗号进行分隔。在调用函数过程中,函数实施运算,返回该函数的值。

VB 中有两类函数:内部函数和用户自定义函数。内部函数也称为标准函数,VB 为用户提供了大量的内部函数,用户可以直接调用这些内部函数,大大增强了程序的表达和开发能力。VB 的内部函数包括数学函数、字符串函数、转换函数、时间/日期函数、随机函数等。下面介绍一些常用的内部函数,其他可以查阅相关的资料。

2.4.1 数学函数

1. Abs( )函数

格式:Abs(n)

功能:求 n 的绝对值。

说明:n 为数值型参数,返回的函数值为一个非负数值。

例如:

```
n= -3
Y= Abs(n)       'y 的值为 3
```

2. Sgn( )函数

格式:Sgn(n)

功能:求 n 的符号值。

说明:n 为数值型参数,当 n<0 时,返回的函数值为 -1;当 n=0 时,返回的函数值为 0;当 n>0 时,返回的函数值为 1。

例如:

```
Var1=6: Var2=0: Var3= -4
Sign= Sgn(Var1)     'Sign 的值为 1
Sign= Sgn(Var2)     'Sign 的值为 0
Sign= Sgn(Var3)     'Sign 的值为 -1
```

3. Sqr( )函数

格式:Sqr(n)

功能:求 n 的算术平方根。

说明:n 为数值型参数,且 n>=0,返回的函数值为一个非负数值。

例如:

```
n=36
y= Sqr(n)           'y 的值为 6
```

4. Exp( )函数

格式:Exp(n)

功能:求 e^n 的值。

说明:n 为数值型参数,返回的函数值为 e^x。

例如:

```
y=Exp(3)  'y 的值为 20.0855369231877
```

5. Log( )函数

格式:Log(n)

功能:求 n 的自然对数。

说明:n 为数值型参数,且 x>0,返回的函数值为 l_nn。

例如:

```
y= Log(1)      'y 的值为 0
```

6. Int( )函数

格式:Int(n)

功能:取小于或等于 n 的最大整数。

说明:n 为数值型参数,返回的函数值为一整数。

例如:

```
n=2.5
N1= Int(n)      'N1 的值为 2
```

7. Round( )函数

功能:四舍五入取整。

说明:n 为数值型参数,返回的函数值为一整数。

例如:

```
n=2.5
N2= Round(n)      'N2 的值为 3
```

2.4.2 字符串函数

1. Len( )函数

格式:Len(c)

功能:求字符串 c 的长度。

说明:c 为字符串类型的参数,函数返回值为一整数值。

例如:

```
n=Len("visual")      'n 的值为 6
```

2. Left( )函数

格式:Left(c,n)

功能:返回字符串 c 左边的 n 个字符。

说明:c 为字符串类型的参数,n 为数值型参数,函数返回值为一新的字符串。

例如:

```
n="visual"
n1=Left(n,2)      'n1 的值为"vi"
```

3. Right( )函数

格式:Right(c,n)

功能:返回字符串 c 右边的 n 个字符。

说明:c 为字符串类型的参数,n 为数值型参数,函数返回值为一新的字符串。

例如:

```
n="visual"
n1= Right(n,2)   'n1 的值为"al"
```

4. Mid( )函数

格式:Mid(c,n1,n2)

功能:自字符串 c 的第 n1 个字符开始向右取 n2 个连续的字符。

说明:c 为字符串类型的参数,n1,n2 为数值型参数,函数返回值为一新的字符串。

例如:

```
n="visual"
c=Mid(n,2,3)      'c 的值为"isu"
```

5. Ltrim( )函数

格式:Ltrim(c)

功能:去掉字符串左边的空格。

说明:c 为字符串类型的参数,函数返回值为一新的字符串。

例如:

```
c="      visual      "
n= Ltrim(c)      'n 的值为"visual      "
```

6. Rtrim( )函数

格式:Rtrim(c)

功能:去掉字符串右边的空格。

说明:c 为字符串类型的参数,函数返回值为一新的字符串。

例如:

```
c="      visual      "
n= Rtrim(c)      'n 的值为"      visual"
```

7. Trim( )函数

格式: Trim(c)

功能:去掉字符串 c 左右两边的空格。

说明:c 为字符串类型的参数,函数返回值为一新的字符串。

例如:

```
c="      visual      "
n= Trim(c)      'n 的值为"visual"
```

8. String( )函数

格式:String(n,c)

功能:返回由字符串 c 的首字符组成的 n 个字符的字符串。

说明:c 为字符串类型的参数,n 为数值型参数,函数返回值为一新的字符串。

例如:

```
c="visual"
n= String(4,c)      'n 的值为"vvvv"
```

9. InStr( )函数

格式:InStr(n1,c1,c2)

功能:指定一个字符串在另一个字符串中最先出现的位置。

说明:c1,c2 为字符串类型的参数,n1 为数值型参数,函数返回值为一整数。在字符串 c1 中从第 n1 个字符开始查找字符串 c2(省略 n1 时从头开始找)。若找到了,则返回位置值;若找不到,则返回 0。

例如:

```
c="success"
n1= InStr(2,c,"s")      'n1 的值为 6
n2= InStr(c,"se")       'n2 的值为 0
```

10. Space()函数

格式:Space(n)

功能:产生由 n 个空格组成的字符串。

说明:n 为数值型参数,函数返回值为一个全部由空格组成的字符串。

例如:

```
c= Space(4)     'c 的值为"    "
```

2.4.3 转换函数

1. Chr()函数

格式:Chr(n)

功能:将 ASCII 码值转换为字符。

说明:n 为数值型参数,且 0<=n<=255,函数返回值为一个字符。

例如:

```
c= Chr(65)      'c 的值为"A"
```

2. Asc()函数

格式:Asc(c)

功能:将指定字符转换成 ASCII 码值。

说明:c 为字符串类型的参数,函数返回值为一数值。

例如:

```
c="A"
n= Asc(c)       'n 的值为 65
```

3. Lcase(c)函数

格式:Lcase(c)

功能:将字符串 c 中的大写字母转换为小写字母。

说明:c 为字符串类型的参数,函数返回值为一个新的字符串。

例如:

```
c="Visual"
k= Lcase(c)     'k 的值为"visual"
```

4. Ucase()函数

格式:Ucase(c)

功能:将字符串 c 中的小写字母转换为大写字母。

说明:c 为字符串类型的参数,函数返回值为一个新的字符串。

例如:

```
c="visual"
k= Ucase(c)       'k 的值为"VISUAL"
```

5. Str()函数

格式:Str(n)

功能:将数值 n 转换为字符串。

说明:n 为数值型的参数,函数返回值为一字符串。

例如:

```
s= Str(56)       's 的值为"56"
```

6. Val()函数

格式:Val(c)

功能:将数字字符串转换为数值。

说明:c 为字符串类型的参数,函数返回值为数值型数据。

例如:

```
n=Val("34")      'n 的值为 34
```

7. Hex()函数

格式:Hex(n)

功能:将十进制数转换为十六进制数。

说明:n 为数值型的参数,返回值为一数值型数据。

例如:

```
n=100
n1= Hex(n)       'n1 的值为 64
```

8. Oct()函数

格式:Oct(n)

功能:将十进制数转换为八进制数。

说明:n 为数值型的参数,返回值为一数值型数据。

例如:

```
n=100
n1= Oct(n)       'n1 的值为 144
```

2.4.4 时间/日期函数

1. Time()函数

格式:Time()或者 Time

功能:返回系统时间。

说明:该参数是无参函数,返回由当前系统时间组成的一个字符串。

2. Date()函数

格式:Date()或者 Date

功能:返回系统日期。

说明:该参数是无参函数,返回由当前系统日期组成的一个字符串。返回日期的格式为"月-日-年"。

3. Year()函数

格式:Year(d)

功能:返回d的年号。

说明:d为日期类型的参数,函数返回值为数值型数据。

例如:

```
d=#07/12/2005#
n= Year(d)      'n的值为2005
```

4. Month()函数

格式:Month(d)

功能:返回d的月份。

说明:d为日期类型的参数,函数返回值为数值型数据。

例如:

```
d=#07/12/2005#
n= Month(d)      'n的值为7
```

5. Day()函数

格式:Day(d)

功能:返回d的日期。

说明:d为日期类型的参数,函数返回值为数值型数据。

例如:

```
d=#07/12/2005#
n= Day(d)      'n的值为12
```

6. WeekDay()函数

格式:WeekDay(d)

功能:返回d的星期号。

说明:d为日期类型的参数,函数返回值为数值型数据。注意:星期日为1,星期一、星期二、…、星期六依次为2、3、…、7。

例如:

```
d=#07/12/2005#
n= WeekDay(d)      'n的返回值为3
```

2.4.5 判断函数

1. IsArray()函数

格式:IsArray(变量名)

功能:判断变量是否为数组,返回Boolean值。

2. IsDate()函数

格式:IsDate(表达式)

功能:判断表达式是否为日期,返回Boolean值。

3. IsEmpty()函数

格式:IsEmpty(变量)

功能:判断变量是否已被初始化,若已经初始化,返回 0;否则,返回 1。

4. IsNumeric()函数

格式:IsNumeric(表达式)

功能:判断表达式是否为数值型数据,返回 Boolean 值。

2.4.6 随机函数

格式:Rnd(n)

功能:在区间(0,1)内随机产生一个浮点数。

说明:n 为数值类型的参数,函数返回值为数值型数据。要先使用语句 Randomize (timer)初始化随机数发生器,当 n>0 时,每次产生的随机数都不同;当 n=0 时,每次产生的随机数都与上次的相同;当 n<0 时,每次产生的随机数都相同。

本章小结

本章讲解了有关 VB 的基本语法知识,即数据类型、常量、变量、运算符、表达式和函数,包括各种数据类型的含义和取值范围,常量和变量的定义和使用,以及各种运算符和各种表达式、常用内部函数的用法,它们是构成程序的基本元素。

习题 2

简答题

1. 下列标识符中,哪些是 VB 合法的变量名?

(1)a1　　(2)a_1　　(3)1_a

(4)abc　　(5)a.1　　(6)true

(7)vb123　　(8)x/y　　(9)sin(x)

2. 请指出下列哪些是合法的 VB 常量并指出属于哪个类型。

(1)2344　　(2)56576#　　(3)23.56

(4)3423&　　(5)True　　(6)23.7E+5

3. 计算下列表达式的值。

(1)5>6　　(2)9/3　　(3)9 \ 5

(4)8.5Mod4 * 2　　(5)"vb"&6.0　　(6)"visual"+"basic"

(7)4=6And5<8　　(8)Not7>8　　(9)True or NotFalse

4. 把下列数学表达式写成 VB 表达式。

(1)$5+(a+b)^2$　　(2)$2a(5+b)$　　(3)$8e^3\ln 2$

(4)$|a-b|+5c$　　(5)$(x+y)^2(x-y)^3$

5. 求出下列函数的值。

(1)Len("visual basic")　　(2)Right("visual",3)

(3)Ltrim("visual")　　(4)String(3,"visual")

(5)Chr("66")　　(6)Lcase("nAme")

6. 设 a=2,b=3,c=4,d=5,求下列表达式的值。

(1)a>bAndc<=dOr2 * a>c

(2)3>2 * bOra=cAndb<>cOrc>d

(3)Nota<=cOr4 * c=b^2Andb<>a+c

实验 2

【实验目的】

(1)掌握变量的定义方法。

(2)掌握常用内部函数的用法。

(3)掌握运算符及表达式的用法

【实验内容】

实验 2.1　用 Label 控件显示各种类型的数据,如数值型、字符型、日期型、布尔型等。

实验 2.2　在立即窗口中实验下列函数的操作:

(1)print　chr $(65)

(2)print　sgn(2)

print　sqr(2)

(3)a $ ="visual"

b $ ="basic"

print a $ +b $

print a $ &b $

(4)s $ ="asdfghjklbn"

print left $ (s $,2)

print right $ (s $,2)

print mid $ (s $,3,4)

print len(s $)

print instr(s $,"qwe")

(5)print now

print day(now)

print month(now)

print year(now)

第 3 章　顺序结构程序设计

在 VB 中,采用了事件驱动的编程机制,即程序在运行时,过程的执行顺序是由事件的触发顺序来控制的。但针对于具体的事件过程而言,其编程思路仍遵循结构化程序设计的方法,即用流程控制语句来控制程序的执行。结构化程序设计方法有三种基本结构,分别是顺序结构、选择结构和循环结构。在顺序结构中,各程序段按照出现的先后顺序依次执行。本章将介绍顺序结构程序设计所涉及的基本概念和语句。

3.1　基本语句

3.1.1　赋值语句

赋值语句是程序设计中最基本的语句,它可以把指定的值赋给某个变量或某个对象的属性。

1. 赋值语句的语法格式

赋值语句的语法格式为:

[Let] 变量名=表达式

[Let] 对象名.属性名=表达式

其中,"="称为赋值号;关键字 Let 为可选项,在使用时通常会省略;变量名应符合 VB 的变量命名约定;表达式可以是常量、变量、表达式等。

例如:

```
Form1.width=400
Command1.caption="确定"
Let x=12
```

2. 赋值语句的功能

首先计算赋值号右边表达式的值,然后将此值赋给赋值号左边的变量或对象属性。

例如:

```
x% =4^3-56\2          '首先计算表达式 4^3-56\2 的值,再把计算结果 36 赋给 x
Text1.text=Left("visual basic", 6)& mid("phimage",3)
                      '把右边表达式的结果 visualimage 赋给 Text1 的 text 属性
```

3. 注意事项

(1)赋值语句中的"="与关系表达式中的"="意义不同。关系运算符"="的作用是判断左右两边的值是否相等,如 a=b 和 b=a 都可以判断 a 与 b 是否相等;而赋值语句 a=b表示把 b 的值赋给 a,语句 b=a 则表示把 a 的值赋给 b,二者作用完全不同。

(2)赋值号左边必须是变量名或者对象的属性名,不能是表达式或者常量。如下面的赋值都是非法的:

```
a+b=43      '赋值号左边是表达式
32=x+y      '赋值号左边是常量
vbOk=90     '赋值号左边是系统常量
```

(3)当表达式为数值型且与赋值号左边变量的精度不同时,将强制把表达式的值按变量的精度进行转换。例如:

```
x%=4.1      '执行后,x 的值是 4
y!=123      '执行后,y 的值为 123.0
m%=3.5      '执行后,m 的值为 4
n%=4.5      '执行后,n 的值为 4
```

如果将实数赋给整型变量,而实数是"*.5"的形式,这里的"*"代表任意数值,此时系统将采用向偶数取整的原则,因此上面的 m 和 n 的值都为 4。

(4)当表达式是数字字符串、赋值号左边是数值类型时,会把表达式的值转换为数值类型,再赋给变量;当表达式中有非数字字符或为空串时,将会出错。例如:

```
y%="123"       'y 的结果是数值 123
y%="123abc"    '将出现"类型不匹配"的错误
```

(5)任何非字符类型的值赋给字符型变量时,系统自动将结果转换为字符型。

(6)当把逻辑值赋给数值型变量时,系统会将 True 转换为 -1, 将 False 转换为 0;反之,当把数值型数据赋给逻辑型变量时,系统将把 0 转换为 False,把非 0 值转换为 True。

(7)不能在同一语句中给多个变量赋值。例如:

```
a=b=c=5
```

在 VB 编译时,会将右边的两个"="作为关系运算符处理;首先比较 b 和 c 是否相等,结果要么为 True(-1),要么为 False(0);再将结果与 5 相比较,所以 a 的值总为 False。

(8)在 VB 中,如果变量未被赋值而直接引用,则数值型变量的值是 0,字符型变量的值是空串"",逻辑型变量的值是 False。

3.1.2　卸载对象与结束程序

1. 卸载对象

当要从内存中卸载窗体或某些控件时,可以使用 Unload 语句。Unload 语句的格式为:

```
Unload 对象名
```

说明:格式中的"对象名"是要卸载的窗体或控件的名称。如果卸载对象是窗体,则卸载前会发生 QueryUnload 事件,然后发生 Unload 事件。在其中任一个事件中通过代码设置参数 Cancel 为 True,均可防止窗体被卸载。

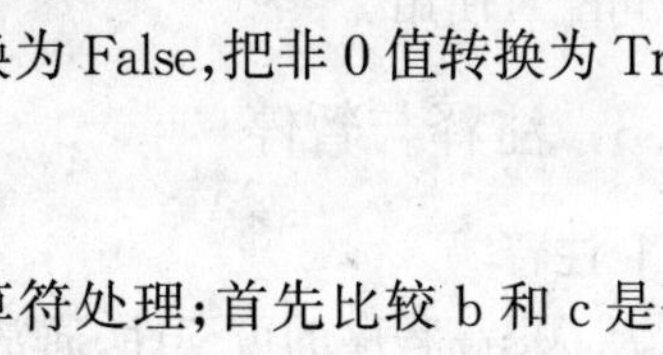

图 3-1　例 3-1 运行界面

【例 3-1】　使用 Unload 语句关闭窗体,并在 Unload 事件过程中弹出信息。如图 3-1 所示。

程序代码如下:

```
Private Sub Form_Click()
  Unload Me              'Me表示当前窗体
End Sub
Private Sub Form_Unload(Cancel As Integer)
  MsgBox "确定要卸载窗体吗?", vbOKCancel, "窗体卸载实例"
End Sub
```

2.结束程序

可以使用End语句来结束程序的运行。其格式为:

```
End
```

在程序运行时,遇到结束语句就终止当前程序,关闭以Open打开的文件并清除变量,返回到操作系统(当程序编译执行)或VB系统集成开发环境(当程序解释执行)。

End语句只是生硬地终止代码的执行,并不调用Unload、QueryUnload、Terminate事件或其他的VB代码。

End语句除了单独使用外,还可以和其他关键字组合使用,用于结束一个程序块、过程或函数。其形式有End Sub、End Function、End With、End If、End Select等,它们与对应的语句配对使用。

3.1.3　注释与暂停

1.注释

为了提高程序的可读性,通常应在程序中的适当位置加上注释。在调试程序时,也可以利用注释屏蔽一条语句以观察变化,发现问题或错误。

VB中注释语句的格式为:

```
Rem 注释内容
```

或

```
'注释内容
```

例如:

```
temp=x:x=y:y=temp '交换 x 和 y
temp=x:x=y:y=temp :Rem 交换 x 和 y
```

说明:注释语句仅对程序的有关内容起注释作用,并不被解释和编译。任何字符都可以放在注释行中作为注释内容。注释语句通常放在过程、模块的开头部分,也可以放在执行语句的后面。如果放在执行语句之后,注释语句必须是同一语句行中的最后一个语句。如果在语句行中使用关键字Rem进行注释,必须用冒号(:)将之与语句隔开。另外,注释语句不能放在续行符之后。

2.暂停

Stop语句用来暂停程序的执行,相当于在事件代码中设置断点。

格式:Stop

说明:Stop 语句可以放在过程中的任意位置,作用是把解释程序置为中断模式,以便对程序进行检查和调试。当执行 Stop 语句时,系统将自动打开立即窗口。与 End 语句不同,Stop 语句不会关闭文件或清除变量。但如果在可执行文件(.exe)中含有 Stop 语句,则会关闭所有的文件而退出程序。因此,在应用程序调试完毕,生成可执行文件之前,要删去代码中的所有 Stop 语句。

3.2　数据输出

在 VB 中可以通过文本框、标签、MsgBox 函数、MsgBox 过程等输出信息,也可以使用 Print 方法输出信息。

3.2.1　Print 方法

1. Print 方法的格式

Print 方法可以在对象上输出信息。格式如下:

[对象名称.]Print [表达式列表][,|;]

说明:

(1)"对象名称"可以是窗体(Form)、图片框(PictureBox)或打印机(Printer),也可以是立即窗口(Debug)。如果省略"对象名称",则在窗体上输出。例如:

```
Picture1.Print "欢迎使用 Visual Basic"    '在图片框上输出字符串"欢迎使用 Visual Basic"
Print "欢迎使用 Visual Basic"    '在窗体上输出字符串"欢迎使用 Visual Basic"
```

(2)"表达式列表"可以是一个或多个表达式,类型可以是数值型或字符串型。对于数值型的表达式,将输出表达式的值,如果是字符串,则原样输出。如果省略"表达式列表",则输出一个空行。例如:

```
x=3:y=6
Print x+y
Print
Print "欢迎使用 Visual Basic 6.0"
```

输出结果为:

```
9

欢迎使用 Visual Basic 6.0
```

(3)当输出多个表达式或字符串时,各表达式之间用分隔符(逗号、分号或者空格)隔开。如果使用逗号分隔符,则按标准输出格式输出数据项。在标准输出格式下,按打印区显示数据项,每隔 14 列开始一个打印区。如果各输出项之间用分号或者空格作为分隔符,则按紧凑格式进行输出,此时将在每个数值后面增加一个空格,如果数值为正数,将把正号显示为空格。在 Print 方法中,可以将逗号与分号混合使用。例如:

```
x% =1:y% =2:ch1 $ ="hello":ch2 $ ="world"
Print x,y,ch1,ch2
Print x;y;ch1;ch2
```

输出结果为:

```
1             2             hello   world
1   2 helloworld
```

(4)通常每执行一次 Print 方法都要自动换行,使后面执行 Print 时在下一行输出信息。为了在同一行进行输出,可以在表达式列表末尾加上分号或者逗号,此时仍按紧凑格式或者标准格式显示下一个输出信息。例如:

```
Print 12,21,
Print 34;
Print 56
```

输出结果为:

```
12            21            34 56
```

2. 与 Print 方法有关的函数

为了使信息按指定格式进行输出,VB 提供了几个与 Print 配合使用的函数,包括 Tab、Spc、Space $ 等。

1)Tab 函数

格式:Tab(n)

Tab 函数把光标或打印头定位到由参数 n 指定的位置,并从这个位置开始输出信息。要输出的内容放在 Tab 函数之后,并用分号隔开。例如:

```
Print Tab(20);"abcdef"        '在第 20 列输出字符串"abcdef"
```

说明:

(1)参数 n 是数值表达式,其值为一整数,用来指定表达式输出时的起始列号。如果省略该参数,则 Tab 函数会把输出位置定位到下一个输出区的起点。如果当前的显示位置超过了 n,则将在下一行的同一列进行输出。如果 n 小于 1,则把输出位置移动到第 1 列;当 n 大于行宽时,输出位置是(n Mod 行宽)。

(2)当在一个 Print 方法中有多个 Tab 函数时,每个 Tab 函数对应于一个输出项,各项之间用分号隔开。例如:

```
 Print "hello";Tab(20);"world"        '第二个字符串从第 20 列开始输出
 Print Tab(3);"hello";Tab;"world"
'第二个 Tab 省略了参数,则其后的输出信息将显示在下一个输出区
```

输出结果为:

```
hello              world
  hello   world
```

2)Spc 函数

格式:Spc(n)

Spc 函数与 Print 方法一起使用,使光标从当前位置跳过 n 个空格,对输出进行定位。

说明:Spc 函数的作用与 Tab 函数类似,不同的是,Tab 函数中的参数 n 是相对于屏幕最左列(即第 1 列)而言的列号,而 Spc 函数中的参数 n 表示两个输出项之间的空格数。参数 n 的取值范围是 0~32767 之间的整数。例如:

```
Print "hello";Tab(8);"world"    '第二个字符串从第 8 列开始输出
```

```
Print "hello";Spc(8);"world"   '两个字符串之间相隔 8 个空格
```

输出结果为:

```
hello  world
hello        world
```

3)Space $ 函数

格式:Space $ (n)

Space $ 函数返回 n 个空格。例如:

```
ch $ = "ab" + Space(4) + "cd"
Print ch $
```

输出结果为:

```
ab      cd
```

3. 格式输出

用格式输出函数 Format 可以使数值或日期按指定格式进行输出,其返回值是字符串。

格式:Format[$](表达式,格式字符串)

Format 函数的功能是按"格式字符串"指定的格式输出"表达式"的值。

1)数值格式化输出

格式字符串是一个串常量或串变量,由专门的格式说明字符组成,这些字符决定了数据项显示的格式和长度。见表 3-1。

表 3-1　数值型格式说明字符

字符	作用
#	显示一位数字,若此位置没有数字则不显示
0	显示数字,若此位置没有数字则补 0
.	小数点
,	千位分隔逗点
%	百分比符号
$	美元符号
+ -	正、负号
E+ E-	指数符号

(1)#:表示一个数字位。# 的个数决定了显示区段的长度。如果要显示的数据位数多于 # 号个数,则保持原位数显示;若要显示的数据位数少于 # 号个数,则在指定区域段内左对齐显示数据项。

(2)0:与 # 号功能相同,但当要显示的数据位数少于 0 的个数时,多余的位在高位以 0 补齐,再左对齐显示该数据项。例如(在"立即窗口"测试):

```
Print Format(1234, "#####")
1234
```

Print Format(1234, "00000")

01234

(3)小数点:与#或0结合使用,可以放在格式字符串的任何位置,根据格式字符串的位置,小数部分多余的数字按四舍五入处理。例如(在"立即窗口"测试):

Print Format(1234.567, "####.#")

1234.6

Print Format(1234, "00.000")

1234.000

(4)逗号:在格式字符串中起"分位"作用,即数据项从小数点左边一位开始,每3位用一个逗号隔开,因此又称为"千位分隔逗点"。逗号可以放在格式字符串中小数点左边的任意位置,但不得放在串首或紧挨小数点。例如(在"立即窗口"测试):

Print Format(123456.12, "###,###.0")

123,456.1

(5)%:百分号。通常放在格式字符串的尾部,用来输出百分号。

(6)$:美元符号。通常放在格式字符串的首部,用来输出美元符号,输出的数字前面加上美元符号$。

(7)+,-:分别表示正号、负号。放在格式字符串的首部,为输出数据添加正、负号。

(8)E+,E-:表示用指数形式显示数值。

2)日期和时间格式化输出

日期和时间格式化输出是将日期或数值型数据以日期、时间的序数值按"格式字符串"指定的格式输出。有关格式见表3-2。

表3-2 时间、日期型格式说明字符

符号	作用	符号	作用
d	显示日期,个位数前不加0	y	显示为一年中的第几天
dd	显示日期,个位数前加0	yy	两位数显示年份(00~99)
ddd	显示星期缩写(Sun~Sat)	yyyy	四位数显示年份(0100~9999)
dddd	显示星期全名	q	季度数(1~4)
ddddd	显示完整日期(包括年、月、日)	h	显示小时(0~23),个位数前不加0
w	星期为数字(1~7,1是星期日)	hh	显示小时(00~23),个位数前加0
ww	在一年中处于第几星期(1~53)	m	在h后显示分(0~59),个位数前不加0
m	显示月份(1~12),个位数前不加0	mm	在h后显示分(00~59),个位数前加0
mm	显示月份(01~12),个位数前加0	s	显示秒(0~59),个位数前不加0
mmm	显示月份缩写(Jan~Dec)	ss	显示秒(00~59),个位数前加0
mmmm	显示月份全名	tttt	显示完整时间(包括小时、分、秒)
AM/PM	12小时的时钟,中午前显示AM或am,中午后显示PM或pm	A/P	12小时的时钟,中午前显示A或a,中午后显示P或p

【例3-2】 利用Format函数显示有关的日期和时间。

```
Private Sub Form_Click( )
  Mytime=time
  Mydate=date
  Print Format(mytime, "h-m-s am/pm")
  Print Format(mytime, "hh:mm:ss A/P")
  Print Format(mydate, "m/d/yy")
  Print Format(mydate, "dddd,mmmm,dd,yyyy")
  Print Format(Now, "ddddd,h:m s ,am/pm")
End Sub
```

运行结果如图 3-2 所示。

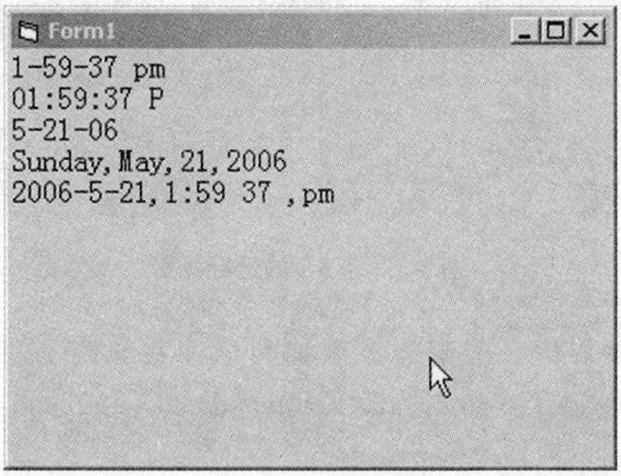

图 3-2　例 3-2 的运行界面

3)字符串数据格式化输出

有关字符串格式化的字符见表 3-3。

表 3-3　字符型格式说明字符

格式字符	意义	举例	结果
<	将字符串数据转换为小写	Format("TODAY", "<")	"today"
>	将字符串数据转换为大写	Format("today", ">")	"TODAY"
@	实际字符位数小于格式字符串的位数,字符前加空格	Format(" today", "@@@@@@")	"　today"
&	实际字符位数小于格式字符串的位数,字符前不加空格	Format("today","&&&&&&")	"today"

3.2.2　使用"标签"控件的输出

VB 提供的标签控件只能显示文本,而不能对文本进行编辑。所显示的文本由标签的 Caption 属性进行控制,该属性可以在设计时通过"属性"窗口设置或在运行时用代码赋值。标签常用于标注本身不具有 Caption 属性的控件,可显示任意类型的数据。

1. 标签的外观

在缺省情况下，标题(Caption)是标签控件中的唯一可见部分。如果把 BorderStyle 属性设置为 1，标签就有了边框。还可以通过设置标签的 BackColor、ForeColor 和 Font 等属性来改变标签的外观。

【例 3-3】 测试标签的边框样式和透明样式。程序运行时界面如图 3-3 所示。

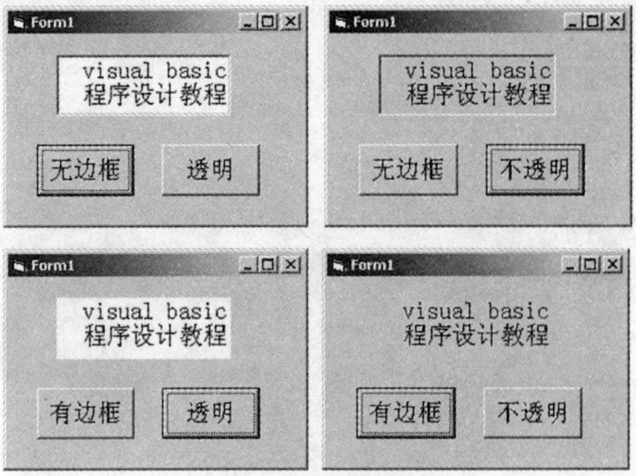

图 3-3　例 3-3 的运行界面

设计步骤如下：

(1)建立应用程序界面。在窗体上添加两个标签和四个命令按钮，名称分别为 Label1、Label2 和 Command1、Command2、Command3 和 Command4。把 Command2 置于 Command1 之上，Command4 置于Command3之上。

(2)设置对象属性，其中主要属性的设置见表 3-4。

表 3-4　属性的设置

控件名称	属性名	属性值
Label1	Alignment	2 – Center
	BackStyle	1 – Opaque
	Caption	vb 程序设计基础教程
Command1	Caption	有边框
Command2	Caption	无边框
Command3	Caption	不透明
Command4	Caption	透明

(3)编写程序代码。

```
Private Sub Command1_Click()
  Label1.BorderStyle = 1
```

```
  Command1.Visible = False
  Command2.Visible = True
End Sub

Private Sub Command2_Click()
  Label1.BorderStyle = 0
  Command1.Visible = True
  Command2.Visible = False
End Sub

Private Sub Command3_Click()
  Label1.BackStyle = 1
  Command3.Visible = False
  Command4.Visible = True
End Sub

Private Sub Command4_Click()
  Label1.BackStyle = 0
  Command3.Visible = True
  Command4.Visible = False
End Sub
```

2. 使标签适应内容

对于一个较长的或运行时可能变化的标题,标签提供了两个属性 AutoSize 和 WordWrap,用来改变控件尺寸,以适应标题内容的长度。如果将 AutoSize 属性设置为 True,则标签将根据内容自动在水平方向调整自身大小。如果将 WordWrap 属性设置为 True,则标题内容会自动换行并按垂直方向扩充。

【例 3-4】 在设置模式修改标签的属性,使之在程序运行时根据内容自动调整尺寸。运行界面如图 3-4 所示。

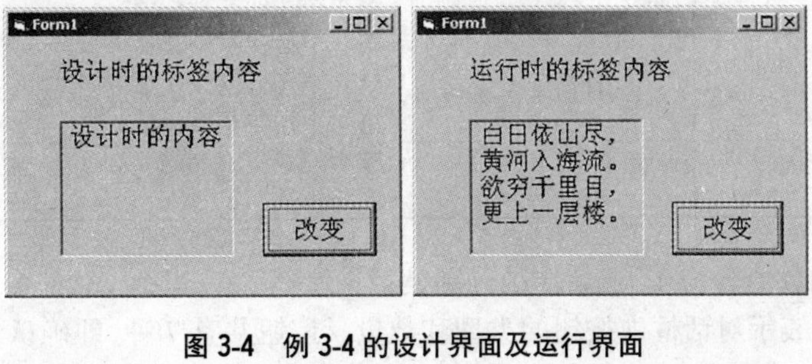

图 3-4　例 3-4 的设计界面及运行界面

在设置模式分别将标签的 WordWrap 和 AutoSize 属性设置为 True。程序代码如下:

```
Private Sub Command1_Click()
  Label1.Caption ="运行时的标签内容"
```

```
Label2.Caption ="白日依山尽,黄河入海流。欲穷千里目,更上一层楼。"
End Sub
```

3.2.3 MsgBox 函数和 MsgBox 过程

1. MsgBox 函数

MsgBox 函数的功能是在对话框中显示信息,等待用户单击按钮,并返回一个整数,以通知系统单击了哪一个按钮。

MsgBox 函数的格式:

MsgBox (prompt[,buttons][,title][,helpfile,context])

函数中共有 5 个参数,第一个参数 prompt 为必选项,其余参数均可省略。各参数的含义如下:

(1)prompt:其值为字符串,长度不能超过 1024 个字符,如果超过,则多余的字符被截去。该字符串的内容将在由 MsgBox 函数产生的对话框内显示。当字符串在一行内显示不完时,将自动换行。也可以在字符串中加入"Chr $ (13) + Chr $ (10)"来强制换行。

(2)buttons:其值为整数值或符号常量,用来控制在对话框内显示的按钮、图标的种类及数量。该参数的值由 4 类数值相加产生,这 4 类数值或符号分别表示按钮的类型、显示图标的种类、活动按钮的位置及强制返回,见表 3-5。

表 3-5 buttons 参数的取值

符号常量	值	作用
vbOkOnly	0	只显示"确定"按钮
vbOkCancel	1	显示"确定"及"取消"按钮
vbAbortRetryIgnore	2	显示"终止"、"重试"及"忽略"按钮
vbYesNoCancel	3	显示"是"、"否"及"取消"按钮
vbYesNo	4	显示"是"及"否"按钮
vbRetryCancel	5	显示"重试"及"取消"按钮
vbCritical	16	显示 Critical Message 图标(×)
vbQuestion	32	显示 Warning Query 图标(?)
vbExclamation	48	显示 Warning Message 图标(!)
vbInformation	64	显示 Information Message 图标(i)
vbDefaultButton1	0	第 1 个按钮是默认值
vbDefaultButton2	256	第 2 个按钮是默认值
vbDefaultButton3	512	第 3 个按钮是默认值
vbDefaultButton4	768	第 4 个按钮是默认值
vbApplicationModule	0	应用模式
vbSystemModule	4096	系统模式

表 3-5 中的数值分为 4 类,其作用分别是:

数值 0~5:表示对话框内按钮的类型和数量。按钮共有 7 种,即确认、取消、终止、重试、忽略、是、否。每个数值表示一种组合方式。

数值 16、32、48、64:用于指定对话框所显示的图标。其中,16 指定暂停(×),32 表示疑问(?),48 用于警告(!),64 用于忽略(i)。

数值 0、256、512、768:用于指定默认活动按钮。活动按钮中文字的周围有虚线,按回车键可执行该按钮的操作。

数值 0、4096：值为 0 表示以应用模式建立对话框，必须响应对话框才能继续当前的应用程序；值为 4096 表示以系统模式建立对话框，此时所有的应用程序都将被挂起，直到用户响应了对话框为止。

buttons 参数由以上 4 类数值组成，其组成原则是：从每一类中选择一个值，type 的值等于这几个值相加。在大多数应用程序中，通常只使用前 3 类数值。不同的组合会得到不同的结果。如 291 = 3 + 32 + 256，则会显示“是”、“否”及“取消”按钮，并显示“?”图标，默认活动按钮为“否”。

每种数值都有相应的符号常量，其作用与数值相同，使用符号常量可以提高程序的可读性。各个符号常量的值可通过 VB 集成环境下的“对象浏览器”查看。

(3) title：其值为字符串，用来显示对话框的标题。

(4) helpfile、context：helpfile 是字符串变量或字符串表达式，用来表示帮助文件的名字；context 是数值变量或表达式，用来表示相关帮助主题的帮助目录号。这两个参数必须同时提供或同时省略。当使用这两个参数时，对话框中将出现一个“帮助”按钮，单击该按钮或按 F1 键，可以得到有关的帮助信息。

上面 5 个参数中，只有第 1 个参数 prompt 是必需的，其余参数均可省略。如果省略参数 buttons，则对话框中只显示一个“确定”按钮，并把该按钮设置为默认活动按钮，不显示任何图标。如果省略参数 title，则对话框的标题为所在工程的名称。如果希望标题栏上没有任何内容，则应把 title 参数置为空字符串。

MsgBox 函数的返回值是一个整数，这个整数与所选择的按钮有关。如前所述，MsgBox函数所显示的对话框有 7 种按钮，函数的返回值与这 7 种按钮相对应，见表 3-6。

表 3-6 MsgBox 函数的返回值

返回值	操作	符号常量
1	选“确定”按钮	vbOk
2	选“取消”按钮	vbCancel
3	选“终止”按钮	vbAbort
4	选“重试”按钮	vbRetry
5	选“忽略”按钮	vbIgnore
6	选“是”按钮	vbYes
7	选“否”按钮	vbNo

【例 3-5】 编写程序，试验 MsgBox 函数的功能。

```
Private Sub Form_click( )
  Str1 $ = "继续吗?"
  Str2 $ = "example3 - 5"
```

```
  n = MsgBox(Str1 $ ,275,str2)
  Print n
End Sub
```

程序运行后,单击窗体,结果如图 3-5 所示。

图 3-5　例 3-5 的运行结果

在例 3-5 中,MsgBox 函数的返回值赋给变量 n,在出现对话框后,如果用户按回车键或单击“否”按钮,则 n 的值为 7;如果单击“是”或“取消”按钮,则返回值分别是 6 或 2。

说明:

(1)在使用 MsgBox 函数弹出对话框时,当某个按钮为活动按钮时,其内部的文字周围有一个虚线框。此时按回车键或者用鼠标在其上单击,都表示选择了该按钮。用 Tab 键可以把其他按钮变为活动按钮,每按一次 Tab 键,变换一个活动按钮。此外,不管按钮是否是活动按钮,都可以用鼠标单击来选择。

(2)在应用程序中,MsgBox 的返回值通常用来作为继续执行程序的依据,根据返回值决定相应的操作。

2. MsgBox 过程

格式如下:

```
MsgBox msg[,type][,title][,helpfile,context]
```

其中各参数的含义与 MsgBox 函数相同。MsgBox 过程与 MsgBox 函数的区别在于 MsgBox 过程没有返回值,因此常用于较简单的信息显示。如:

```
MsgBox "对不起,您输入的密码不正确", vbExclamation
```

执行上面的语句后,显示如图 3-6 的信息对话框。

由 MsgBox 函数或 MsgBox 过程所显示的信息框有一个共同的特点,即当出现信息框时,必须作出响应,如单击某按钮或关闭信息框,否则不能执行任何其他操作。在 VB 中,把这种窗口(对话框)称为模态窗口。在程序运行时,模态窗口(对话框)挂起应用程序中其他窗口的操作。与模态窗口(对话框)对应的是非模态窗口。非模态窗口(对话框)出现时,可以不对其响应,而进行应用程序中的其他操作。

图 3-6　MsgBox 过程

3.3　数据输入

在程序运行时,有些数据需要用户临时输入。在 VB 中,有多种方法实现数据的输入,如文本框(TextBox)、InputBox 函数、单选按钮(OptionButton)和列表框(ListBox)等。本节主要介绍文本框(TextBox)和 InputBox 函数的使用。

3.3.1　使用“文本框”控件的输入

文本框是一个文本编辑区域，类似于一个简单的文本编辑器。在程序的设计阶段或者运行期间，可在文本框中输入、编辑、修改和显示文本。缺省时，文本框只能输入单行文本，并且字符数不能超过 2048 个。若将文本框的 MultiLine 属性设置为 True，则可以输入多行文本，并且文本的内容可达 32K，此时 PasswordChar 属性将不起作用。

1. 使用文本框控件

文本框中显示的文本是受 Text 属性控制的。可以通过 3 种方式来设置 Text 属性：设计时在“属性”窗口进行、运行时通过代码设置、运行时由用户输入。通过使用 Text 属性，可以检索文本框的当前内容。如果不希望改变文本框中的内容，则可以把文本框的 Locked 属性设置为 True，或者把文本框的 Enabled 属性设置为 False。

【例 3-6】　输入一元二次方程 $ax^2+bx+c=0$ 的系数，计算方程的两个根。

设计步骤如下：

(1)设计应用程序界面。在窗体上添加五个标签、五个文本框、一个命令按钮，见图 3-7。

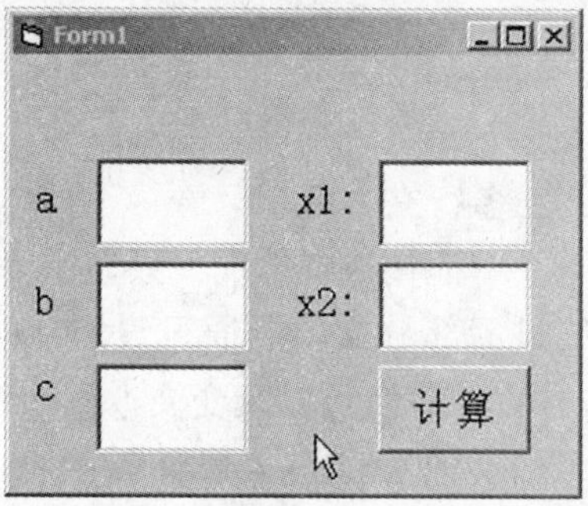

图 3-7　例 3-6 的程序界面

(2)设置对象属性。主要属性的设置见表 3-7。

表 3-7　属性的设置

对象	属性	属性值
Label1	Caption	a
Label2	Caption	b
Label3	Caption	c
Label4	Caption	x1
Label5	Caption	x2
Command1	Caption	计算

(3)编写程序代码。

```
Private Sub Command1_Click()
  Dim a!, b!, c!, x1!, x2!
  a = Val(Text1)
  b = Val(Text2)
  c = Val(Text3)
  Text4 = (-b + Sqr(b * b - 4 * a * c)) /2 /a
  Text5 = (-b - Sqr(b * b - 4 * a * c)) /2 /a
End Sub
```

【例 3-7】 建立两个文本框，在一个文本框中选定内容，单击窗体后将选定的内容在另一个文本框中显示。程序的运行界面如图 3-8 所示。

设计步骤：

(1) 设计界面。在窗体上添加两个文本框 Text1 和 Text2。

(2) 设计对象属性。

(3) 代码部分如下。

```
Private Sub Form_Click()
  Text2 = Text1.SelText
End Sub
```

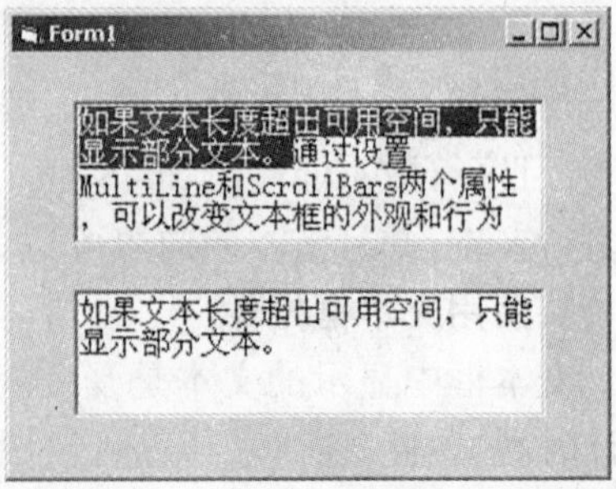

图 3-8 例 3-7 的程序运行界面

2. 多行文本框

文本框在缺省情况下只显示单行文本，且没有滚动条。如果文本长度超出可用空间，只能显示部分文本。通过设置 Multiline 和 ScrollBars 两个属性，可以改变文本框的外观和行为。

如果把 Multiline 属性设为 True，可以使文本框在运行时接受或显示多行文本。如果没有水平方向的滚动条，文本框中的文本会自动按字换行，此时用户就不必在每行结尾插入换行符，如图 3-9 所示。

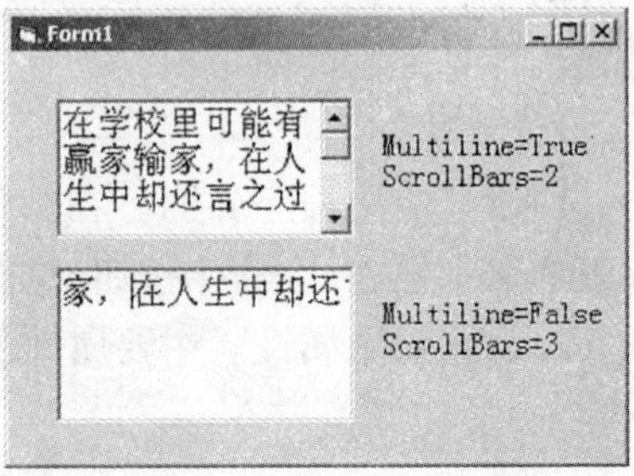

图 3-9 Multiline 属性和 ScrollBars 属性

3.3.2 InputBox 函数

为了输入数据，可以使用 VB 提供的 InputBox 函数。

InputBox 函数可以产生一个对话框，以作为输入数据的界面，输入完毕后，由 InputBox 函数返回输入内容，返回值是字符串类型。

格式：InputBox(prompt[,title][,default][,xpos,ypos][,helpfile,context])

函数中各参数的含义如下：

(1)prompt：其值为字符串，长度不超过 1024 个字符，表示对话框中的提示信息。

(2)title：为字符串类型，用于设置对话框的标题。

(3)default：为字符串类型，用于设置默认的输入信息。当用户没有输入信息时，可使用此字符串作为默认的输入值。如果省略该参数，则对话框中的输入区为空白，等待用户的输入。

(4)xpos、ypos：为整数类型，分别用于确定对话框与屏幕左边界和上边界的距离。这两个参数必须成对出现。

(5)helpfile，context：参见 MsgBox 函数部分。

【例 3-8】 编写程序，试验 Inputbox 函数的功能。

```
Private Sub Form_Click()
  Str1$ ="请输入一个日期型数据"
  Str2$ ="输入后单击"确定"按钮"
  Mydate= inputbox(Str1 + Chr$(13) + Chr$(10) + Str2, "输入日期", "2006-1-1")
End Sub
```

程序运行后,单击窗体,出现如图 3-10 所示的对话框。

图 3-10　例 3-8 的运行界面

说明:

(1)在默认情况下,InputBox 函数的返回值是一个字符串。因此,当程序要求输入数值数据时,需要使用转换函数对 InputBox 函数值进行转换。

(2)在输入对话框中,有两个按钮,一个是"确定",另一个是"取消"。选择"确定"按钮表示把输入区中的数据返回给程序;而选择"取消"按钮则会返回一个空字符串。

(3)执行一次 InputBox 函数只能输入一个值。如果需要输入多个值,则必须多次调用 InputBox 函数。

本章小结

赋值号"="左边只能是变量或对象的属性名;如果赋值号两边的类型不相符,则以左边变量或对象属性的数据类型为基准,将右边表达式的值强制按照左边的类型进行转换。

VB 中可以用多种方式进行输出,如使用 Print 方法、通过调用 MsgBox 函数或 MsgBox 过程或者通过其他方式进行输出,如输出到文本框或标签。

VB 中数据的输入可以通过使用文本框或调用 InputBox 函数来实现,通过这两种方式输入的都是字符串类型数据,如果需要数值型数据,应通过转换函数(如 Val 函数)进行转换。

习题 3

3.1　填空题

1. VB 的赋值语句既可以给________赋值,也可以给对象的________ 赋值。

2. VB 的注释语句采用________来设置。

3. 在 VB 中,用于产生输入对话框的函数是________,其返回值类型是________,若要利用该函数接收数值型数据则可利用________函数对返回值进行类型转换。

4. 变量未赋值时,数值型变量的值为________,字符串变量的值为________。

5. 语句 Print Format(sgn(- 6^2) + 3.5, "＄＄＃＃,＃＃.00")的输出结果是____。

3.2 简答题

1. 如何利用消息对话框显示各种形式的信息?

2. 如何使用输入对话框输入数据?

3. 比较使用文本框和 InputBox 函数输入数据的异同。

3.3 编程题

1. 在文本框中输入长、宽、高,求长方体的表面积,并将结果输出。

2. 从键盘输入任意一个正数,用 Print 方法在窗体上同一行显示其平方与平方根,要求每个数保留 3 位小数,数据之间有间隔。

3. 落体运动的位移公式为 $s = v_0 t + \frac{1}{2} g t^2$,其中初始速度 $v_0 = 4m/s$,重力加速度 $g = 9.8m/s^2$,时间 $t = 0.5s$,编一程序求位移。

4. 写程序,要求用户输入下列信息:姓名、出生日期、通信地址、电话号码,然后将输入的数据用适当格式在窗体上显示出来。

实验 3

【实验目的】

(1)掌握表达式、赋值语句的正确书写规则。

(2)掌握 InputBox 和 MsgBox 的使用。

(3)掌握常用的输入和输出数据的方法。

【实验内容】

实验 3.1 已知三角形的三条边 a,b,c 的长度,求三角形的面积。界面如图 3-11 所示,其中的三角形由工具箱的 Line 控件绘制。

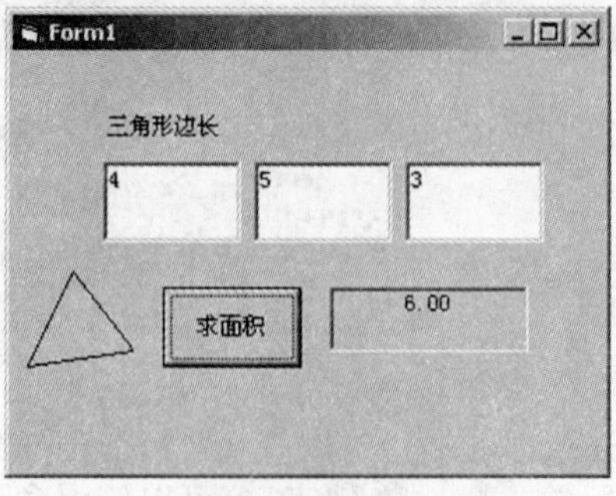

图 3-11

分析:已知三角形的三条边 a,b,c,可用海伦公式求三角形的面积。即:

$$s=\sqrt{p(p-a)(p-b)(p-c)},p=\frac{1}{2}(a+b+c)$$

实验 3.2　输入半径,计算圆周长和圆面积,要求运行界面如图 3-12 所示。

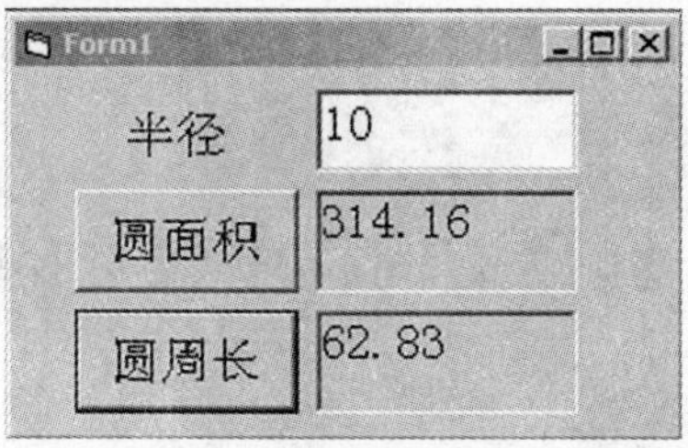

图 3-12

要求:为了保证程序正确运行,对输入的半径要进行合法性检查,若发现输入的数中有非法数字,利用 MsgBox 显示出错信息,利用 SetFocus 方法定位于出错的文本框处,重新输入。

实验 3.3　用 Print 方法输出图形。程序运行时的界面如图 3-13 所示。

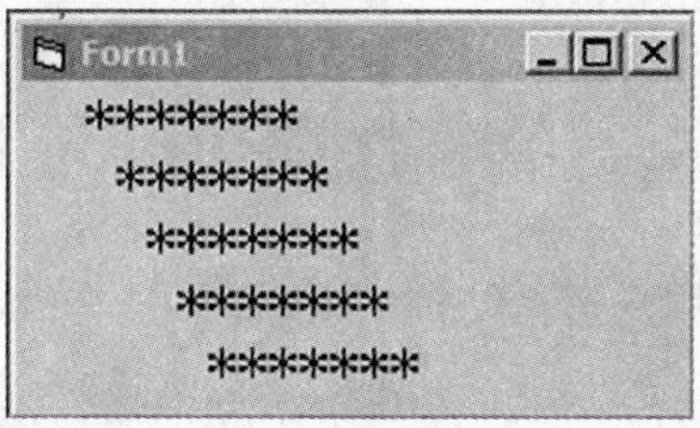

图 3-13

实验 3.4　某地区电话号码由 7 位升为 8 位,新增位的值为 6。编写程序,输入一个原电话号码(包括区号),输出新号码。界面如图 3-14 所示。

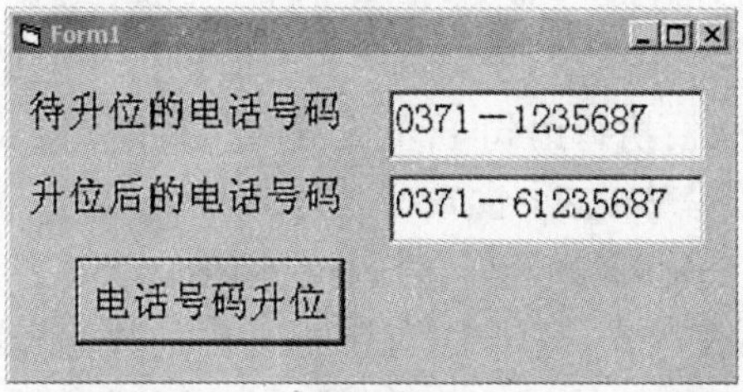

图 3-14

第 4 章　选择结构程序设计

4.1　选择结构程序设计的概念

程序设计中的选择结构是计算机科学用来描述自然界和社会生活中分支现象的重要手段。其特点是根据给定的条件真实与否，从而决定从各种实际可能的不同分支中执行某一分支的相应操作。并且在任何条件下均有“无论分支多少，必择其一；纵然分支众多，仅选其一”的特性。在 VB 中，实现选择结构的语句有：If…Then…Else 语句、If…Then…ElseIf 语句、Select Case 语句。这些语句又称为条件语句，其功能是根据表达式的值有条件地选择执行一组语句。

4.2　单条件选择语句 IF

单条件选择语句是最常用的选择结构，其包含单分支、双分支和多分支等结构，根据问题不同，选择适当结构。

4.2.1　单行结构条件语句 IF…THEN…ELSE

单行条件语句，格式如下：

If＜条件＞Then＜语句 1＞[Else＜语句 2＞]

该语句的功能是：程序根据＜条件＞表达式的值执行相应的操作，即执行 Then 部分或 Else 部分。在条件成立时，执行语句 1，不成立时执行语句 2。例如：

```
If X>= Y Then Print "X>= Y" Else Print"X<Y "
```

如果 X>= Y 则执行 Print"X>= Y "，否则执行 Print"X＜Y "。

＜条件＞可以是关系表达式、逻辑表达式，也可以是数值表达式（非 0 为真，0 为假）。

＜语句 1＞、＜语句 2＞是一个或多个 VB 语句，当含有多个语句时，各语句之间用冒号隔开。

在单行形式中，按照 If…Then 判断的结果也可以执行多条语句。所有语句必须在同一行上并且以冒号分开，如下面语句所示：

```
If A > 10 Then A = A + 1 : B = B + A : C = C + B
```

If 语句的 Else 部分可以省略，Else 部分省略后，如果成立，程序执行 Then 部分，如果条件不成立，程序执行 If 语句的下一句。例如：

```
If X>= Y Then Print "X>= Y"
Print "X<Y"
```

如果 X>= Y 则执行 Print "X>= Y",否则执行 Print "X< Y",这里 Print "X< Y"是一个独立的语句,位于 If 语句之后。

【例 4-1】 输入 x 的值,并打印出其绝对值。

运行结果如图 4-1 所示。

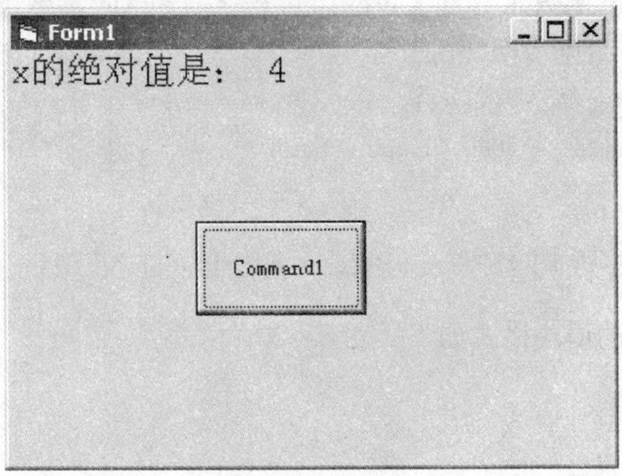

图 4-1　x 的绝对值

代码如下:

```
Private Sub Command1_Click()
  Dim x As Integer
  x= Val(InputBox("请输入一个数"))
  If x >= 0 Then Print"x 的绝对值是:"; Str(x) Else x = -x: Print "x 的绝对值是:"; Str(x)
End Sub
```

本例中当 x 的值为负值时,需要把 x 求反得到其绝对值,然后打印绝对值。在 x 小于 0 时需要执行两条语句,所以要用冒号把两条语句隔开。

4.2.2　使用 IIF 函数

IIF 函数:根据表达式的值,来返回两部分中的其中一个。其语法格式如下:

result = IIF(条件表达式,True 部分,False 部分)

说明:

(1)"result"是函数的返回值,IIF 函数的工作过程如下:当条件表达式为真时,函数返回值为 True(真)部分,当条件表达式为假时,函数返回值为 False(假)部分。

(2)True 部分和 False 部分可以是任何表达式。

IIf 函数可以用来实现简单的选择结构,和条件语句的功能类似。

例如,有如下条件语句:

```
If x>= y Then
z= x
Else
```

```
z=y
End If
```

完全可以用下面的 IIf 函数来代替：

```
z = IIF(x >= y, x, y)
```

下面示例使用 IIf 函数来判断 CheckIt 过程之 TestMe 参数的值，如果参数值大于1000，则传回“Large”；否则传回“Small”。

```
Function CheckIt (TestMe As Integer)
  CheckIt = IIf(TestMe > 1000, "Large", "Small")
End Function
```

4.2.3 块结构条件语句 IF… THEN… ELSE… END IF

块结构条件语句的语法格式如下：

```
If <条件 1> Then
  语句块 1
[ElseIf <条件 2> Then
  语句块 2]
[ElseIf <条件 3> Then
  语句块 3]
…
[Else
  语句块 n]
End If
```

说明：

(1)“条件 1”、“条件 2”和单行结构条件语句中的“条件”是一样的，都可以是关系表达式、布尔表达式或数值表达式。如果是数值表达式作为条件，则一个为 0 的数值被作为 False，其他非 0 数值都为 True。

(2)语句的执行过程是：如果“条件 1”的值为 True，则执行“语句块 1”；如果“条件 1”的值为 False，则检测“条件 2”，如果“条件 2”的值为 True，执行“语句块 2”；依此类推，当发现某个“条件”为真时，执行与其相关的“语句块”，否则继续向下检测其他“条件”；如果所有 ElseIf 子句后的“条件”都为 False，则执行 Else 子句后的“语句块 n”。

(3)块结构条件语句中的 ElseIf 子句和 Else 子句都是可选的，可以省略。如果省略了所有的 ElseIf 子句，块结构条件语句可以写为：

```
If <条件> Then
  语句块 1
Else
  语句块 2
End If
```

如果省略了所有的 ElseIf 子句和 Else 子句，块结构条件语句可以写为：

```
If <条件> Then
```

语句块

End If

【例 4-2】 简单 IF…THEN…END IF 块语句。本例中可以根据文本框 text 中的内容判断给出相应提示。设计步骤如下：

(1)建立程序用户界面,在窗体 Form1 中添加一个命令按钮,一个文本框,一个标签。运行结果如图 4-2 所示。

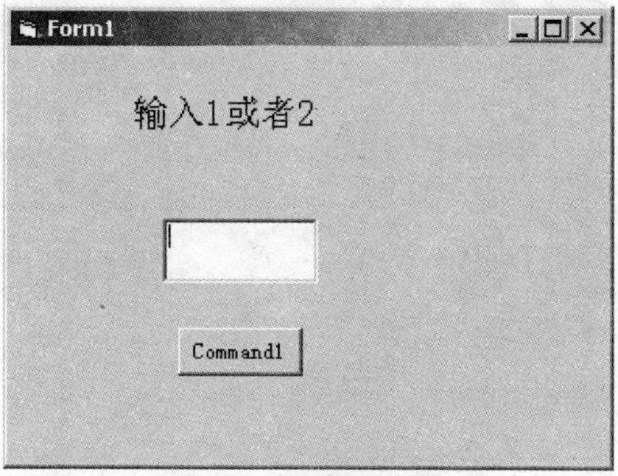

图 4-2　简单 IF 块语句

(2)编写代码。

```
Private Sub Command1 _ Click()
If Text1.Text = "1" Then
  Label1.Caption = "你是男同学"
  MsgBox"先生,你好!"
Else
  Label1.Caption ="你是女同学"
  MsgBox "小姐,你好!"
  End If
End Sub
```

4.2.4　IF 条件的嵌套

选择结构可以嵌套,即在条件语句中,Then 部分或 Else 部分可以是条件语句。嵌套的深度(即嵌套层数)没有具体规定,但要受到每行字符数的限制(不超过 1024)。使用时应注意 If 语句与 End If 语句的配对使用。

【例 4-3】 IF 行语句嵌套。有以下函数:x>0 时 y=1,x=0 时 y=0,x<0 时 y=－1。

要求输入 x,并求出 y 的值。这个问题可以通过嵌套 If 语句来解决。设计步骤如下：

(1)建立程序用户界面,在窗体 Form1 中添加一个命令按钮,一个标签。运行结果如图 4-3 所示。

(2)编写代码。

```
  Private Sub Form_Click()
   Dim x As Single, y As Single
   x=InputBox("请输入 x 的值")
  If x>0 Then y=1 Else If x<0 Then y=-1 Else y=0
  Label1.Caption ="x=" & Str(x) &"," & "y=" & Str(y)
End Sub
```

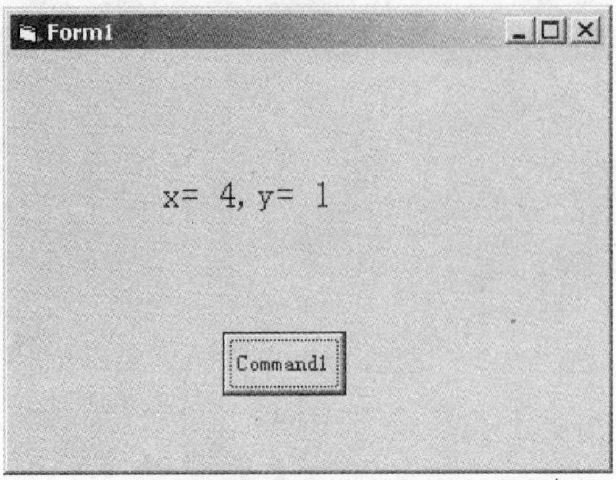

图 4-3　IF 行语句嵌套

块结构条件语句同单行结构条件语句一样,块结构条件语句也可以嵌套使用。也就是说,在块结构条件语句的语法结构中,任意一个语句块都可以包含一个条件语句。

【例 4-4】 IF 块语句嵌套。输入一个分数,并判断其等级,本程序使用 ElseIf 表达多个条件。设计步骤如下:

(1)建立程序用户界面,在窗体 Form1 中添加一个命令按钮。运行结果如图 4-4 所示。

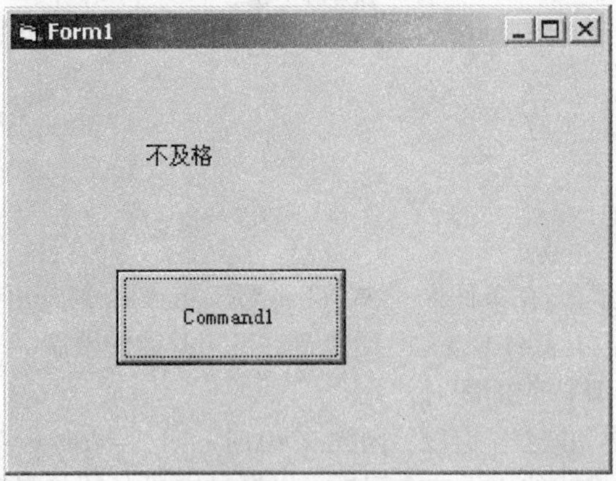

图 4-4　IF 块语句嵌套

(2)编写代码。

```
  Private Sub Command1_Click()
      a = InputBox("请输入分数")
```

```
a = Val(a)
If a < 60 Then
  Label1.Caption = "不及格"
ElseIf a < 80 Then
  Label1.Caption = "及格"
ElseIf a < 90 Then
  Label1.Caption = "良好"
ElseIf a < 100 Then
  Label1.Caption = "优秀"
ElseIf a = 100 Then
  Label1.Caption = "满分"
Else
  Label1.Caption = "不合适的分数"
End If
End Sub
```

4.3 多分支条件选择语句 SELECT CASE

4.3.1 SELECT CASE 结构与方法

上面用条件控制语句分别实现了三分支和四分支的程序结构。但对于分支较多的结构,如果用条件控制语句来实现,则看起来结构不清晰,而且书写比较复杂。在 VB 中,提供了专门的处理这种多分支结构的情况语句——Select Case 语句,其语法格式如下:

```
Select Case 测试表达式
Case 表达式列表 1
  语句块 1
[Case 表达式列表 2
  [语句块 2]]
  …
[Case Else
  [语句块 n]]
  End Select
```

说明:

(1)测试表达式可以是数值表达式或字符串表达式,一般为变量或常量。

(2)表达式列表用来描述测试表达式的可能取值情况,可以由多个表达式组成,表达式与表达式之间要用","隔开,必须与测试表达式的数据类型相同。表达式列表有以下三种形式:

常数形式:Case 常数,例如:

```
Case 2,3,4
Case "a","b","c"
```

常数范围形式：Case 常数 To 常数，例如：

Case 1 To 10,20 To 30

比较判定形式：Case Is 关系运算符常数，例如：

Case Is > 50

Case Is = 8

(3)语句的执行过程是：先求出测试表达式的值，然后从上到下跟各个 Case 子句中的表达式列表进行匹配。如果找到了相匹配的值，则执行该子句下的语句块，如果没有任何 Case 子句中的表达式列表与之匹配，则执行 Case Else 子句中的语句块。

(4)表达式列表的三种形式在数据类型相同的情况下可以混合使用。对于表示常数范围的形式，必须把较小的值写在前面，较大的值写在后面。例如：

Case 2,4,5 To 8,Is>10

当值为 2、4、5 到 8、大于 10 的时候都执行该 Case 子句下的语句块

Case 5 To 3

是错误的 Case 子句，因为较大值在前面，应写为

Case 3 To 5

(5)如果相同的检测条件在多个 Case 子句中出现，那么执行符合条件的第一个 Case 子句下的语句块。例如：

```
Select Case x
  Case 1
Print "1"
  Case 1, 2
Print "1、2"
  Case 1 To 5
Print "1 To 5"
End Select
```

4.3.2 SELECT CASE 结构的应用

【例 4-5】 SELECT CASE。对学生考试成绩进行定性。设计步骤如下：

(1)建立程序用户界面，在窗体 Form1 中添加一个命令按钮，一个文本框。结果和例 4-4 一致，如图 4-5 所示。

(2)编写代码。

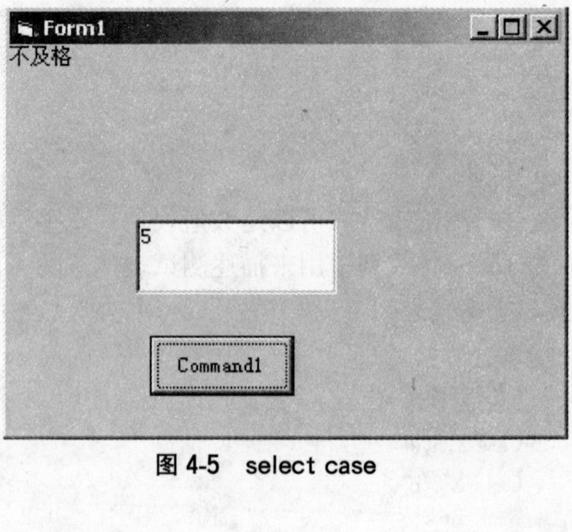

图 4-5 select case

```
private sub command1 _ click()
dim x as single
x = val(text1.text)
select case x
  case 90 to 100
    print "优秀"
```

```
    case 80 to 89
      print "良好"
    case 70 to 79
      print "中等"
    case 60 to 69
      print "及格"
    case else
      print "不及格"
  End select
```

4.4　使用计时器控件

计时器控件(Timer)是一个很特殊的控件,它主要有两个功能:一个是用于定时完成某项任务,即按一定时间间隔触发事件,有规律地隔一段时间执行一次相同的代码;另一个是进行某种后台处理。

计时器控件运行时不可见,所以它的位置无关紧要,通常用户只需在工具箱中双击它即完成了创建。

计时器控件除了具有一般的属性 Name 和 Enabled 外,其最重要的属性是 Interval 属性,该属性是指触发计时器两个事件之间的毫秒数,取值范围为 1～65535。如果该属性设置为 0(缺省值),则计时器控件失效。

计时器控件的最常用事件是 Timer 事件,也就是控件对象在间隔了一个 Interval 设定的时间后所触发的事件。无论何时,只要计时器控件的 Enabled 属性被设置为 True 而且 Interval 属性大于 0,则 Timer 事件以 Interval 属性指定的时间间隔发生。

每个 Timer 控件必须要与窗体关联,因此要创建定时器应用程序就必须至少创建一个窗体(如果不需要窗体完成其他操作就不必使窗体可见)。

4.4.1　设计一个电子表

【例 4-6】 电子表。利用 VB 的计时器控件设计一个带闹钟的简单电子表。设计步骤如下:

(1)建立应用程序界面。选择"新建"工程,进入窗体设计器,添加一个标签 lblTime,一个计时器控件 Timer1。如图 4-6 所示设置对象属性,计时器控件 Timer1 的 Interval 设为 500,可以放在窗体中任何地方,标签的位置和大小可以随意。

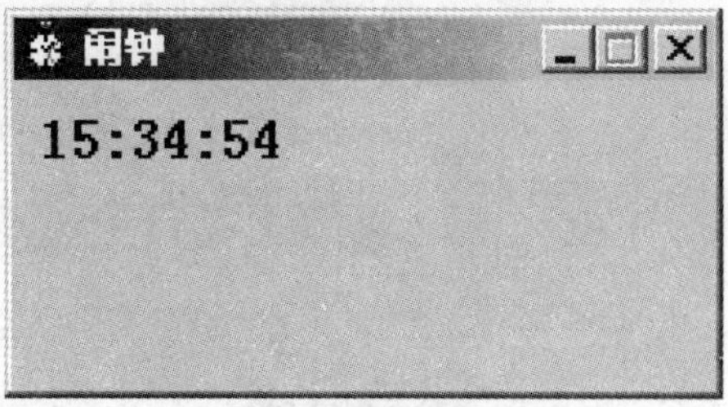

图 4-6　电子表

(2)编写程序代码。

在声明段中声明变量。

```
Option Explicit
Dim AlarmTime
```

```
'单击窗体时弹出对话框,输入启动闹钟的时间。

Private Sub Form_Click()
    AlarmTime = InputBox("输入启动闹钟的时间", "VB 闹钟", AlarmTime)
    If AlarmTime = "" Then Exit Sub
    If Not IsDate(AlarmTime) Then
        MsgBox "您输入的时间无效。"
    Else
AlarmTime = CDate(AlarmTime)
    End If
End Sub
```

窗体启动时默认的闹钟时间为空。

```
Private Sub Form_Load()
    AlarmTime = ""
End Sub
```

计时器控件运行时不断对比标签显示的时间和系统时间,定时时间到时 Beep 并显示闹钟启动。

```
Private Sub Timer1_Timer()
Static AlarmSounded As Integer
    If lblTime.Caption<>CStr(Time) Then
        '当前秒数与显示秒数不同
        If Time >= AlarmTime And Not AlarmSounded Then
            Beep
            MsgBox "启动闹钟在 " & Time
            AlarmSounded = True
            ElseIf Time < AlarmTime Then
                AlarmSounded = False
            End If
                    '否则每秒钟对标签的标题进行更新
                    lblTime.Caption = Time
        End If
    End Sub
```

4.4.2 设计一个计时器

【例 4-7】 计时器。用计时器控件建立一个数字计时器,在窗体上显示当前系统时间。步骤如下:

(1)选取"文件"菜单下的"新建工程"菜单项,新建一个工程。创建计时器控件对象和标签控件对象,如图 4-7 所示,调整它们的位置和大小,设置属性,其属性值如表 4-1 所示。

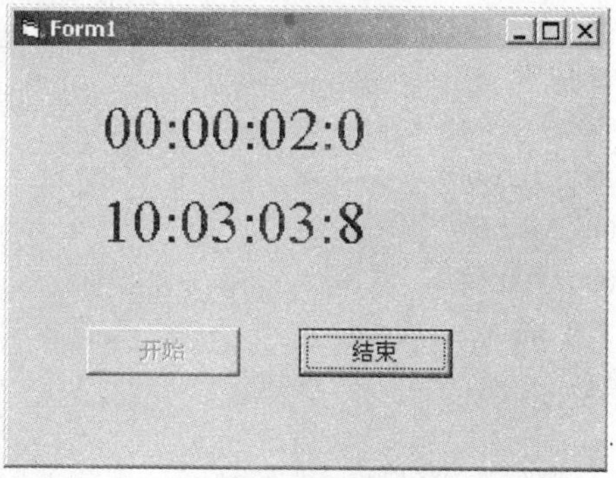

图 4-7　计时器

表 4-1　控件对象和窗体对象的属性

控件	属性	设置值
Label1	FontName	Times New Roman
	FontSize	24
Label2	FontName	Times New Roman
	FontSize	24
cmdStart	caption	开始
cmdStop	caption	结束
Timer1	Interval	500
	Enabled	False

(2)创建事件过程。打开代码编辑窗口,输入以下代码。

在声明段中声明类型,start 为开始时间,finish 为结束时间,将二者都设为 Variant 类型,是方便在程序运行过程中对它们进行类型转换。

```
Dim start As Variant
Dim finish As Variant
```

窗体启动时两个标签显示的内容如下:

```
Private Sub Form _ Load()
   Label1.Caption = "计时器准备开始工作"
   Label2.Caption = "计时器的开始时间"
End Sub
```

cmdStart _click 产生的结果是启动计时器控件,同时在 Label2 中显示时间。因为 timer 记录的是系统当前时间距离 0 点的时间,并用秒来表示,所以进行了转换,用 n1 表示秒,n2 表示分钟,n3 表示小时。

```
Private Sub cmdStart _ click()
```

```
    Timer1.Enabled = True
    start = Timer
    m=start
    n0 = (m * 10) Mod 10
    m=Round(m, 1)
    n1=Format(m Mod 60, "00:")
    n2 = Format((m \ 60) Mod 60, "00:")
    n3 = Format(m \ 3600, "00:")
    Label2.Caption = n3 & n2 & n1 & n0
    cmdStart.Enabled = False
End Sub
```

cmdStop _ Click 时间使得计时器停止工作。

```
Private Sub cmdStop_Click()
    Timer1.Enabled = False
End Sub
```

计时器工作时用计时的时间段作为 Label1 的标题,并不断刷新。如果要更改刷新频率,可以在下面添加 Timer1.Interval = 100 之类的语句。

```
Private Sub Timer1_Timer()
    m=Timer - start
    n0= (m * 10) Mod 10
    m=Int(m)
    n1=Format(m Mod 60, "00:")
    n2=Format((m \ 60) Mod 60, "00:")
    n3=Format(m \ 3600, "00:")
    Label1.Caption = n3 & n2 & n1 & n0
End Sub
```

4.5 提供简单选择的控件

在 VB 中提供了几个用于选择的标准控件,包括复选框、单选按钮、列表框和组合框等。本节介绍单选按钮和复选框的使用。

4.5.1 单选按钮

在程序设计过程中,有时需要从多个选项中选择一个,各选项间的关系是互斥的,单选按钮(Option Button)就能完成这个功能。单选按钮在运行期间可以改变状态,当打开选定的单选按钮时,其余的都处于关闭状态。单选按钮一般用框架进行分组。在一组单选按钮中只能选择其中一个。

单选按钮主要属性如下：

1)Style 属性

用来设置单选按钮的显示方式，以改善视觉效果。Style 属性是只读属性，只能在设计时使用。使用时应注意，属性设置为不同的值(0 或 1)，外观不一样。其中 Option1 的 Style 属性为 0，Option2 的 Style 属性为 1，此时其外观和命令按钮相似(如图 4-8 所示)。

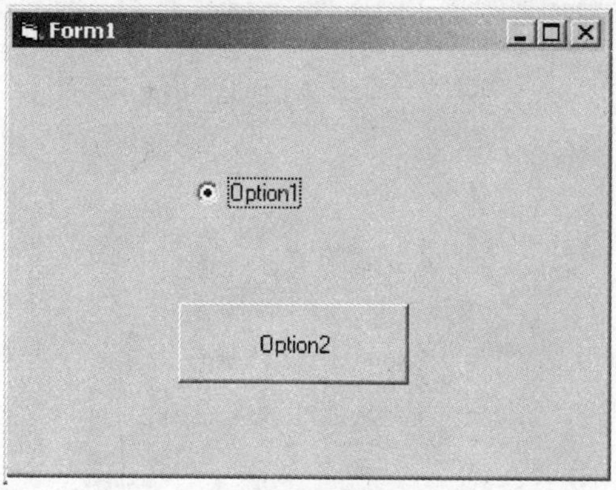

图 4-8　Style 属性取值与控件外观

2)Value 属性

用来返回或设置控件的状态。对于单选按钮来说，Value 可取 2 个值：False(缺省值)，表示没有选中该按钮，是关闭的，按钮是一个圆圈；True，表示该按钮被选中，按钮是打开的，中心有一个圆点。如图 4-9 所示，Option1 的 Value 属性为 False，Option2 的Value 属性为 True。

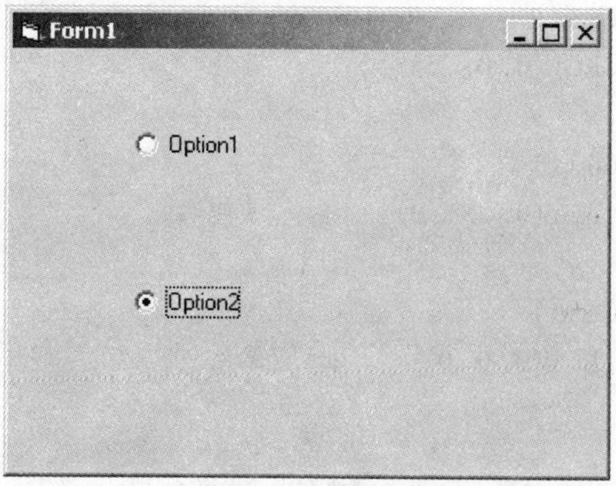

图 4-9　Value 属性取值与控件外观

3)Alignment 属性

用来设置单选按钮的标题对齐方式。可以在设计时设置，也可以在程序运行期间设置，格式如下：

对象 .Alignment [= 值]

这里的“对象 .”指单选按钮。

说明：

(缺省值)控件居左,标题在控件右侧;

控件居右,标题在控件左侧。

【例 4-8】 单选按钮。利用单选按钮改变文字的颜色。步骤如下:

(1)选取"文件"菜单下的"新建工程"菜单项,新建一个工程。在窗体中添加一个标签控件对象,添加一个框架对象,并在框架中创建 4 个单选按钮,调整他们的位置和大小。

(2)设置控件对象和窗体对象的属性。运行结果如图 4-10 所示。

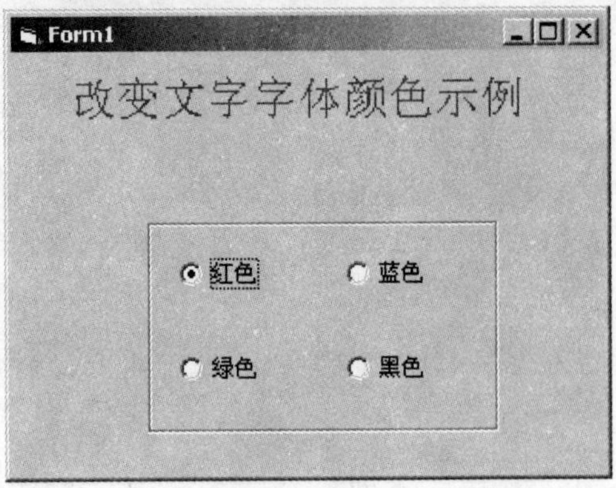

图 4-10　单选按钮

(3)编写各个控件的代码。

```
Private Sub Option1_Click()
  Label1.ForeColor = RGB(255, 0, 0)        '红色
End Sub
Private Sub Option2_Click()
  Label1.ForeColor = RGB(0, 0, 255)        '蓝色
End Sub
Private Sub Option3_Click()
  Label1.ForeColor = RGB(0, 255, 0)        '绿色
End Sub
Private Sub Option4_Click()
  Label1.ForeColor = RGB(0, 0, 0)          '黑色
End Sub
```

4.5.2　复选框

复选框也称为检查框、选择框。复选框(CheckBox)的功能类似于单选按钮,也允许在多个选项中做出选择。但不同的是,多个单选按钮中只允许选择其中的一个,而复选框也可以选择其中的一项,也可以同时选择多项或全部不选。

复选框的属性和单选按钮基本相同。但其 Value 属性有三种,0 表示未被选中(Unchecked),1 表示选中(Checked),2 表示无法使用(Grayed)。

【例 4-9】 复选框。利用复选框改变文字的字形 。步骤如下:

(1)选取“文件”菜单下的“新建工程”菜单项,新建一个工程。在窗体中添加标签控件对象,框架对象,并在框架中创建4个复选框,调整它们的位置和大小。

(2)设置控件对象和窗体的属性。运行结果如图4-11所示。

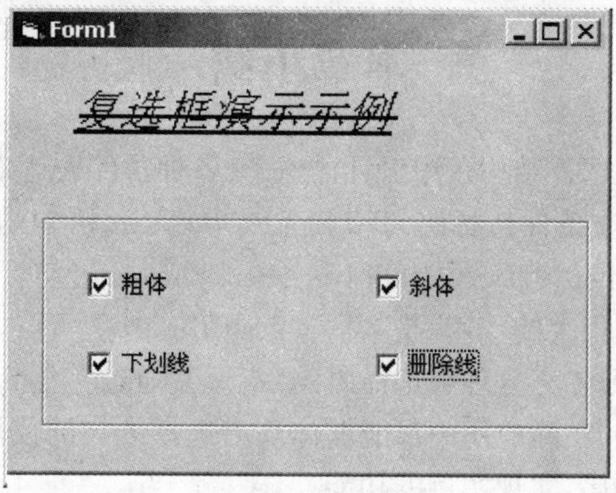

图4-11　复选框

(3)编写复选框控件的代码。

```
Private Sub Check1_Click()
  If Check1.Value Then
    Label1.FontBold = True
  Else
Label1.FontBold = False
  End If
End Sub
Private Sub Check2_Click()
  If Check2.Value Then
    Label1.FontItalic = True
  Else
    Label1.FontItalic = False
  End If
  End Sub
Private Sub Check3_Click()
  If Check3.Value Then
    Label1. FontUnderline = True
  Else
    Label1. FontUnderline = False
End If
End Sub
Private Sub Check4_Click()
  If Check4.Value Then
    Label1.FontStrikethru = True
  Else
```

```
    Label1.FontStrikethru = False
  End If
    End Sub
```

本章小结

本章介绍的内容有选择结构程序设计的概念,各种条件表达式的概念和使用方法,单条件选择语句,IF 多分支条件选择语句和 SELECT CASE 语句的使用。其中,选择结构的实现的语句有:If…Then…Else 语句和 If…Then…ElseIf 语句。Select Case 语句对于在程序中模拟现实生活有很大的作用,是本章重点介绍的内容。

同时,为了帮助学习者充分理解选择语句,本章又通过实例介绍了计时器控件,单选按钮和复选框,在控件的实际应用中都能够体现出选择语句的使用方法。学习者应该在学习理论后亲自编写程序,实现实例的功能。

习题 4

4.1 选择题

1. 在 VB 的逻辑运算中,级别最高的是(　　)。

(A)Xor　　(B)And　　(C)Or　　(D)Not

2. 表达式 a=1 是(　　)。

(A)算术表达式　　(B)关系表达式

(C)字符串表达式　　(D)非法表达式

3. 判断任意 3 条线段 a、b、c 能否构成三角形的表达式为(　　)。

(A)a+b>=c Or a+c>=b Or b+c>=a

(B)Not(a+b<c Or a+c<b Or b+c<a)

(C)a+b<c Or a+c<b Or b+c<a

(D)a+b>c And a+c>b And b+c>a

4. 不能正确表示“两个整形变量 a 与 b 之一为 0,但不同时为 0”的表达式是(　　)。

(A)a*b=0 And a<>b

(B)(a=0 Or b=0) And a<>b

(C)Not(a=0 And b=0) And (a=0 Or b=0)

(D)a*b=0 And (a=0 Or b=0)

5. x+y 小于 10 且 x-y 大于 0 的逻辑表达式是(　　)。

(A)x+y<10 or x-y>0　　(B)(x+y<10):(x-y)>0

(C)x+y<10 And x-y>0　　(D)x+y<10.And.x-y>0

6. 下列程序段的执行结果为(　　)。

```
x=5
```

```
y=-20
If Not x>0 Then x=y-3 Else y=x+3
Print x-y;y-x
```

(A)-3 3　　(B)5 -8　　(C)3 -3　　(D)25 -25

7. 下列语句正确的是(　　)。

(A)If x<3 * y And x>y Then y=x^3　　(B)If x<3 * y And x>y Then y=x3

(C)If x<3 * y:x>y Then y=x^3 -2　　(D)If x<3 * y And x>y Then y=x * * 3

8 关于多分支选择结构的 Case 语句,下列写法错误的是(　　)。

(A)Case 1,5,7,9　　(B)Case 8 to 10

(C)Case 10 to 2　　(D)Case Is<"man"

4.2　填空题

1. 计算运算符与表达式:

(1)1-True= ____　　(2)"Visual"+"Basic"= ______

(3)"Visual"&"Basic"= ________

(4)#12/5/2000# > #12/3/2000# = __________

(5)3>1 And 7>=7 = ________

(6)#12/5/2000# - #12/3/2000# ____________

(7)12/5/2000# - 2= ________

2. 把代数表达式转换成 VB 表达式

(1)$64+|-5|$的转换结果__________

(2)$\frac{x+y}{x-y}$的转换结果__________

(3)$\frac{1}{2}gt^2$ 的转换结果__________

4.3　程序题

1. 判断闰年:年号(intyear)能被 4 整除,但不能被 100 整除;或能被 400 整除。

2. 一元二次方程 $ax^2+bx+c=0$ 存在实根的条件:a 不等于 0,且 b^2-4ac 大于等于 0。

3. 输入三个数 a,b,c,输出三者之中最大数。

4. 公民缴纳所得税,假设按规定超过 800 元起征收 2%,800~1600 元之间征收 3%,1600~5000 元之间征收 4%,5000~20000 元之间征收 6%,20000~200000 元之间征收 10%,超过 200000 征收 25%。输入收入,计算出所得税。

5. 设计一个倒计时器,当在文本框中输入一个分钟数,单击命令按钮就开始倒计时,在倒计时结束时,出现信息框“时间到!”的提示。

6. 编写程序,把该图装入一图片框中,并使图片框能在窗体上从左往右往返不断移动。

7. 设计一个窗体,在窗体上增加三组单选按钮,将它们分别放入 3 个框架中,三组单选按钮分别用于设置文本框的字体样式、字体和字号。

实验 4

实验 4.1　设计一个接受口令的窗体，单击确定按钮后，当口令输入正确，则进入一个新窗口，如图 4-12、图 4-13 所示；若口令输入错误，则给出错误提示。无论用户输入什么字符，文本框中只显示相同数量的“ * ”。

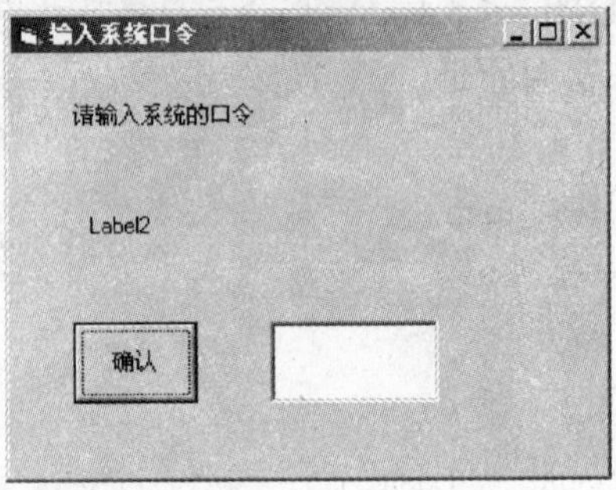

图 4-12

图 4-13

【实验目的】

(1)掌握 IF 块语句的正确使用。

(2)掌握文本框的使用。

分析：

(1)本实验中应该注意文本框的属性的使用方法。

(2)本实验中读者只需要掌握最简单的 IF 块语句的正确使用。

实验 4.2　求一元二次方程 $ax^2+bx+c=0$ 的根。

【实验目的】

掌握用 IF 语句解决问题的方法。

实验 4.3　设计一个“个人兴趣爱好调查表”界面，使用单选按钮输入性别和学历，使用复选框输入个人爱好，最后将选择结果显示在标签中，如图 4-14 所示。

【实验目的】

掌握单选按钮和复选框的方法。

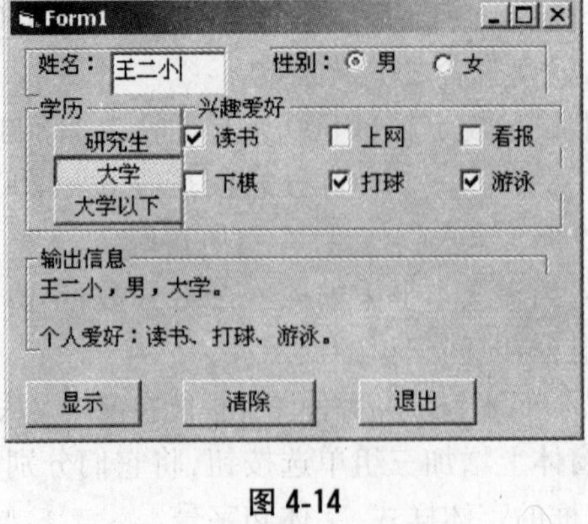

图 4-14

第 5 章　循环结构

在程序设计中，为了解决某个实际问题经常需要反复执行某些语句序列，这种需要反复执行的语句序列可由称为循环控制的语句来实现。VB 中共提供了三种不同的循环控制语句，以适应不同的用途。

控件是可视化程序设计的基础和重要工具。涉及到循环结构在可视化程序设计中的应用，就不能不对列表框和组合框这两个控件做一介绍。

5.1　各种循环语句介绍

5.1.1　While…Wend 语句

While…Wend 语句（当循环语句）根据某一条件进行判断，从而决定是否执行循环。其语句格式如下：

```
While <条件>
  <语句块>
Wend
```

其中，“条件”用于指定循环条件，可以为布尔表达式、数值表达式或字符表达式。

While…Wend 语句的执行过程是：如果“条件”的值为 True(非 0)，执行由“语句块”组成的循环体，当遇到 Wend 语句时，控制返回到 While 语句，并对“条件”再次进行测试，如果仍为 True，则重复上述过程。如果“条件”为 False(0 或 Null)，则不再执行“语句块”，而执行 Wend 后面的后续语句。执行流程如图 5-1 所示。

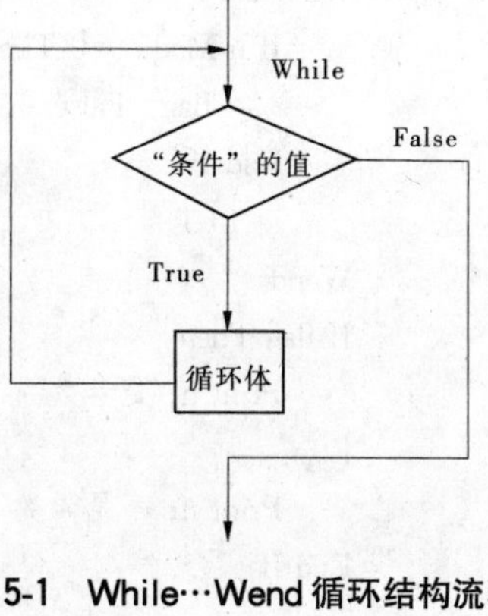

图 5-1　While…Wend 循环结构流程图

【例 5-1】　计算 S=1 + 2 + 3 + … + n。

程序如下：

```
Private Sub Command1_Click()
    Dim n As Integer, i As Integer, s As Integer
    n= InputBox("请输入 n 的值")
    i=1
    s=0
    While i<=n
        s=s+i
```

```
        i=i+1
    Wend
    Print "s=";s
End Sub
```

程序中,对变量 n 的赋值和语句 i=1 建立了进入循环的条件,循环体内除了执行 s=s+i 运算外,i 作为计数器,每循环一次累加 1,由 While 语句检测,直到 i>n 时,破坏了循环条件,结束循环而执行 Wend 后面的语句,即输出变量 s 的结果值。

思考:上述程序如何变动,就可以实现求 n 的阶乘,以及该程序可否推广以解决所有的有关求累加和、累乘积的问题。

【例 5-2】 从键盘上输入一个数 n,判断该数是否为素数。

分析:判断一个数 n 是否为素数,需要判断 n 是否能被[2,n-1]内的某个整数整除。如果 n 能被[2,n-1]内的某个整数整除,则 n 不是素数;反之,只有当 n 不能被[2,n-1]内的所有整数整除时,n 才是素数。

程序如下:

```
Private Sub Command1_Click()
    Dim n As Integer, i As Integer, flag As Boolean
    n=InputBox("请输入一个整数:")
    flag=True          'flag用作标识变量,flag=True是先假设n是素数
    i=2
    While i<n
        If n Mod i =0 Then
            flag=False
        End If
        i=i+1
    Wend
    If flag Then
        Print n;"是素数"
    Else
        Print n;"不是素数"
    End If
End Sub
```

注意此题中 flag 的使用:flag 在此处用作标识变量,以标识 n 是否为素数。通过 flag=True,我们可以先假设 n 是素数,然后用[2,n-1]内的整数去测试判断,如果其间存在某个整数能整除 n,就设置 flag 为 False,最后当循环结束后,利用 flag 的值进行判断。

思考:当 n 不是素数,必有 $n=d1*d2, d1<=d2, d1<=\sqrt{n}, d2>=\sqrt{n}$,如何利用这些特征对上述算法进行优化,以减少循环次数。

使用 While…Wend 循环语句时,应注意以下两点:

(1)While…Wend 循环语句是先对“条件”进行测试,然后才决定是否执行循环体的。如果在进入循环体之前,“条件”为 False,则循环一次也不执行。因此,正确设置循环条件就显得尤为重要。

(2)循环体内应该有修改循环条件的语句,以保证循环体的正常执行和正常终止,从而避免出现死循环。

While…Wend 语句是 VB 中形式最简单的循环语句,更典型、更灵活的形式是 Do 循环语句,它完全可以代替 While…Wend 语句。

5.1.2　Do…Loop 语句

Do…Loop 语句也是根据条件决定循环的语句。Do…Loop 语句具有很灵活的构造形式:既能指定循环执行的条件,也能指定循环终止的条件;既可构成先判断条件的形式,也可构成后判断条件的形式。

1. 先判断条件的 Do…Loop 语句形式

语句格式如下:

```
Do [While | Until<条件>]
    [<语句块>]
Loop
```

在上述语句格式中,保留字 While 用于指定循环执行条件,保留字 Until 用于指定循环终止条件。该 Do…Loop 语句形式实现的功能是:当指定的循环执行条件为 True(或直到指定的循环终止条件变为 True 之前)重复执行由语句块构成的循环体。进入循环体之前,如果循环执行条件不成立(或者循环终止条件成立),就结束循环的执行,转去执行 Loop 后面的后续语句。

上述 Do…Loop 语句的执行控制流程如图 5-2 和图 5-3 所示。

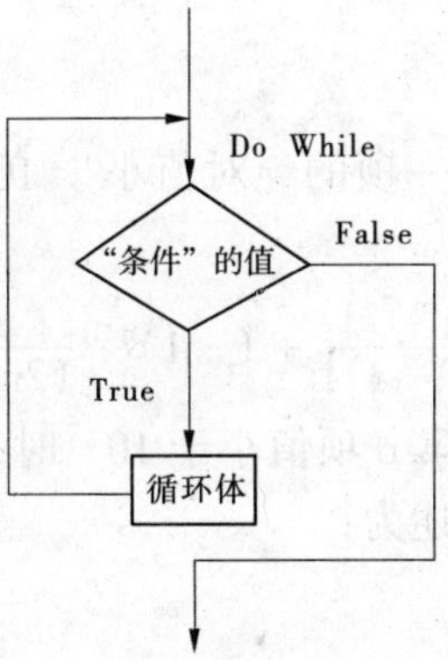

图 5-2　Do While…Loop 循环结构流程图

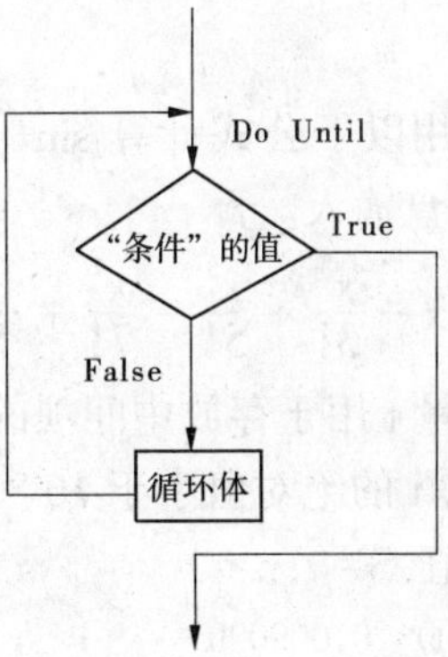

图 5-3　Do Until…Loop 循环结构流程图

【例 5-3】　求两个正整数 m 和 n 的最大公约数。

分析:求最大公约数有许多方法,辗转相除法的思想是:设 $m=na_0+r_1(0\leqslant r_1<n)$,就是说 m 是 n 的 a_0 倍还多 r_1。那么 m 和 n 的最大公约数与 n 和 r_1 的最大公约数相同。若 r_1 等于 0,则 n 就是 m 和 n 的最大公约数,若 r_1 不等于 0,则对 n 和 r_1 重复上述过程,直到

求出 r_n 为止。例如:求 231 和 63 的最大公约数。

(1)求 231 除以 63 的余数。

231 Mod 63 = 42

由于 42 不等于 0,所以 231 和 63 的最大公约数等于 63 与 42 的最大公约数。

(2)求 63 除以 42 的余数。

63 Mod 42 = 21

由于 21 不等于 0,所以 63 和 42 的最大公约数等于 42 与 21 的最大公约数。

(3)求 42 除以 21 的余数。

42 Mod 21 = 0

所以,42 与 21 的最大公约数为 21,即 231 和 63 的最大公约数为 21。

下面的程序用两个变量不断递推,直到 r = 0。

```
Private Sub Command1_Click()
    Dim m As Integer, n As Integer
    Dim a, b, r
    m = InputBox("请输入第一个正整数:")
    n = InputBox("请输入第二个正整数:")
    a = m: b = n: r = b
    Do While m > 0 And n > 0 And r > 0
        r = a Mod b
        a = b
        b = r
    Loop
    Print m; "和"; n; "的最大公约数是:"; a
End Sub
```

【例 5-4】 用以下公式计算 sin(x)的值。当最后一项的绝对值小于 10^{-7} 时停止计算。x 的值由键盘输入。

$$\sin(x) = x - \frac{x^3}{3!} + \frac{x^5}{5!} - \frac{x^7}{7!} + \cdots + (-1)^{n-2}\frac{x^{2n-3}}{(2n-3)!} + (-1)^{n-1}\frac{x^{2n-1}}{(2n-1)!}$$

分析:设变量 t 用于存放中间项的计算结果,并当第 n 项值小于 10^{-7} 时结束计算,即循环结束条件为 t 的绝对值小于 10^{-7}。可以把算法描述为:

```
    t = 第 1 项值: S = t: n = 1
Do Until Abs(t) < 0.0000001
    n = n + 1
    t = 第 n 项值
    S = S + t
Loop
```

再看和式中第 n 项 t_n 的值与第 n − 1 项 t_{n-1} 的递推关系:

$t_1 = x$

$t_n = t_{n-1} * (-x * x)/(2 * n-2) * (2 * n-1)$

由此,可以使用循环语句计算各项的值并累加。

程序如下:

```
Private Sub Command1_Click()
    Dim x!,t!,n%,s!
    Const eps=0.0000001
    x=Val(InputBox("Enter x:"))
    t=x
    s=x
    n=1
    Do Until Abs(t)<eps
        n=n+1
        t=t*(-x*x)/(2*n-2)*(2*n-1)
        s=s+t
    Loop
    Print "sin(";x;")=";s
End Sub
```

2. 后判断条件的 Do…Loop 语句形式

语句格式如下:

```
Do
    [<语句块>]
Loop [While | Until<条件>]
```

后判断条件的 Do…Loop 语句与先判断条件的 Do…Loop 语句的区别是:后判断条件的 Do…Loop 语句首先执行循环体,然后测试循环执行条件(或循环终止条件),决定是否继续循环。所以,这种结构的语句至少执行一次循环体。

上述后判断条件的 Do…Loop 语句的执行控制流程如图 5-4 和图 5-5 所示。

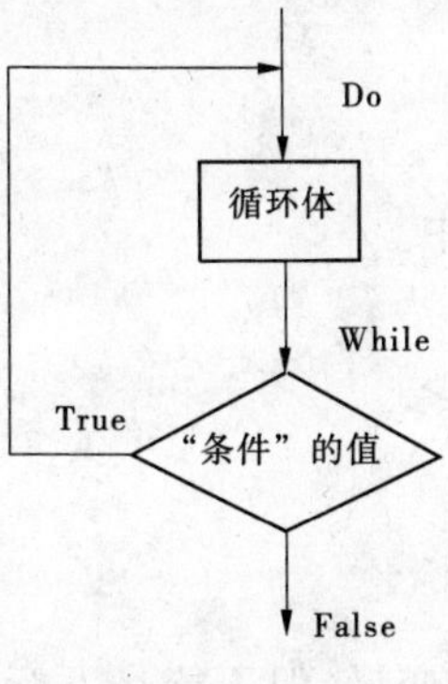

图 5-4　Do…Loop While 循环结构流程图

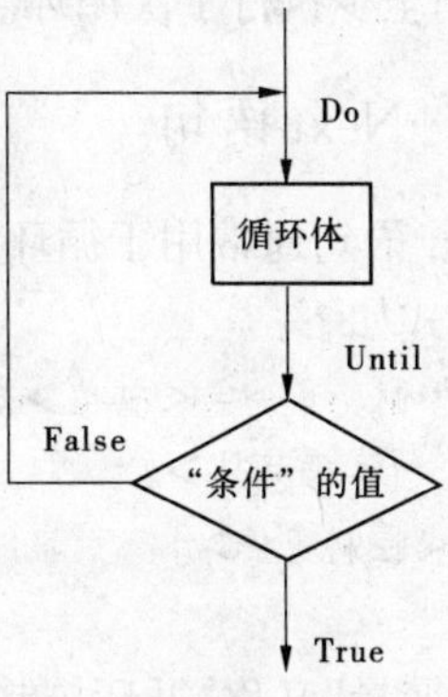

图 5-5　Do…Loop Until 循环结构流程图

【例 5-5】　用迭代法求 $x=\sqrt[3]{a}$。

求立方根的迭代公式为:

$$x_{n+1} = \frac{1}{3}(2x_n + \frac{a}{x_n^2})$$

当$|x_{n+1}| < \varepsilon$时,则x_{n+1}为$\sqrt[3]{a}$的近似值。

分析:迭代是一个反复用新值取代变量的旧值,或由旧值递推出变量的新值的过程。程序输入 a 值,并且作为迭代初值 x_0;以 u 代表 x_n,v 代表 x_{n+1}。

```
Private Sub Command1_Click()
      Const eps=0.0000001
    Dim a!,u!,v!
    a=Val(InputBox("请输入 a 的值:"))
    v=a
    Do
        u=v
        v=(2*u+a/u^2)/3
    Loop While Abs(v-u)>eps
    Print a;"的立方根为:";v
End Sub
```

上述例子中,可以改为 Do…Loop Until 这一判断循环终止条件的结构。只需把语句:

```
Loop While Abs(v-u)>eps
```

改为:

```
Loop Until Abs(v-u)<=eps
```

由前面的讨论可知,Do…Loop 语句和 While…Wend 语句往往用于循环次数未知的场合,循环体内都必须有修改循环条件的语句。Do While|Until…Loop 语句完全能够代替 While…Wend 语句,它们进入循环前若循环条件不满足,循环次数为 0。而 Do … Loop While|Until 则至少执行 1 次循环。

5.1.3 For…Next 语句

For…Next 语句通常用于循环次数已知的程序结构中。

其语句格式如下:

```
For <控制变量>=<初值> To <终值>[Step<步长>]
        [<循环体>]
Next [<控制变量>]
```

说明:

(1)"控制变量"又称"循环控制变量",它是一个数值变量,但不能是下标变量或记录元素。

(2)"初值"、"终值"和"步长"均为数值表达式,它们的值可以是整数或实数。当控制变量为整型而它们为实数时,VB 将对其舍入取整。当"步长">0 时,作递增循环,即应有"终值" >"初值";"步长"< 0 时,作递减循环,即应有"终值"< "初值";"步长"为 1 时,可省略 Step 子句。"步长"不能为 0,如果为 0 则为"死循环"。

(3)"循环体"由 VB 语句序列构成。省略循环体时,For 语句依然执行。

For 语句的执行过程是:首先把"初值"赋给"控制变量",接着检查"控制变量"是否超过"终值",如果超过就停止执行"循环体",跳出循环,执行 Next 后面的后续语句;否则执行一次"循环体",然后把"控制变量"加"步长"的值赋给"控制变量",重复上述过程。

注意:这里所说的"超过"有两种意义,即大于或小于。当步长为正值时,检查控制变量是否大于终值;当步长为负值时,判断控制变量是否小于终值。

For 语句的执行流程如图 5-6 和图 5-7 所示。

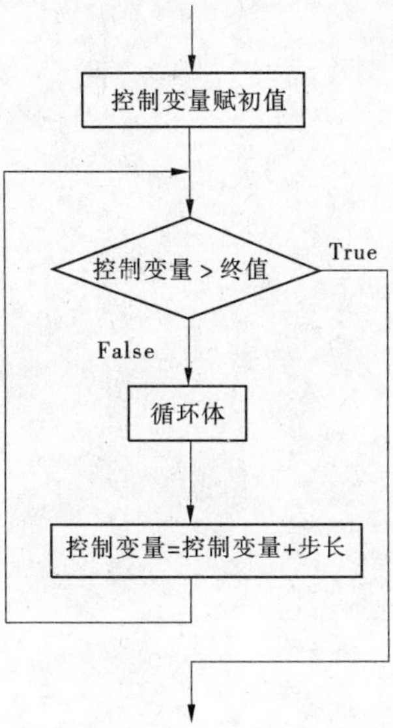

图 5-6　步长大于 0 的 For 循环结构流程图

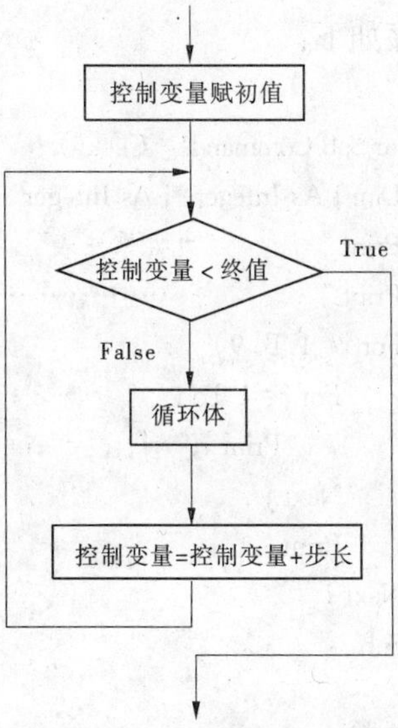

图 5-7　步长小于 0 的 For 循环结构流程图

【例 5-6】　已知 Fibonacci 数列为 1,1,2,3,5,8,…,其中第 n 项的计算公式为:Fib(n)= Fib(n-1)+Fib(n-2),请编写程序计算并输出该数列的前 25 项。

程序如下:

```
Private Sub Command1 _ Click()
    Dim f1 As Integer, f2 As Integer, f As Integer, i As Integer
    f1 = 1
    f2 = 1
    Print f1;f2
    For i = 3 To 25
        f=  f1 +  f2
        Print f;
        f1 =  f2
```

```
        f2 = f
    Next i
End Sub
```

5.2 嵌套循环与退出循环

5.2.1 嵌套循环

循环体的语句块中可以包含任何的 VB 语句,当然也包括循环语句。也就是说,在一个循环结构的循环体内含有另一个循环结构,这就形成了嵌套循环,又叫做多重循环。

【例 5-7】 打印九九乘法表。

程序如下:

```
Private Sub Command1 _ Click()
    Dim i As Integer, j As Integer
    Print "          九九乘法表"
    Print "          ................................"
    For i = 1 To 9
        For j = 1 To i
            Print i;"×";j;"=";i * j;
        Next j
        Print
    Next i
End Sub
```

这是一个典型的循环嵌套。在这类题目中,我们用外循环来控制输出的行,用内循环来控制每行的列数。注意在内层循环体中,输出格式为紧凑格式,所以在两个 Next 中间有一个 Print 来控制换行。

【例 5-8】 打印三角形,输出形式如图 5-8 所示。

程序如下:

```
Private Sub Command1 _ Click()
    FontSize = 20
    Dim i As Integer, j As Integer
    For i = 1 To 5
        Print Tab(10 - i);
        For j = 1 To i * 2 - 1
            Print "*";
        Next j
```

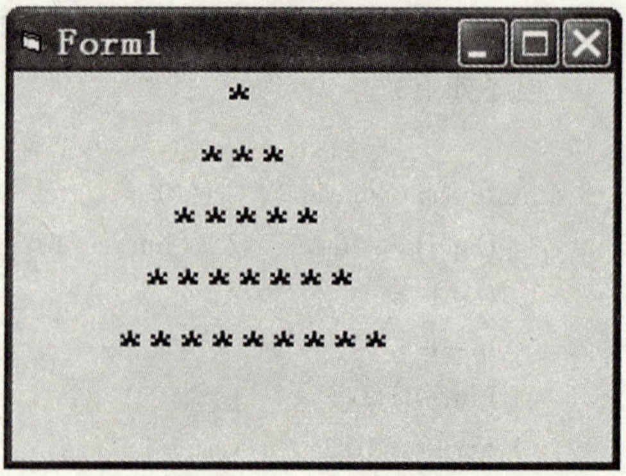

图 5-8 输出的三角形

```
        Print
    Next i
End Sub
```

由以上两个例题我们发现,此类图形的输出需要从以下两点考虑:

(1)每行第一个字符的输出位置。

(2)每行所输出内容的列数与循环控制变量之间的对应关系。

只要能把握住这两点,此类图形就很容易做了。

【例 5-9】 求 100 以内的所有素数之和。

分析:判断一个数 n 是否是素数,我们已经在前面的例题中介绍过。故要实现本题的要求,只需在原来的基础上增加一个外循环即可。

程序如下:

```
Private Sub Command1_Click()
    Dim i As Integer, j As Integer,s As Integer,flag As Boolean
    For i=2 To 100
        flag=True
        j=2
        While j< i
        If i Mod j=0 Then
                flag=False
        End If
            j=j+1
        Wend
        If flag Then
            s=s+i
        End If
    Next i
    Print "100 以内的所有素数之和为:";s
End Sub
```

使用嵌套循环时的注意事项:

(1)各种形式的循环语句都能够互相嵌套,VB 并没有具体规定嵌套的层数。

(2)嵌套的规则是,外层循环与内层循环必须层层相套,循环体之间不能交叉。

另外,For 语句嵌套时,可以有两种简化形式:

(1)省略 Next 后面的循环控制变量。

```
 For k1=…
    For k2=…
        …
    Next
```

```
    …
Next
```

(2)当内层循环和外层循环有相同的终点时,可以共用一个 Next 语句,但此时的循环控制变量不能省略。

```
For k1 = …
    For k2 = …
        …
Next k2,k1
```

5.2.2 退出循环

在一般情况下,三种循环语句的每一趟循环都是完整地执行语句块的全部语句,再决定是否结束循环。除此之外,VB 还以出口语句(Exit)的形式,为 For…Next 循环语句和 Do…Loop 循环语句提供了进一步的结束处理,即可以根据需要退出循环,执行循环结构的后续语句。出口语句有两种使用形式:无条件形式和条件形式。

无条件形式:

```
Exit Do
Exit For
```

条件形式:

```
If <条件> Then Exit Do
If <条件> Then Exit For
```

无条件形式的出口语句没有测试条件,直接强制退出循环,常用于程序调试时的跟踪,调试成功后删除。条件形式的出口语句只有当"条件"为 True 时才退出循环,如果"条件" 不为 True,则出口语句没有意义。

【例 5-10】 用出口语句来改写例 5-2 ,即验证从键盘输入的一个数 n 是否为素数。

程序如下:

```
Private Sub Command1 _ Click()
    Dim n As Integer, i As Integer
    n= InputBox("请输入一个整数:")
    i=2
    Do While i<n
        If n Mod i  =0 Then Exit Do
        i=i+1
    Loop
    If i=n Then
        Print n;"是素数"
    Else
        Print n;"不是素数"
    End If
End Sub
```

在上述程序里，通过出口语句标示了循环的结束点，不仅没有破坏程序的结构，反而给程序员带来了方便，简化了程序的编写，提高了程序的可读性。

【例 5-11】 以下程序用来测试出口语句的执行情况。

```
Private Sub Form_Click()
    Dim i,num
    Do
        For i=1 To 1000
            num=Int(Rnd * 100)
            Print num;
            Select Case num
                Case 7: Exit For
                Case 29: Exit Do
                Case 54: Exit Sub
            End Select
        Next i
        Print "Exit For"
    Loop
    Print "Exit Do"
End Sub
```

程序运行后，单击窗体，将产生随机数。当产生的随机数为 7 时，退出 For 循环；当产生的随机数为 29 时，退出 Do 循环；当产生的随机数为 54 时，退出 Sub 过程。

5.3　列表框和组合框

列表框以列表形式显示一系列数据，接受用户对其中的选择。组合框是列表框和文本框的组合。列表框和组合框是两个进行快速浏览和标准化输入数据的重要控件。

5.3.1　列表框

列表框控件显示一个项目列表，让用户从中选择一项或多项。如果项目太多，超过列表框设计时的长度，VB 自动给列表框添加垂直或水平滚动条。为了能够正确操作，项目数一般应不少于 3 个。

1. 属性

列表框所支持的标准属性包括 Enabled、FontName、FontBold、FontUnderLine、Height、Left、Text、Top、Visible、Width 等。除此之外，还有 8 个特殊属性。

1)Columns 属性

该属性用于决定列表框是水平滚动还是垂直滚动，以及显示列表中项目的方式。该属性只能在设计阶段通过属性窗口设置，不能在程序运行时修改。设置值描述如下：

0:默认值。每个项目占一行,列表只有一列。列表框垂直滚动。

n:显示项目先排第一列,排满后再排下一列。若排完 n 列还未排完所有项目,则出现滚动条。

2)List 属性

该属性用于返回或设置控件的列表项目。List 属性可以在设计时通过属性窗口设定,在程序运行时也是可读可写的。

其访问格式如下:

[＜控件名＞].List(＜下标＞)[=＜字符串＞]

其中＜下标＞是列表中具体某一项目的序号,其值为 0 到 ListCount-1。＜字符串＞用于指定列表项目的内容。

3)ListCount 属性

该属性用于返回控件的列表项目的个数。

4)ListIndex 属性

该属性用于返回或设置所选控件的项目下标,设计时无效。列表框的第一个项目下标为 0,依次类推,最后一个项目下标为 ListCount-1。如果没有选中任何项目, ListIndex 属性值为-1。

5)MultiSelect 属性

该属性用于设置列表框一次可选择的项目数,通过属性窗口设定。其值为数值型,包括 0、1、2。

值为 0 时:不允许多项选择,是默认值。

值为 1 时:可做简单多项选择。可用鼠标或空格键同时选择多项。

值为 2 时:可选择指定范围内的表项。用鼠标单击选择范围的第一项,然后按住 Shift 键不放,再单击所选范围的最后一项。

6)Selected 属性

该属性是一个与控件的 List 属性具有相同项数的布尔数组,用于返回或设置 ListBox 或 FileListBox 控件中的各项的选择状态,在设计时不可用。其访问格式如下:

[＜控件名＞].Selected(＜下标＞)[=True|False]

其中＜下标＞为列表中具体某一项的序号,其值为 0 到 ListCount-1。当值为 True 时,表明选择了 List 属性的对应项;当值为 False 时,表明该项未被选择。

7)Sorted 属性

该属性用来确定列表框中的项目是否按字母数字升序排列,可通过属性窗口设置。值为 True 时,项目按字母数字升序排列;值为 False 时,项目按加入列表框的先后顺序排列,是默认值。

8)Text 属性

该属性用于返回列表框中当前选择的项目,返回值与表达式 List(ListIndex)的返回值相同。

2. 事件

列表框接受 Click、DblClick、GotFocus、LostFocus 等大多数控件通用的事件,但通常不用编写 Click 事件过程代码，而是当单击一个命令按钮或发生 DblClick 事件时读取 Text 属性值。

3. 方法

列表框可以使用 AddItem、Clear 和 RemoveItem 三种方法，在程序运行期间修改列表框的内容。

1)AddItem 方法

该方法用于向列表框中添加一个新的项目。格式如下：

<列表框名>.AddItem<字符串>[,<下标>]

AddItem 方法把“字符串”的文本插入到由“下标”指定的列表框的位置中。如果省略下标，则把文本添加到列表框的尾部。下标的取值范围是 0 到 ListCount－1。

例如：

```
lst1.AddItem"年龄",3          '插入第三项
lst1.AddItem"通讯地址"         '添加末项
```

2)Clear 方法

该方法用于清除列表框中的全部内容。执行 Clear 方法后，ListCount 属性值重新被设置为 0。例如：

```
lst2.Clear          '清除列表框 lst2
```

3)RemoveItem 方法

删除列表框的指定项目。格式为：

<列表框名>.RemoveItem <下标 >

例如：

```
lst2.RemoveItem 5          '删除第六项
```

5.3.2 组合框

组合框是一种同时具有文本框和列表框特性的控件，它可以像列表框一样，让用户通过鼠标选择所需要的项目；它也可以像文本框那样，用键入方式输入项目。

列表框的属性都适合于组合框，此外，它还有一些自己的属性。以下介绍组合框的属性、事件和方法。

1. 属性

1)Style 属性

该属性用于设置组合框的样式，其值可为 0、1 或 2。

值为 0 时：是默认值，为下拉式组合框。由一个文本编辑框和下拉箭头按钮组成。此时用户可由键盘在文本框内直接输入内容，也可用鼠标单击右边的箭头按钮，打开列表框供用户选择。

值为 1 时：为简单组合框。由一个文本编辑框和一个标准列表框组成。列表框不是下拉式的，表列项目始终显示在列表框中，所以在设计时，应适当调整组合框的大小。此时用户可以从列表框中选择，也可以在文本框中输入列表框中没有的选项。

值为 2 时：为下拉列表框。其外观与下拉式组合框一样，功能也与其类似，只是不能

在文本框中输入列表框中没有的选项。

组合框的三种样式如图 5-9 所示。

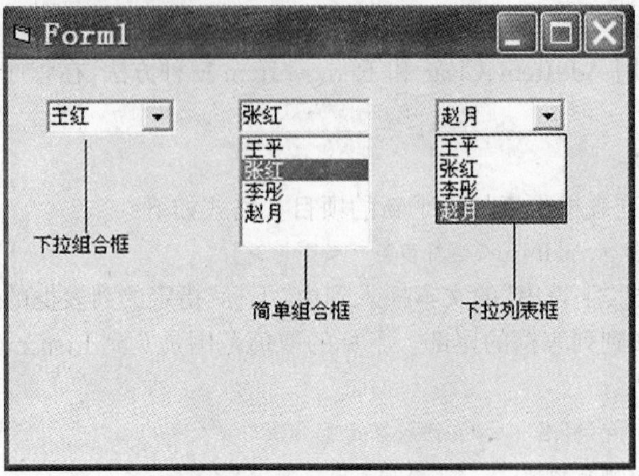

图 5-9 组合框的三种样式

2)Text 属性

该属性是用户所选择的项目的文本或直接从文本编辑区输入的文本。

2. 事件

组合框响应的事件与 Style 属性密切相关:

当 Style=0 时,响应 Click、Change 和 Dropdown 事件。

当 Style=1 时,响应 Click、DblClick 和 Change 事件。

当 Style=2 时,响应 Click 和 Dropdown 事件。

当用户单击组合框中下拉箭头按钮时,将触发 Dropdown 事件。对于下拉式组合框(属性 Style=0)和简单式组合框(属性 Style=1),在编辑区输入文本时可以接受 Change 事件。一般情况下,用户选择项目之后,只需要读取组合框的 Text 属性。

3. 方法

列表框中的 AddItem 、Clear、RemoveItem 方法也适用于组合框,其用法与在列表框的使用相同。

【例 5-12】 交换两个列表框中的项目,如图 5-10 所示。其中一个列表框的项目按字母升序排列,另一个列表框中的项目按加入的先后顺序排列。当双击某个项目时,该项目从一个列表框移到另一个列表框中。

分析:在窗体上建立两个列表框 List1 和 List2,List1 的 Sorted 属性设置为 True,List2 的 Sorted 属性设置为 False。

程序如下:

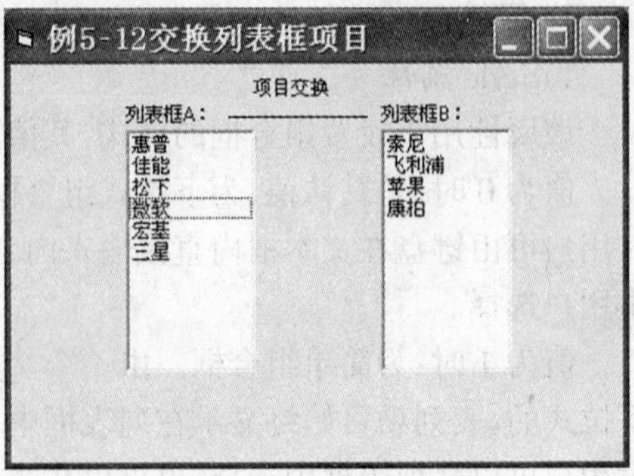

图 5-10 交换列表框项目

```
Private Sub Form_Load()
    Dim i,ss
```

```
    For i=0 To 9
        ss=InputBox("Input Item:")
        List1. AddItem ss
    Next
End Sub

Private Sub List1_DblClick()
    List2. AddItem List1.Text
    List1. RemoveItem List1.ListIndex
End Sub

Private Sub List2_DblClick()
    List1. AddItem List2.Text
    List2. RemoveItem List2.ListIndex
End Sub
```

Form_Load()过程用于初始化列表框 List1,调用 InputBox 函数建立 10 个显示项目。输入结束后,List1 中的项目按字母顺序排列。当双击 List1 的任意项目,执行 List1_DblClick()事件过程时,把当前项目的文本(Text)属性添加到列表框 List2 中去,然后调用 RemoveItem 方法,删除 List1 的当前项。值得注意的是,List1_DblClick()过程中的两个语句顺序不能颠倒。同理,双击 List2 的项目时,执行 List2_DblClick()事件过程,让项目按相反方向移动。

本章小结

程序控制按某种模式反复进行操作的结构称为循环结构。在程序设计中,循环结构用来组织操作模式相同的算法。其中先判断和后判断是两种典型的循环控制流程。

VB 支持的循环语句有 While…Wend 语句、Do…Loop 语句和 For…Next 语句。一般情况下,While…Wend 语句、Do…Loop 语句用于循环次数未知的情况,For…Next 语句用于循环次数已知的情况。

如果循环语句的循环体内又包含循环语句,称为循环的嵌套。各种形式的循环语句都可以互相嵌套,但必须保证外层循环与内层循环层层相套,循环体之间不能交叉。

通常循环语句根据循环结束条件终止循环,此外,还可以根据需要使用 VB 提供的出口(Exit)语句退出循环。

作为循环结构在可视化程序设计中的应用,本章着重介绍了用于进行快速浏览和标准化输入数据的两个控件:列表框和组合框。列表框以列表形式显示一系列数据,接受用户对其中项目的选择。组合框是列表框和文本框的组合,它既可以像列表框一样,让用户通过鼠标选择所需要的项目;也可以像文本框那样,用键入方式输入项目。

习题 5

5.1 填空题

1. 若要清除列表框的所有项目内容，可以使用________方法；若要得到列表框中项目的数目，可以访问________属性；列表框中项目的序号从________开始，到__________结束。

2. 删除列表框中的某个项目，需要使用________方法；在组合框中选择某个项目内容，可以通过________属性获得。

3. 显示列表框 List1 中序号为 3 的项目内容，使用的语句为__________。

4. 向组合框 Combo1 添加序号为 5，内容为“计算机课程”的项目，使用的语句为_________________。

5. 下面程序段的运行结果是___________。

```
Private Sub Command1_Click()
    Dim i%, t!
    t=1:i=1
    While i<10
        t=t*i
        i=i+2
    Wend
    Print "t=";t
End Sub
```

6. 下面程序段的运行结果是__________。

```
Private Sub Command1_Click()
    Dim m%, n%
    For m=1 To 3
        n=0
        While n<=m-1
            Print m,n
            n=n+1
        Wend
    Next m
End Sub
```

5.2 编程题

1. 小猴在一天摘了若干个桃子，当天吃掉一半多一个；第二天接着吃了剩下的桃子的一半多一个,以后每天都吃剩下桃子中的一半多一个,到第 7 天早上要吃时发现只剩下一个,问小猴那天共摘下了多少个桃子?

2.已知 XYZ + YZZ = 532,其中 X、Y 和 Z 为 0～9 的数字,编程求出 X、Y 和 Z。

3.某次大奖赛,有 7 个评委打分,满分为 100 分。对一名参赛者,输入 7 个评委的打分分数,去掉一个最高分、一个最低分后,求出平均分为该参赛者的得分。编写程序输入评委的打分,输出参赛者的得分。

4.编写程序,打印如下所示的“数字金字塔”。

```
1
1   2   1
1   2   3   2   1
1   2   3   4   3   2   1
…
1   2   3   4   5   6   7   6   5   4   3   2   1
```

5.求 S = 1 - 1/2 + 1/3 - 1/4 + … + 1/99 - 1/100 的值。

6.求所有的水仙花数。所谓水仙花数是指一个三位数,它的各位数字的立方和等于该数本身。例如:因为 $153 = 1^3 + 5^3 + 3^3$,所以 153 是水仙花数。

实验 5

【实验目的】

(1)掌握 3 种循环语句的使用。

(2)掌握嵌套的循环结构的编制方法。

(3)掌握列表框和组合框控件的使用。

【实验内容】

实验 5.1　3 种循环语句在程序设计中的应用。

一个球从 100 米的高度自由下落,每次落地后反跳回原高度的一半,再落下。求它在第 10 次落地时,共经过多少米?最后一次反弹高度是多少?编程求解。

分析:假设球每次落地反弹的高度为 h 米,第 n 次落地时共经过了 s 米;则由题意知第一次落地时 s = 100,h = 100/2;从第二次开始,s = s + 2 * h ,h = h/2。

实验 5.2　嵌套循环在程序设计中的应用。

编程找出 1～1000 之间的全部“完数”。“完数”是指一个数恰好等于它的因子之和。如 6 的因子为 1、2、3,而 6 = 1 + 2 + 3,因而 6 就是“完数”。

分析:要求出 1000 以内所有的“完数”,就是要对 1000 以内的整数逐个进行判断:判定该数是否等于它的因子之和。这显然要用一个循环结构来描述。而要判定一个数 n 是否等于它的因子之和,需要求出[1,n - 1]内所有能够整除 n 的数,然后求出它们的累加和。此处很明显也要用循环结构来描述,故本题要用嵌套循环来实现。

实验 5.3　循环结构在可视化程序设计中的应用。

上机验证例 5-11,运行结果如图 5-10 所示。

第 6 章　数　组

在实际的问题中,往往需要面对成批的数据进行处理。例如:需要把班级中成绩在 80 分以上的学生成绩按分数的高低顺序排列出来。这时,如果仍用简单变量进行处理,就很不方便,甚至是不可能的。在处理这样的问题时就有必要使用数组。解决类似的问题,使用数组可以缩短和简化程序。

6.1　数组的概念

【例 6-1】 求某班 35 个学生中成绩在 80 分以上(含 80 分)的学生成绩,再按分数的高低顺序排列出来。

所编程序为:

```
For i=1 to 35
    mark=InputBox("输入第"+str(i)+"位学生的成绩:")
    If mark>=80 then
     k=k+1
     a(k)=mark
    End If
Next i
For i=1 to k
     For j=i+1 to k
          If a(i)<a(j) then
           t=A(i):a(i)=a(j):a(j)=t
          End If
    Next j
Print a(i);
Next i
```

将以上程序分成两段讨论。

第一段:

```
For i=1 to 35
  mark=InputBox("输入第"+str(i)+"位学生的成绩:")
   If mark>=80
    k=k+1
    a(k)=mark
```

```
    End If
  Next i
```

在这段程序中，使用了一个数组变量 a(i)，如果此处不使用数组变量而是使用简单变量的话，则若干个大于 80 分的成绩就不容易妥善保留。这里共有 j 个成绩保留在数组 a 中，为后面的排序做好了准备。

第二段：

```
For i=1 to k
    For j=i+1 to k
        If a(i)<a(j) then
            t=A(i):a(i)=a(j):a(j)=t
        End If
    Next j
    Print a(i);
Next i
```

在这段程序中，主要是进行数组元素的比较和互换，实现了数据的排序。排序的思想和程序设计会在后面详细介绍，这里，我们可大致看出数组元素的使用和一般变量的使用方法是基本相同的。但是，如果用一般变量解决数据的排序问题将是很困难的事，而用数组的方法就会很方便。

6.1.1 数组与下标变量

数组是用一个统一的名称表示的、顺序排列的一组变量。数组中的变量称为数组元素，每一个数组元素可用下标来标识它们，因此数组元素又称为下标变量。

给一组数据统一取的名称为数组名。

可以用数组名及下标组成一个下标变量名，用下标变量名可以唯一地识别一个数组的元素。比如 X(2)表示名称为 X 的数组中顺序号为 2 的那个数组元素。具体命名规则为：

(1)数组的命名与简单变量的命名规则相同。

(2)下标变量名中的下标必须用括号括起来。

(3)下标可以是常数、变量或表达式，也可以是下标变量。另外，下标必须是整数，否则将被自动截断取整。

(4)下标的最大值和最小值分别称为数组的上界和下界。数组的下标在上下界内是连续的。由于对每一个下标值都分配空间，所以声明数组的大小要适当。

例如：

当 N=2 时，X(6)、Y(2,5)、Z(N)、W(N+3)都是合法的下标变量名。

对于 A(3.5)将被视为 A(3)。

而 B(A(4))，若 A(4)=6，则 B(A(4))就是 B(6)。

6.1.2　数组的形式、类型及维数

1. 形式

在 VB 中有两种形式的数组:静态数组和动态数组。

静态数组是指数组是固定大小的,即数组元素的个数固定不变。而动态数组则其大小在运行时可以改变。

2. 类型

以上两种形式的数组其内部所存储的数据又有多种类型,因此相应的数组也有多种类型。可以声明任何基本数据类型的数组,包括用户自定义类型和对象变量,但是一个数组中的所有元素应该具有相同的数据类型。

当然,数据类型为 Variant 时,各个元素能够包含不同类型的数据(对象、字符串、数组等)。

3. 维数

如果一个下标变量中只用一个下标表示,则称这个数组为一维数组。

例如:数组 X 中有 20 个元素:X(1)、X(2)、X(3)、…、X(20),依次保存 20 个学生一门功课的成绩,则 X 为一维数组。一维数组中的各个元素又称为单下标变量。

如果有 20 个学生,每个学生有 3 门功课的成绩,见表 6-1。

表 6-1　学生成绩表

姓名	语文	数学	外语
学生 1	85	60	55
学生 2	69	74	80
学生 3	77	86	72
⋮	⋮	⋮	⋮
学生 20	88	90	75

这些成绩可以用有两个下标的数组来表示,如第 i 个学生第 j 门课的成绩可以用 X(i,j)表示。其中 i 表示学生号,称为行下标(i=1,2,3,… ,20);j 称为列下标(j=1,2,3)。

有两个下标的数组称为二维数组,其中的数组元素称为双下标变量。

数组元素中下标的个数称为数组的维数。虽然在 VB 中可以至多使用 60 维的数组,但是由于维数的增加,使数组元素的个数成几何级数地增长,这将受到内存容量的限制。

6.2　静态数组

6.2.1　一维静态数组

1. 数组的声明

在使用一个数组之前,需要先对该数组进行声明。

语法如下:

DIM 数组名([下标下界 TO] 下标上界)AS 数组类型

在DIM语句中,主要是说明了数组的名称、数组的类型、数组的维数以及数组的大小。

(1)数组的名称称为数组名,其命名规则上面已经介绍了,与变量的取名规则相同。

(2)数组的类型表示数组内所有数据的类型。由于数组记录的是一组相关的数据,这些数据具有同一种特征,所以数组的所有元素必须是同一种类型的数据。如果省略 As 类型,与前述变量的声明一样,则默认为该数组为变体数组。

(3)数组的维数可通过下标的上界、下界的组数来表示。只有一组上下界的数组为一维数组,有多组上下界的数组为多维数组。

(4)数组的大小是通过下标的上下界之间的空间来表示的。在数组声明中,下标的下界最小可为 -32768,下标的上界最大可为 32767。若省略下界,则其默认值为 0。一维数组的大小为:上界 - 下界 + 1。

例如:

```
Dim A(6) As Integer
'A 数组是一维的,有 7 个数组元素,下标值从 0 到 6,数组的类型为整型
Dim B(20) As Double
'B 数组是一维的,有 21 个数组元素,下标值从 0 到 20,数组的类型为双精度型
```

2.数组元素的赋值方法

数组声明后,所有元素就都在内存中分配好了空间,接下来就是给数组的元素赋值。数组元素的赋值方法与简单变量的赋值方法是一样的,只不过在对多个数组元素进行赋值时采用了循环方式,使得对数组元素的赋值更为简单、快捷。

1)简单赋值

例如:

```
Dim A(1 to 2)As Integer
Dim B(3)As String * 5
A(1) = 10:A(2) = 20
B(2) = "study"
B(3) = "hello"
```

2)循环赋值

例如:如果向 A 数组的数组元素 A(1)~A(5)中分别赋值:10、20、30、40、50,则对应的赋值程序应该为:

```
Dim A(5) As Integer
For I = 1 to 5
   A(I) = I * 10
Next I
```

3)数组元素之间互相赋值

例如:将上面的 A 数组元素赋给 X 数组。

```
Dim A(5) As Integer
Dim X(5) As Integer
```

```
For I = 1 to 5
    A(I) = I * 10
Next I
For I = 1 to 5
    X(I) = A(I)
Next I
```

4)使用 Array()函数赋值

例如:将 2、4、6、8 四个值赋给 X 数组的 X(1)～X(4)中。

```
Dim X As Variant
X = Array ( 2, 4, 6, 8 )
```

3. 数组元素的输出

数组元素的输出方法也与简单变量的输出方法是一样的,在对多个数组元素进行输出时,可同样采用循环方式,同样达到对数组元素的输出更为简单、快捷的目的。

例如:通过键盘向数组 A 中输入 5 个整型数据,再将它们输出。

```
Dim a ( 5 ) as integer
For I = 1 to 5
    A(i) = Inputbox("请输入第"&str(i) &"个元素")
Next I
For I = 1 to 5
    Print "a(";I;")=";a( I )
Next I
```

输出结果见图 6-1。

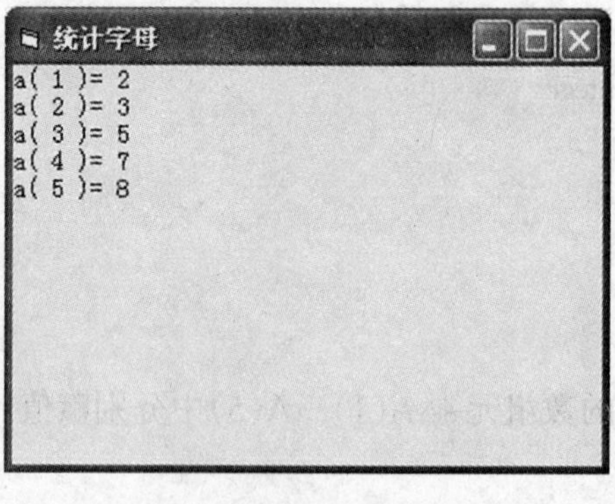

图 6-1　数组元素输出

4. 程序设计举例

【例 6-2】 随机产生 10 个两位整数,找出其最大值、最小值和平均值,如图 6-2 所示。

分析:设计这个程序可以分两步考虑,第一步是产生 10 个随机整数,第二步是对这 10 个整数求最大值、最小值及平均值。

首先建立用户界面与设置对象属性。首先增加一个框架 Frame1、三个标签 Label1～Label3、三个文本框 Text1～Text3 、三个命令按钮 Command1～Command3,激活 Frame1

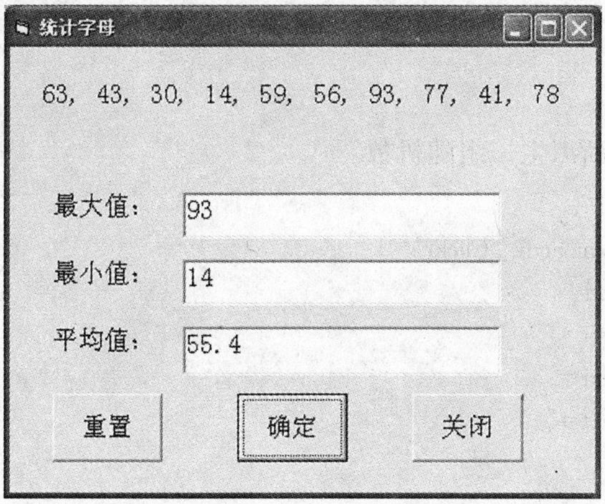

图 6-2　求最大值、最小值和平均值

后,在其中增加一个标签Label4,并修改各个控件的属性,如图6-2所示。然后再编写程序代码。

程序代码如下:

生成 10 个随机整数。

```
Private Sub form_load()
    Dim p As String
    Randomize
    p = ""
    For i = 1 To 10
        a(i) = Int(Rnd * 90) + 10
        p = p & Str(a(i)) & ","
    Next i
    Label1.Caption = LTrim(Left(p, Len(p) - 1))
End Sub
```

求最大值、最小值及平均值。

```
Private Sub Command2_Click()
    Dim s As Single
    Min=100:max=10:s=0
    For i=1 To 10
        If a(i)>max Then max=a(i)
        If a(i)<min Then min=a(i)
        s=s+a(i)
    Next
    Text1.Text=max
    Text2.Text=min
```

```
    Text3.Text = s/10
End Sub
```

用"重置"按钮重新产生一组随机数。

```
Private Sub Command1 _ Click()
    Form _ load
    Text1.Text = ""
    Text2.Text = ""
    Text3.Text = ""
End Sub
```

用"关闭"按钮结束本次操作。

```
Private Sub Command3 _ Click()
    Unload Me
End Sub
```

【例 6-3】 斐波那契(Fibonacci)数列前 15 项的值。

Fibonacci 数列中第 n 项的计算公式为:Fib(n) = Fib(n - 1) + Fib(n - 2),得到的值为:1,1,2,3,5,8,…,如图 6-3 所示。

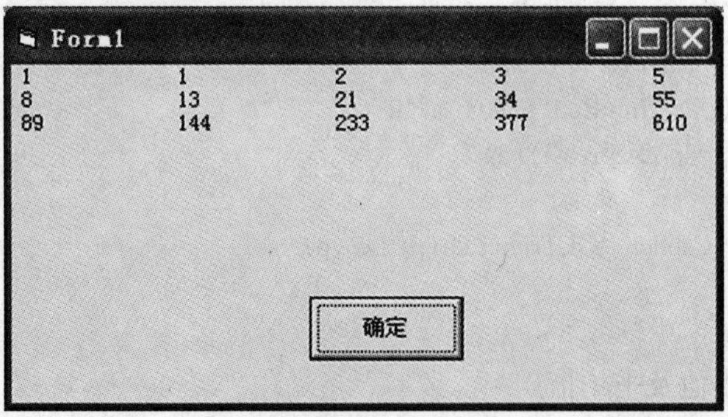

图 6-3 斐波那契数列

分析:根据已给出的前两项的值可求出第 3 项的值,用循环的方法求出后面的所有值。在本例中,每输出 5 个数换行。

程序代码如下:

```
Private Sub Command1 _ Click()
    Dim f(15) As Integer
    f(1) = 1: f(2) = 1
    Print f(1), f(2),
    For i = 3 To 15
```

```
        f(i) = f(i - 1) + f(i - 2)
        Print f(i),
        If i Mod 5 = 0 Then Print
    Next i
End Sub
```

【例 6-4】 求一个两位数,该数要满足:这个数的平方数的各个位数之和是原数的一半。如:18 * 18 =324, 3+2+4=9, 9=18/2。

分析:由于要求的是一个两位数,所以可以考虑从 10 到 99 这些数中进行查找,把每个待查的数按要求做乘积,在分解成每位的值相加后比较是不是原数的一半。

程序代码如下:

```
Private Sub Command1_Click()
    Dim i As Integer
    Dim j As Integer
    Dim b(1 To 4) As Integer
    Dim s As Integer
    Dim k As Integer
    For i = 10 To 99
    j = i * i
    b(1) = j \ 1000
    b(2) = j \ 100 Mod 10
    b(3) = j \ 10 Mod 10
    b(4) = j Mod 10
    s = 0
    For k = 1 To 4
        s = s + b(k)
    Next k
    If s * 2 = i Then
        Print i
    End If
    Next i
End Sub
```

输出结果为 18 和 36。

【例 6-5】 在一个文本框中输入一串字符,统计各字母出现的次数(不区分大小写字母),并显示在图形框中。如图 6-4 所示。

分析:从输入的字母串中逐一取出字符,转换成大写字符,判断它的 ASCII 值,再将该值作为下标用于记录字母出现的次数。因此,需要一个数组,该数组应有26个下标变量,用来记录所有可能出现的英文字母的次数。

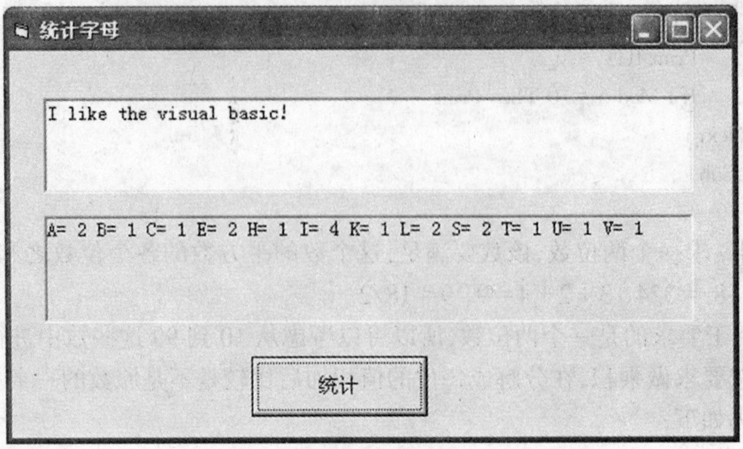

图 6-4　统计字母出现的次数

程序代码如下：

```
Private Sub Command1 _ Click()
    Picture1.Cls
    Dim a(1 To 26) As Integer, c As String
    le = Len(Text1)
    For I = 1 To le
        c = UCase(Mid(Text1, I, 1))
        If c >= "A" And c <= "z" Then
            j = Asc(c) - 65 + 1
            a(j) = a(j) + 1
        End If
    Next I
    For j = 1 To 26
        If a(j) > 0 Then Picture1.Print ""; Chr $ (j + 64); "="; a(j);
    Next j
End Sub
```

【例 6-6】 选择排序。随机产生的 15 个 10～99 范围内的整数，对这 15 个数按由小到大的顺序进行选择排序。

选择排序的方法是：将这一组整数放在 a(1)，a(2)，…，a(15)中，采用循环结构，第一趟在 a(1)至 a(15)中找出一个最小值，设它是 a(t)，则把 a(t)与 a(1)交换，使得 a(1)最小；第二趟在 a(2)至 a(15)找最小值 a(t)，把它与 a(2)交换；依此类推，直到从 a(14)和 a(15)之中找出最小值。

程序代码如下：

```
Option Explicit
```

```
Private Sub Command1 _ Click()
    Const n=15
    Dim a(1To n) As Interger
    Dim i As Interger,j As Interger ,t As Interger,min As Interger
    Randomize
    For i=1 To n
        a(n) = Int(90 * Rnd) + 10
    Next i
    For i=1 To n
        Print a(i);
    Next i
    Print
    For i=1 To n-1
        t=1
        For j=i+1 To n
            If a(j)<a(t) Then t=j
        Next j
        If t<>I Then
            Min=a(i)
            a(i)=a(t)
            a(t)=min
        End If
    Next i
    For i=1 To n
        Print a(i);
    Next i
End Sub
```

【例 6-7】 冒泡法排序。冒泡排序法与选择排序法不同的是每次仅作相邻元素的比较。假设对数组 a 按由小到大的顺序进行排序,则首先将 a(1)和 a(2)进行比较,如果 a(1)>a(2),则 a(1)与 a(2)交换,然后比较 a(2)和 a(3)。依次类推,直到 a(n-1)和 a(n)进行比较过为止。这样一个过程进行了一次冒泡排序,其结果使得最大值放在最后一个位置 a(n)上,而相对较小的值上升一个位置。然后进行第二次冒泡排序,对 a(1)至 a(n-1)进行同样操作,其结果使次大值放在 a(n-1)的位置上。经过 n-1 次这样的冒泡排序,就把一组无序的数据排成了由小到大的顺序了。

下面是随机产生的 15 个 10~99 范围内的整数,对这 15 个数按由小到大的顺序进行冒泡法排序。

程序代码如下:

```
Option Explicit
```

```
Private Sub Command1_Click()
    Const n=15
    Dim a(1 To n ) As Interger,work As Booklean
    Dim i As Interger ,j As Interger,x As Interger
    Randomize
     For i=1 To n
         a(i)=Int(90 * Rnd)+10
     Next i
     For i=1 To n
         Print a(i);
     Next i
     Print
     For i=n To 2 Step-1
         work=True
         For j=1 To i-1
         If a(j)>a(j+1) Then
             x=a(j)
             a(j)=a(j+1)
             a(j+1)=x
             work=False
         End If
         Next j
         If work Then Exit For
     Next i
     For i=1 To n
       Print a(i);
     Next i
End Sub
```

6.2.2　二维静态数组

如果说一维数组表示单个队列,二维数组就可以表示一个方阵了。例如:有 5 个学生的 3 门课程的成绩如表 6-2 所示。因为数据的表示是有行有列的,可以用二维数组表示以上的数据。

表 6-2　二维数组示例

姓名	数学	语文	英语
张小平	91	68	73
李扬	77	75	82
王祥	60	95	76
吴力建	52	58	74
李娜	80	75	92

1. 数组的声明

Dim 数组名(下标 1,下标 2)[AS 类型]

每一维的大小为:上界 - 下界 + 1;数组的大小为每一维大小的乘积。

2. 数组元素的赋值方法

常常采用双重循环的方法来对二维数组进行赋值。如果将上面表格中的成绩输入到二维数组中,则程序为:

```
Dim A(5,3)
For I=1 to 5
    For J=1 to 3
        A( I , J ) = InputBox("按行、列顺序逐个输入学生的成绩")
    Next J
Next I
```

3. 数组元素的输出

设计程序时,用双重循环将二维数组中的元素进行输出。当结果需要按行、列进行排列时,注意循环内两个 next 语句之间 print 语句的用法。

程序如下:

```
For I=1 to 5
 For J=1 to 3
   Print A( I , J ) ;
 Next J
 Print
 Next I
```

【例 6-8】 利用随机数生成两个 4×4 的矩阵(数据不一定相同,前者范围为 30~70,后者为 101~135)。要求:

(1)将两个矩阵相加结果放入 C 矩阵中。

(2)将 A 矩阵转置。

(3)求 C 矩阵中元素的最大值和下标。

(4)以下三角形式显示 A 矩阵,上三角形式显示 B 矩阵。

(5)将 A 矩阵第 1 行与第 3 行对应元素交换位置,即第 1 行元素放到第 3 行,第 3 行元素放到第 1 行。

(6)求 A 矩阵两条对角线元素之和。

(7)将 A 矩阵按列的次序把各元素放入一维数组 D 中,显示结果。

程序代码如下:

产生两个随机元素的数组。

```
Dim A(4, 4) As Integer, B(4, 4) As Integer, C(4, 4) As Integer
Dim A1(4, 4) As Integer
    For I = 1 To 4
        For J = 1 To 4
            A(I, J) = Int(Rnd * 41 + 30)
            B(I, J) = Int(Rnd * 35 + 101)
        Next J
    Next I
```

将两个矩阵相加结果放入C矩阵中。

```
For I = 1 To 4
    For J = 1 To 4
        C(I, J) = A(I, J) + B(I, J)
        Print C(I, J); " ";
    Next J
        Print
    Next I
```

将A矩阵转置。

```
For I = 1 To 4
    For J = 1 To 4
        A1(I, J) = A(J, I)
        Print A1(I, J); " ";
    Next J
    Print
Next I
```

求C矩阵中元素的最大值和下标。

```
MAX=0   MAXI=0
For I = 1 To 4
    For J = 1 To 4
        If C(I, J) > Max Then
            Max = C(I, J): MAXI = I: MAXJ = J
        End If
    Next J
Next I
Print "最大值为:"; Max, "最大值的下标为 I="; MAXI; " "; "J=";
```

以下三角形式显示A矩阵,上三角形式显示B矩阵。

```
For I = 1 To 4
    For J = 1 To I
        Print A(I, J); "  ";
    Next J
    Print
Next I
```

将A矩阵第1行与第3行对应元素交换位置,即第1行元素放到第3行,第3行元素放到第1行。

```
For I = 1 To 4
    For J = 1 To 5 - I
        Print B(I, J); "  ";
    Next J
    Print
Next I
```

求A矩阵两条对角线元素之和。

```
Sum=0
For I=1 To 4
    Sum=Sum+A(I,J)+A(I,5-I)
    Next I
    Print "Sum="; Sum
```

将A矩阵按列的次序把各元素放入一维数组D中,显示结果。

```
K=0
For I=1 To 4
    For J=1 To 4
        T=A(1,J) : A(1,j)=A(3,J) : A(3,J)=T
        K=0
    For I=1 To 4
    For J=1 To 2*I-1
        K=K+1
    Print Tab(11-I) ; M(K);
    Next J
    Print
```

```
        Next I
        Next J
    Next I
```

6.3 动态数组

在定义数组时，一般已经指定了上下界，这样数组大小就确定了。但是有时可能事先无法确认到底需要多大的数组，所以希望能够在运行时改变数组的大小，这就要用到动态数组。动态数组可以在任何时候改变大小。

在 VB 中，动态数组灵活、方便，有助于有效利用内存空间。例如，可短时间使用一个大数组，然后，在不使用这个数组时，将内存空间释放给系统。

6.3.1 动态数组的创建

创建动态数组的步骤如下：

(1)用 Public 语句(公用数组)、Dim 语句(模块级数组)、Static 语句或 Dim 语句(局部数组)在过程中声明数组，给数组赋以一个空维数表，例如：

```
Dim A() As Integer
```

这里，数组 A 就是一个动态数组了，可在后面使用 A 数组时根据实际需要确定 A 数组的大小。

(2)用 ReDim 语句分配实际数组元素的元素个数。格式为：

ReDim[Preserve]数组名(< 维数定义>)[As <类型>]

例如：上面定义了 A 数组后，若在某过程中有以下程序段：

```
Private Sub Form_load()
    …
    ReDim A(2,3)
End Sub
```

这里的 ReDim 语句给 A 数组分配一个 3＊4 的数组空间。

需要说明的是：

(1)由于 ReDim 语句是一个可执行语句，应用程序在运行时执行一个操作，所以，ReDim 语句只能出现在过程中，这里要注意它与 Dim 语句、Static 语句的不同。

(2)声明动态数组的时候并不指定数组的维数，数组的维数由第 1 次出现的 ReDim 语句指定，一经指定，后面的 ReDim 语句就不能再改变数组的维数了，但可以改变数组的上下界，即数组元素的个数。

(3)在 ReDim 语句中，可用变量设置动态数组的上下界。例如：

```
ReDim A(X, Y)
```

6.3.2 动态数组的使用

在建立了一个动态数组之后，就可以对数组中的元素进行各种操作了，例如：赋值、表达式运算、输入或输出等。

【例 6-9】 编程序输出杨辉三角形。

分析：所谓杨辉三角形，就是三角形中每行的第一列和斜边线上的元素均为 1，其余各项的值都是其上一行中前一列元素与上一行同一列元素之和。上一行同一列没有元素时则认为是 0。算法为：

$$A(i,j)=A(i-1,j-1)+A(i-1,j)$$

先建立一个用户界面，如图 6-5 所示，用以输入欲显示的杨辉三角形的行数，再根据上面的算法设计程序，以显示出对应的杨辉三角形，如图 6-6 所示。

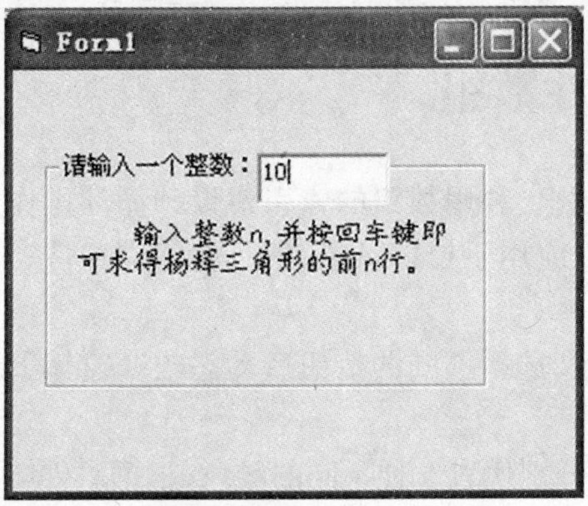

图 6-5

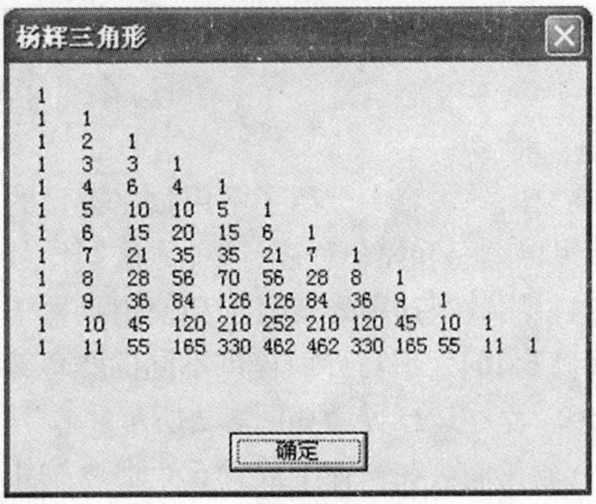

图 6-6 杨辉三角形

程序代码如下：

在模块的通用段声明一个动态数组。

```
Dim a( )
```

当在文本框确定要显示的杨辉三角形的行数后，按回车键进入下一段程序。

```
Private Sub Text1_KeyPress(KeyAscii As Integer)
Dim n As Integer
  If KeyAscii = 13 Then
    n = Val(Text1.Text)
    If n > 16 Then
      MsgBox "请不要超过 16"
      Exit Sub
    End If
    ReDim a(n, n)
    For i = 1 To n
        a(i, 1) = 1: a(i, i) = 1
    Next i
    p = Format(1, "! @@@@") & Chr(13)
    p = p & Format(1, "! @@@@") & Format(1, "! @@@@") & Chr(13)
    For i = 3 To n
        p = p & Format(a(i, 1), "! @@@@")
```

```
            For j = 2 To i - 1
                a(i, j) = a(i - 1, j - 1) + a(i - 1, j)
                p = p & Format(a(i, j), "! @@@@")
            Next j
            p = p & Format(a(i, i), "! @@@@") & Chr(13)
        Next i
        MsgBox p, 0, "杨辉三角形"
        End If
    End Sub
```

6.4　控件数组

在前面的内容中介绍了常用数据类型的数组，利用数组的索引值设计循环操作数组元素，可以缩短和简化程序，这种方法同样可以应用于控件对象，把具有相同控件类型的界面对象用数组这种形式表示和使用。

【例 6-10】　编写界面提供不同的颜色按钮，选中不同的按钮后动态改变窗体上的背景颜色。程序运行界面如图 6-7 所示。

一般我们会在窗体上放置 5 个命令按钮，分别代表 5 种不同的颜色，根据事件响应的原理需要编写 5 个 Click 事件过程，来分别响应用户的点击，事件过程中设置窗体的 BackColor属性就能改变背景颜色了。这 5 个事件过程除了颜色值之外，其他代码完全是重复的。如果使用控件数组，这里的代码就可以共享了，因为控件数组中的所有控件将共用一个事件过程。另外，在控件数组中添加控件比直接向窗体添加多个相同类型的控件消耗的资源少。

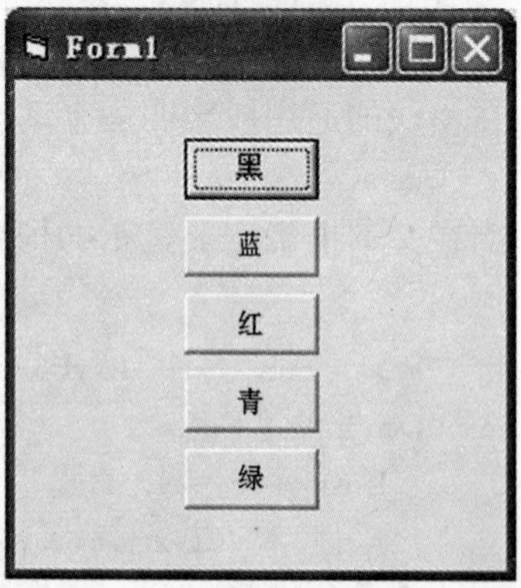

图 6-7　用命令按钮改变窗体颜色

6.4.1　控件数组的建立

常用的方法有两个。

1)复制、粘贴的方法

先在窗体上建立第一个控件，然后复制该控件，并根据相同控件需要的数量进行粘贴，形成由多个相同控件组成的控件数组。

当进行复制和粘贴时，系统会提示："已有了命名的控件，是否要建立控件数组?"，此时选择"Yes"即可。

例如图 6-7 中在窗体上建立 5 个命令按钮，当建立好第 1 个命令按钮后(名字为 Command1)，再进行复制、粘贴的操作时，VB 会提示如图 6-8 所示的内容。

虽然用复制、粘贴的方法让这些控件的外观相同，而且多数控件的属性值也相同，但每个控件仍然是独立的对象，可以任意改变其属性值。与普通数组元素相似，控件数组中的所有控件对象具有相同的名称和不同的 Index 属性。

上面的例子中，如果第一个命令按钮(黑色)的名称为 Command1，则其他 4 个命令按

图 6-8　提示创建控件数组对话框

钮的名称都为Command1，只不过它们的BackColor、Caption和Index属性各不相同，这样一个控件数组将给程序设计带来方便。

表 6-3 是控件数组中每个控件的属性设置。

表 6-3　控件数组中每个控件的属性设置

控件名	下标(Index)	标题(Caption)	颜色(BackColor)
Command1	0	黑	黑
Command1	1	蓝	蓝
Command1	2	红	红
Command1	3	青	青
Command1	4	绿	绿

2)取相同的名字的方法

这种方法的前提是欲组成数组的这些控件应为同一种类型。

首先，画出数组中要添加的控件，并且决定哪一个控件作为数组中的第一个元素，选定该控件，并且将 Name 属性设置成数组名称。然后，在为数组中的其他控件输入相同名称时，VB 将显示一个对话框，要求确认是否要创建控件数组，此时选择“是”，确认操作。

例如，若控件数组中第 1 个元素是一个文本框，名字为 Text1，则选择另一个文本框将其添加到数组中，并将其名称也设置为 Text1，此时将显示这样一段信息：“已经有一个控件为‘Text1’。创建一个控件数组吗？”，选择“是”，确认操作如图 6-9 所示。用这种方法添加的控件仅仅共享 Name 属性和控件类型，其他属性与最初画出控件时的值相同。

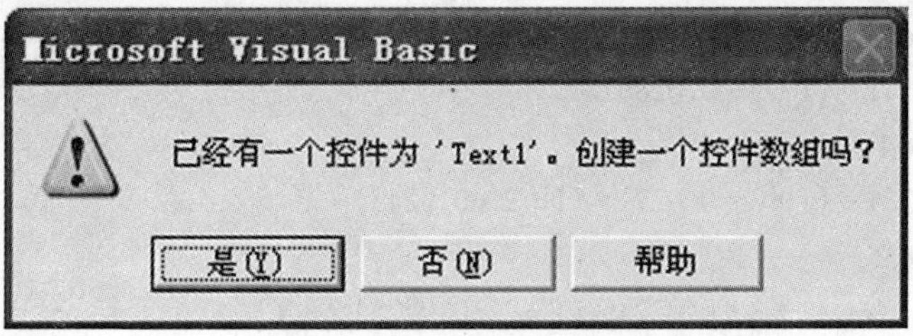

图 6-9　创建文本框控件数组

6.4.2　控件数组的使用

控件数组元素的使用也与普通数组元素一样，通过：

控件数组名(索引值)

来指定每个控件数组元素,然后,根据需要进行相应的程序设计。

例如:将下标值为 4 的控件数组元素的 Caption 属性值设置为“红”的语句如下:

```
Command1(4).Caption="红"
```

将控件数组中所有数组元素的 Caption 属性值设置为“红”的程序如下:

```
For I=0 to 4
    Command1(I).Caption="红"
Next I
```

6.4.3 程序设计举例

【例 6-11】 设银行定期存款年利率为:1 年期 2.25%,2 年期 2.43%,3 年期 2.70%,5 年期 2.88%(不计复利)。今有本金 a 元,5 年以后使用,共有以下 6 种存法:

存一次 5 年期;

存一次 3 年期,一次 2 年期;

存一次 3 年期,两次 1 年期;

存两次 2 年期,一次 1 年期;

存一次 2 年期,三次 1 年期;

存五次 1 年期。

分别计算各种存法 5 年后到期时的本息合计。

分析:设 x1、x2、x3、x5 分别表示 1 年、2 年、3 年、5 年定期储蓄的利息,a 表示本金,则定期的本息计算公式分别为(1+x1)a、(1+2x2)a、(1+3x3)a、(1+5x5)a。

设计的界面如图 6-10 所示。

程序代码为:

```
Private Sub Option1_Click(Index As Integer)
    a=Val(Text1.Text)
    n=Index
    Select Case n
      Case 0
            x=(1+5*0.0288)*a
      Case 1
            x=(1+3*0.027)*(1+2*0.0243)*a
      Case 2
            x=(1+3*0.027)*(1+2*0.0225)^2*a
      Case 3
            x=(1+2*0.0243)^2*(1+0.0225)*a
      Case 4
            x=(1+2*0.0243)*(1+0.0225)^3*a
      Case 5
      x=(1+0.0225)^5*a
```

```
        End select
        Text2.Text=Format(x,"#######0.0#")
        Text1.Setfocus
        Text1.Selstart=0
        Text1.Sellength=Len(text1.text)
End Sub
```

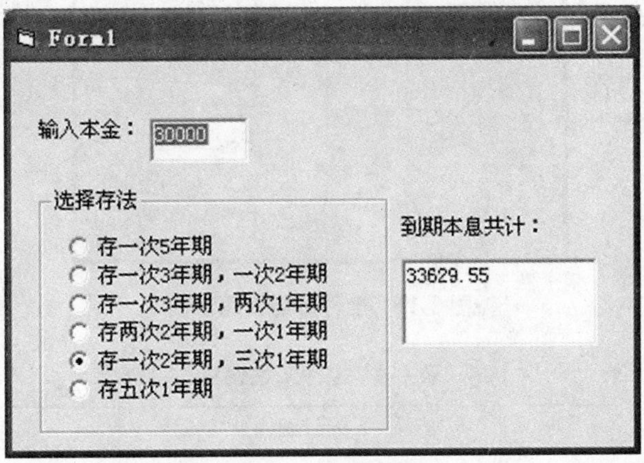

图 6-10　利率计算示例

【例 6-12】 建立含有 4 个命令按钮的控件数组，当单击某个命令按钮，分别显示不同的图形或结束操作。

本例中有 4 个命令和 1 个图形框，运行界面如图 6-11 所示。有关设置见表 6-4。

程序如下：

```
Private Sub Command1_Click(Index As Integer)
    Picture1.Cls
    Picture1.FillStyle = 6
    Select Case Index
    Case 0
        Picture1.Print "画直线"
        Picture1.Line (2, 2)-(7, 7)
    Case 1
        Picture1.Print "画矩形"
        Picture1.Line (2, 2)-(7, 7), , BF
    Case 2
        Picture1.Print "画圆"
        Picture1.Circle (4.5, 4.5), 3.5, , , , 1.4      '长椭圆
    Case Else
        End
    End Select
End Sub
Private Sub Form_Load()
```

```
    Picture1.Scale (0, 0)-(10, 10)
End Sub
```

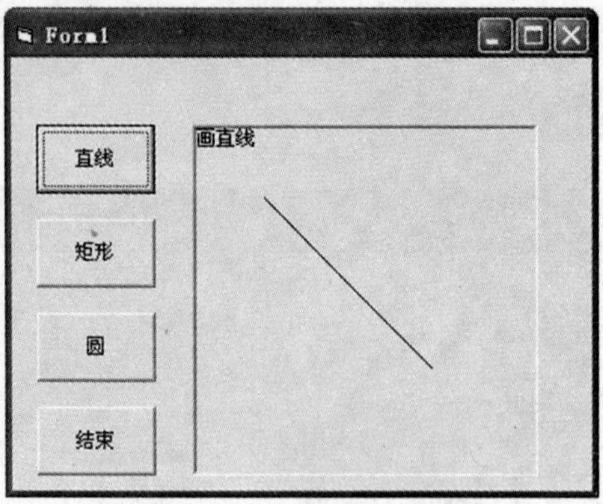

图 6-11　控件数组使用示例

表 6-4　控件属性设置

默认控件名	下标(Index)	标题(Caption)
Commandl	0	直线
Commandl	1	矩形
Commandl	2	圆
Commandl	3	结束
Picturel	空白	—

本章小结

本章详细介绍了数组及其定义、使用方式。数组是一组相同类型的变量的集合，在程序中可以用一个数组名代表逻辑上相关的一组数据。在 VB 中有两种类型的数组：固定大小的静态数组以及在运行时大小可变的动态数组，有时也称这两种数组为定长数组和可变长数组。数组必须先声明后使用。数组在声明时指出了名称、可存放的元素个数和元素序号的上下界。书中还介绍了控件数组。每个控件是一个独立的对象，多个相同类型的控件可以组成一个控件数组，它们共享一个名称和事件过程，使用索引值来区分每个元素。

习题 6

6.1　选择题

1. 请问 Dim X(0 to 4,4 to 5)，数组 X 中可以存放多少个元素(　　)。

　(A)6　　(B)8　　(C)10　　(D)20

2. 下面哪一个语句声明的数组是动态数组(　　)。

(A)Dim X()　　(B)Dim X(5)　　(C)Dim X(10)　　(D)以上都不是

3. 以下程序输出的结果是(　　)。

```
Dim a
A=array(1,2,3,4,5,6,7)
For i=Lbound(a) To Ubound(a)
    a(i)=a(i) * a(i)
Next i
Print a(i)
```

(A)49　　(B)0　　(C)不确定　　(D)程序出错

4. 若有数组说明语句为 Dim a(-3 To 8),则数组 a 包含元素的个数是(　　)。

(A)5　　(B)8　　(C)11　　(D)12

5. 下列数组说明语句中正确的是(　　)。

(A)Dim a(-1 To 5.8)AS String

(B)Dim a(n,n)AS Integer

(C)Dim a(0 To 8.5 To-1)AS Single

(D)Dim a(10,-10)AS Double

6. 有数组说明语句 Dim c(-1 To 2,1 To 5),则下列表示数组 c 的元素选项中正确的是(　　)。

(A)c(i+j)　　(B)c(i)(j)　　(C)c(i+1,j-1)　　(D)c(1,0)

7. 有数组说明语句 Dim t(1 To 10)AS Variant,则 t 被定义为(　　)。

(A)数值数组　　(B)可调数组　　(C)字符串数组　　(D)可变类型数组

6.2　问答题

1. 使用控件数组有什么好处?

2. 静态数组和动态数组的区别是什么? 在声明静态数组、重定义动态数组时的下标都可以用变量来表示吗?

3. 使用 ReDim 语句可以改变数组类型吗?

4. 已声明了静态数组 a(3,4),能否在下面再用重定义动态数组 a(4,4)来重定义 A 数组的大小?

6.3　编程题

1. 让用户输入 5 个数字,然后按照大小顺序输出。

2. 声明一个有 20 个元素的一维字符类型数组,要求:

(1)由随机数形成的小写字母构成的数组,每个元素的字符个数由随机数产生,范围 1~11。

(2)要求将生成的数组分四行显示。

(3)显示生成的字符数组中字符最多的元素。

3.编一程序,先将 10 位评委对 10 位参赛歌手的评分(10 分制)存入一个二维实型数组 score(i,j)中,(其中 i 代表歌手,j 代表评委),对每一位歌手,分别去掉他的一个最高分和一个最低分,计算并输出其余 8 个分数的平均值。

4.随机产生 10 个 1～100 的正整数放入数组,显示产生的数,求最大值、最小值及平均值。

实验 6

【实验目的】

(1)掌握数组的声明、数组元素的引用。

(2)掌握静态数组和动态数组的使用差别。

(3)掌握常用的与数组有关的算法。

【实验内容】

实验 6.1　编一程序,使用随机函数产生 10 个互不相同的两位整数,存放到一维数组中,并且输出该数组,然后求这数组中的最大值及最大值在数组中的位置。

实验 6.2　把 20 个整数数据存放到数组 a 中,找出 a 中出现频率最高的元素值及出现的次数。例如,若把 1,5,4,3,5,8,5 和 3 存放到数组 a 中,则出现频率最高的元素值是 5,出现的次数是 3。

实验 6.3　给定两组按升序排列好的整型数据,编写一个程序,把它们合并为一组仍按升序排列的数据。

实验 6.4　从键盘上输入一个正整数,判断它是否为回文数,所谓回文数,是指正读和反读都一样的数。例如,123321 是回文数。

实验 6.5　编写一程序,把一个 m 行 n 列矩阵中的元素存放到一个一维数组中,并求出该数组的平均值、最大值和最小值。

实验 6.6　某城市三个百货公司某个季度销售电视机的情况和价格如表 6-5、表 6-6 所示,求百货公司的电视机营业额。

表 6-5　电视机的销售情况　　(单位:台)

公司	康佳	TCL	长虹
第一百货店	300	250	150
第二百货店	200	240	200
第三百货店	280	210	180

表 6-6　电视机的价格　　（单位:元）

品牌	价格
康佳	3500
TCL	3300
长虹	3800

第 7 章 过 程

前面几章程序中通常使用系统提供的内部函数和事件过程完成特定的计算或处理。在实际编程过程中，一个程序往往比较复杂，需要将其分成若干个相对独立的部分，每个部分用一个功能模块实现，即编写成一个独立的子程序。使用模块化程序设计，既可以提高程序的可读性、可维护性，同时能大大提高程序代码的利用率，使得在程序设计时，那些反复用到的某个功能也不需重复书写。

在 VB 中，把子程序称为“过程”，整个应用程序就由若干个过程所组成。在 VB 中，过程分为事件过程和通用过程两大类。当用户或系统在某对象上触发某种事件时，会引发执行对象的某事件过程，它是 VB 应用程序的主体。有时，多个不同的事件过程可能需要使用同一段程序代码，为此，可将这段代码独立出来，编写为一个公用的过程，这种过程通常称为通用过程，它独立于事件过程之外，可供其他事件过程调用。在 VB 中，根据过程是否有返回值，把通用过程分为子过程和函数过程。函数过程有返回值，子过程无返回值。本章将详细介绍函数过程和子过程的定义格式和调用方法。

7.1 子过程

子过程是指能完成特定的数据处理功能并无返回值的一段程序代码，它必须通过调用才能运行。例如：swap 子过程可以实现交换任意两个整型数的功能，代码如下：

```
Public Sub swap(x As Integer, y As Integer)
  Dim t
  t = x
  x = y
  y = t
End Sub
```

在 form1 窗体的 Click()事件中调用，其代码如下：

```
Private Sub Form_Click()
  Dim a As Integer, b As Integer
  a = InputBox("输入 A 的值")
  b = InputBox("输入 B 的值")
  swap a, b
  Print "A=", a, "B=", b
End Sub
```

下面从子过程的定义、调用两个方面来介绍与子过程有关的基本概念。

7.1.1　子过程定义

在 VB 中,子过程的定义格式为:

```
Public|Private Sub 过程名([参数 1 As 数据类型 1,参数 2 As 数据类型 2,…])
语句块 1
[Exit Sub]
[语句块 2]
End Sub
```

定义格式说明:

(1)Public|Private 关键字用于定义子过程的作用域范围,二者任选其一。Public 用于定义全局子过程,Private 用于定义仅提供模块内部使用的子过程。

(2)子过程若需要接收参数,则可在子过程名后的括号中定义接收参数的变量及变量的数据类型。

(3)Exit Sub 为退出子过程语句。

(4)子过程名的长度不得超过 40 个字符。在同一个模块中,同一名称不能既作子过程名又作函数过程名。

(5)在子过程内,不能再定义其他子过程,但可以调用其他子过程或函数过程。

在 VB 中如何按照定义格式建立一个具体的子过程呢? 下面用一个具体的子过程为例,来说明子过程的建立方法。

【例 7-1】　建立一个交换任意两个整型数的子过程 swap。

在 VB 中,建立子过程的具体方法为:

(1)VB"工程"菜单中选择"添加模块",向工程添加一模块(Module1)。若工程已有模块,则省略该步,直接进行第 2 步。

(2)在工程资源管理器中双击模块(Module1),打开该模块的代码书写窗口。

(3)在 VB"工具"菜单中选择"添加过程",打开添加过程的对话框,如图 7-1 所示。然后在对话框的名称框中输入过程名(如:swap),最后单击"确定"按钮,此时,系统就会自动在模块窗口中生成该过程的框架。

(4)在子过程名后的括号中输入接受参数的变量名及数据类型说明。如本例的 x As Integer, y As Integer。

(5)编写实现相应功能的代码, 如图 7-2 所示。代码编写完毕,该通用过程就定义好了。

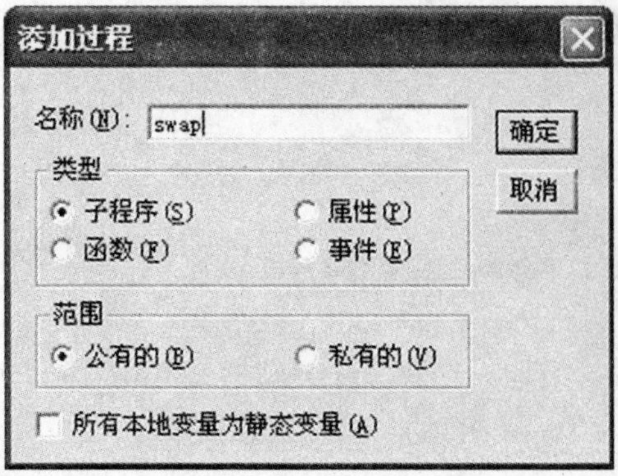

图 7-1　添加过程对话框

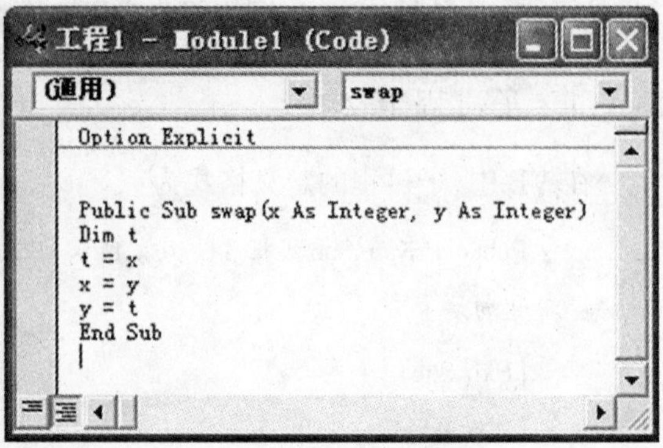

图 7-2　swap 子过程的定义

7.1.2　子过程调用

调用一个已定义好的子过程有两种方法，分别是：

调用方法 1：

Call 子过程名([参数 1,参数 2,…])

调用方法 2：

子过程名 [参数 1,参数 2,…]

说明：当用 Call 语句调用执行子过程时，其子过程名后必须加括号，若有参数，则参数必须放在括号之内。若以省掉 Call 的方式来调用子过程，则子过程名后不能加括号，若有参数，则参数直接跟在子过程名之后，参数与子过程名之间用空格隔开，参数与参数之间用逗号分隔。

【例 7-2】 编写一个应用程序产生 100～200 之间的随机整数，统计所有"素数"、"水仙花数"。

创建一个窗体，在窗体中建立三个文本框（Text1、Text2、Text3）和三个命令按钮（Command1 、Command2、Command3），如图 7-3 所示。

Command1 的单击事件中调用生成 100～200 之间的随机整数，并输出到文本框 Text1 中；Command2 的单击事件中调用了 count1()子过程，输出"素数"的各数到文本框 Text2 中；Command3 的单击事件调用了 count2()，输出"水仙花数"各数到文本框 Text3 中。应用程序代码如下：

```
'通用
Dim a(100) As Integer
Option Explicit
'程序代码
Private Sub Command1 _ Click()
 Dim i As Integer
 Text3.Text = ""
  For i = 1 To 100
 a(i) = Int(Rnd * 101) + 100
```

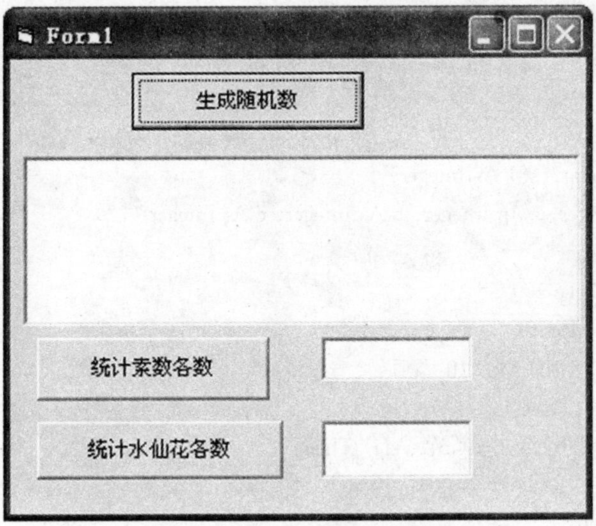

图 7-3　Form1 窗体设计

```
    Text3.Text = Text3.Text + Str(a(i))
  Next i
 End Sub

Public Sub count1(b() As Integer)
Dim i As Integer, j As Integer, s As Integer, flag As Boolean
Dim t As Integer
  i = 1
  For i = 1 To 100
  s = b(i)
    j = 2
    flag = True
    While j < s And flag = True
    If s Mod j = 0 Then
    flag = False
    Else
    j = j + 1
    End If
    Wend
    If flag = True Then
      t = t + 1
      End If
      Next i
      Text1.Text = Str(t)
  End Sub
```

```
Private Sub Command2_Click()
Call count1(a)
End Sub

Public Sub count2(s() As Integer)
Dim i As Integer, a As Integer, b As Integer, c As Integer
Dim t As Integer
   For i = 1 To 100
   a = s(i) Mod 10
   b = (s(i) \ 10) Mod 10
   c = s(i) \ 100
    If a ^ 3 + b ^ 3 + c ^ 3 = s(i) Then
     t = t + 1
     End If
     Next i
    Text2.Text = Str(t)
End Sub

Private Sub Command3_Click()
count2 a
End Sub
```

说明:子过程也可以在“工程 1”代码窗口中,通过“工具” 菜单下“添加过程”命令创建子程序。

7.2 函数过程

函数过程是指具有计算功能并有返回值的一段程序代码,一般将系统函数中没有的、又具有特殊意义的计算定义为函数过程来实现。下面从函数过程的定义、调用两个方面来讲述函数过程的基本概念。

7.2.1 函数过程的定义

函数过程的定义格式与子过程的相类似,其格式为:

```
Public | Private Function 函数过程名 ([ 变量名 1 As 数据类型, 变量名 2 As 数据类型,…])
[As 数据类型 ]
   [语句块 1]
   [Exit Function]
   [语句块 2]
   函数过程名=返回值
   End Function
```

过程说明：

(1)关键字 Public | Private 的作用与子过程相同。

(2)最后的 As 数据类型用于定义函数返回值的数据类型，可以是 Integer、Long、Single、Double、Currency、String 或 Boolean，若缺省，则为 Variant 变体。

(3)Exit Function 为退出函数过程的语句。

(4)函数过程的返回值通过赋给过程名变量来返回。若未给过程名变量赋值，则返回一个缺省值，对于数值型函数过程返回 0，字符型函数过程返回零长度的字符串。一旦定义了函数过程，以后就可像使用 VB 内部函数一样来使用这些函数过程。

【例 7-3】 创建一个用于计算整数 1～n 之间所有 5 的倍数之和的函数过程，n 的大小在调用函数时指定。为此，编写一个以 n 为参数的函数过程 Gsum()，代码如下：

```
Private Function Gsum ( n As Integer) As Integer
  Dim s As Integer
  s = 0
  For i = 1 To n
    If i Mod 5 = 0 Then s = s + i
  Next i
  Gsum = s
End Function
```

在窗体的 Click 事件过程中调用自定义的函数，代码如下：

```
Private Sub Form_Click( )
  Dim r As Integer
  r = Gsum (100)
  Print r
End Sub
```

可见，在 Form_Click 过程中调用了函数 Gsum 来计算从 1～100 的累加值。通过使用不同的参数来调用函数 Gsum，就可以求得从 1 到任意整数 n 之间 5 的倍数之和。

7.2.2　函数过程的调用

函数过程的调用比较简单，可以像使用 VB 内部函数一样来调用函数过程，其调用格式为：

变量名＝函数过程名(参数列表)

【例 7-4】 编程计算三角形面积应用程序。

分析：VB 系统函数中没有提供计算三角形面积的标准函数，必须子定义一个函数过程，其函数过程名为 area(a,b,c)，其中的形参 a,b,c 表示三角形的三条边长。程序如下：

```
Public Function area(a As Double, b As Double, c As Double) As Double
  Dim p As Single
  p = (a + b + c) /2
  area = Sqr((p - a) * (p - b) * (p - c) * p)
End Function
```

下面介绍应用程序是如何调用函数过程的。

(1)新建一个工程,在窗体上添加四个文本框、四个标签和一个命令按钮并设置有关对象属性,如图 7-4 所示。

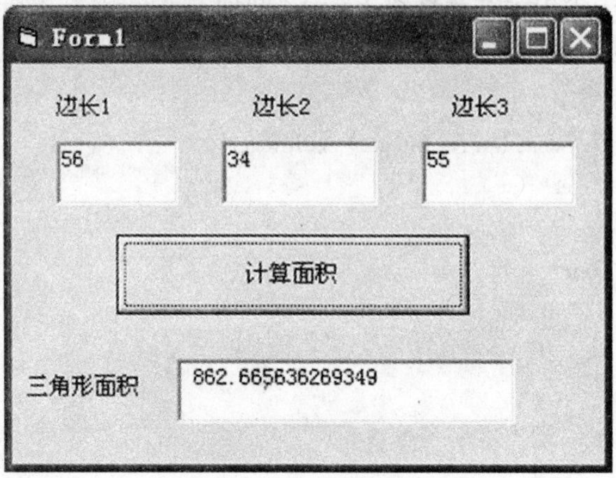

图 7-4　Form1 窗体设计

(2)把 area 函数过程代码输入到窗体代码窗口中。

(3)编写命令按钮 1 的单击事件过程。

```
Private Sub Command1 _ Click()
  Dim x As Double, y As Double, z As Double, areamAs Double
  x = Val(Text1.Text)
  y = Val(Text2.Text)
  z = Val(Text3.Text)
  If x + y > z And y + z > x And z + x > y Then
    aream = area(x, y, z)
    Text4.Text = Str(aream)
  Else
    MsgBox "您输入的数据不能构成三角形!"
  End If
End Sub
```

程序运行时,首先输入三角形三条边的边长,点击"计算"按钮,如果输入的数据可以构成三角形,程序就调用自定义的函数计算三角形面积,并将结果显示出来;如果数据有误,程序会给出如图 7-5 所示的提示。

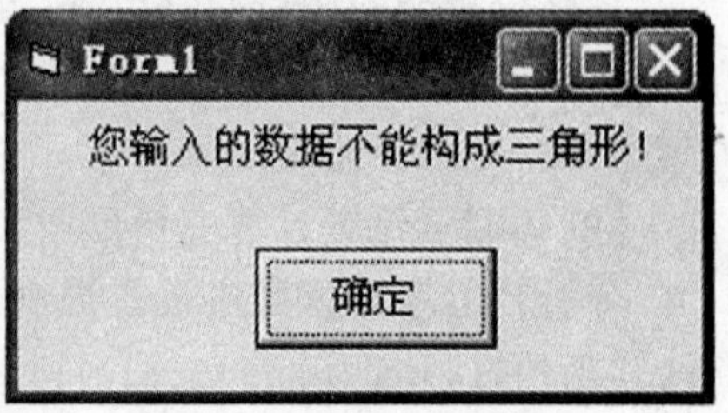

图 7-5　程序运行结果

7.3　参数传递

调用过程时可以把数据传递给被调用的过程，也可以把过程中的数据传递回来。在调用过程中，要考虑调用过程和被调用过程之间的数据是怎样传递的。通常在编写一个过程时，要考虑它需要输入哪些量，进行处理后又输出哪些量。正确地提供一个过程的输入数据和正确地引用其输出数据，是使用过程的关键。

7.3.1　形式参数与实际参数

形式参数简称形参，是指在定义子过程或函数过程时，出现在子过程名或函数名括号中的变量名，是接收数据的变量。

实际参数简称实参，是指在调用子过程或函数过程时，传递给子过程或函数过程的常量、变量或表达式。

形参与实参的对应关系是：在定义过程时，形参为实参预留位置；在调用过程时，实参的值被一一插入到对应的形参位置上。第一个形参接收第一个实参的值，第二个形参接收第二个实参的值……

＜实参表＞和＜形参表＞中的对应变量名不必相同，但是变量的个数必须相等，而且各实参的书写顺序必须与相应的形参顺序一致，类型相符。所谓类型相符，对于变量参数就是类型相同，对于值参数则要求实参对形参赋值相容。

在调用一个子过程或函数过程时，必须完成形参与实参相结合，即把实参传递给形参，然后按实参执行调用的过程。

7.3.2　值传递与地址传递

在调用过程时，参数的传递有两种：按地址传递和按值传递，其中按地址传递的方式是默认方式。两种方法的区分标志是在定义过程时是否使用了关键字“ByVal”，形参前加了“ByVal”关键字时是按值传递，否则是按地址传递。

按地址传递参数，就是让过程根据变量的内存地址去访问实际变量的内容，即形参与实际参数使用相同的内存地址单元，这样通过子过程就可以改变变量本身的值。在按地址传递值时，实参必须是变量，常量或表达式无法按地址传递。

按值传递参数时，系统将实参的值复制给形参后，实参与形参分别使用不同的内存。被调过程中的变量在过程调用时有效，当过程调用结束时，这些形参所占用的存储单元也同时被释放，因此在过程中对形参的任何操作都不会影响到实参。

【例 7-5】　编写两个函数过程 Swap1、Swap2，分别按传值和传址方式交换两个数。运行程序，观察它们的区别。

程序设计步骤：

(1)新建一个工程，在窗体上添加两个命令按钮并设置有关对象属性，如图 7-6 所示，运行结果如图 7-7 所示。

(2)编写两个过程 Swap1 和 Swap2。

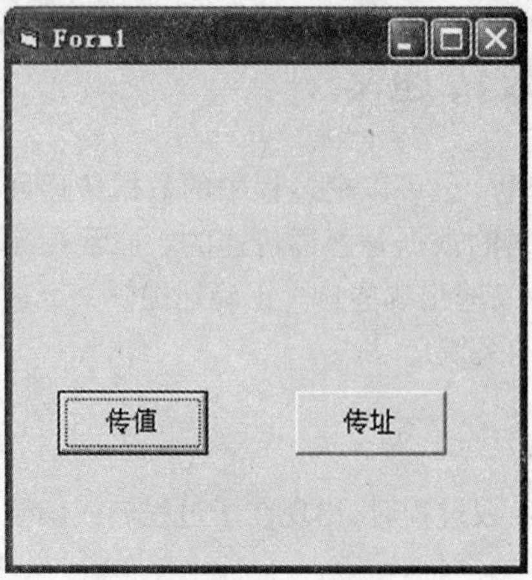

图 7-6　界面设计

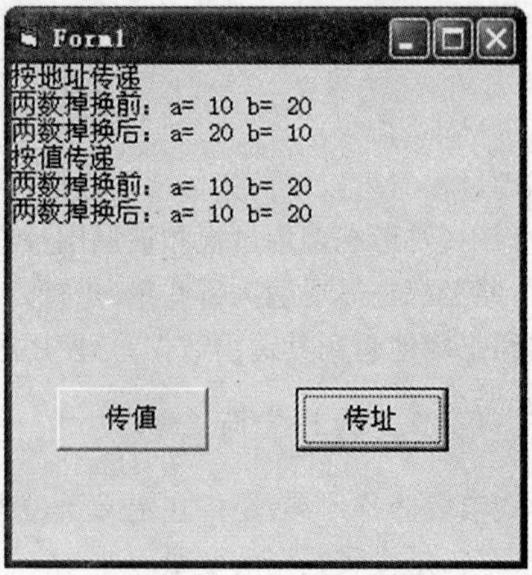

图 7-7　运行结果

```
Sub Swap1(x As Integer, y As Integer)
  Dim t As Integer
  t = x: x = y: y = t
End Sub
Sub Swap2(ByVal x As Integer, ByVal y As Integer)
  Dim t As Integer
  t = x: x = y: y = t
End Sub
```

(3)编写两个命令按钮单击事件过程。

```
Private Sub Command1_Click()
    Print "按地址传递"
    Dim a As Integer, b As Integer
    a = 10: b = 20
    Print "两数掉换前:a="; a; "b="; b
    Swap1 a, b
    Print "两数掉换后:a="; a; "b="; b
End Sub
Private Sub Command2_Click()
  Print "按值传递"
  Dim a As Integer, b As Integer
  a = 10: b = 20
  Print "两数掉换前:a="; a; "b="; b
  Swap2 a, b
  Print "两数掉换后:a="; a; "b="; b
End Sub
```

程序运行时,分别点击两个命令按钮,得到的结果如图 7-7 所示。我们可以看到按值传递参数的过程 Swap2 不能掉换两个变量的数值。这可以通过下面的参数传递示意图看出两者的区别:按地址传递参数时,实参与形参实际上使用相同的存储单元,过程中对形参的任何操作实际上就是对实参的操作,因此在调用过程 Swap1 后,实参的数据发生了变化(见图 7-8);而按值传递参数时,实参与形参使用不同的存储单元,系统将实参的值复制给形参后,实参与形参就断开了联系,因此过程中对形参的任何操作不会影响到实参。这是在调用过程 Swap2 后,实参的数据并没有发生变化的原因(见图 7-9)。

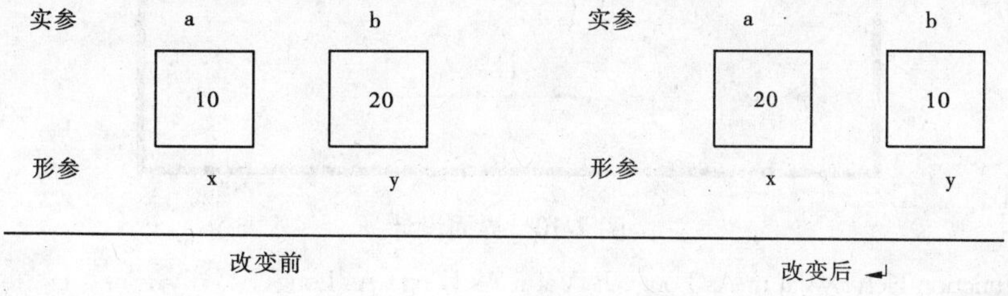

图 7-8　按地址传递参数示意图

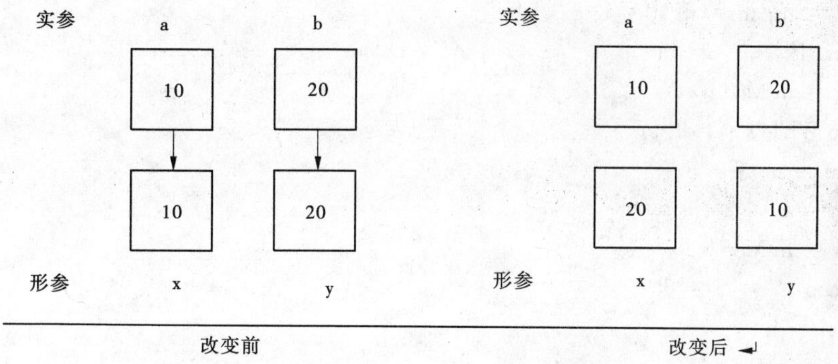

图 7-9　按值传递参数示意图

【例 7-6】　编写程序,求任意两个正整数的最大公约数和最小公倍数。

分析:求最大公约数可以使用"辗转相除法",其步骤是:

(1)以大数 m 作为被除数,小数 n 作为除数,相除后余数为 r。

(2)若 r 不为零,则 m←n,n←r,继续相除得到新的 r。若 r 仍不为零,则重复此过程,直到 r=0。

(3)最后的 n 就是最大公约数。

$$最小公倍数=\frac{n\times m}{最大公约数}$$

程序设计步骤:

(1)新建一个工程,在窗体上添加两个命令按钮并设置有关对象属性,如图 7-10 所示。

(2)根据上述算法编写如下求最大公约数的函数过程。

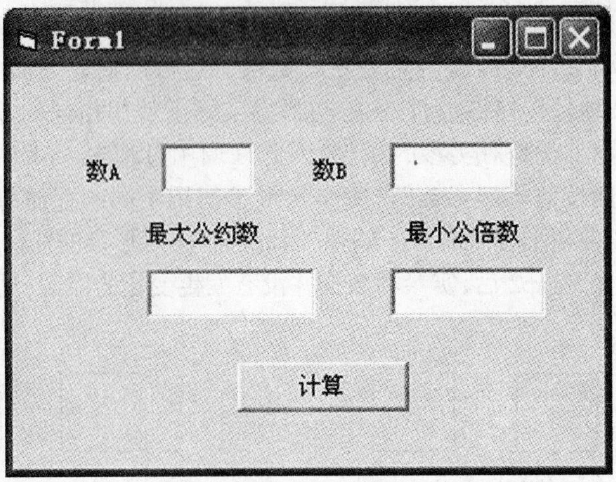

图 7-10 界面设计

```
Function Hef(ByVal m As Long, ByVal n As Long) As Long
 Dim r As Long, t As Long
 If m < n Then
  t = m: m = n: n = t
 End If
  r = m Mod n
 Do While r <> 0
  m = n
  n = r
  r = m Mod n
 Loop
 Hef = n
End Function
```

(3)编写命令按钮单击事件过程。

```
Private Sub Command1_Click()
  Dim a As Long, b As Long
  Dim c As Long, d As Long
  a = Val(Text1.Text)
  b = Val(Text2.Text)
  c = Hef(a, b)            '调用函数过程求最大公约数
  Text3.Text = Str(c)
  d = a * b /c             '计算最小公倍数
  Text4.Text = Str(d)
End Sub
```

程序运行时,在上面的两个文本框中输入两个整数,点击“计算”命令按钮,得到的结

果如图 7-11 所示。请注意,本例使用了按值传递参数的方法。如果使用按地址传递参数方法定义函数,在计算最小公倍数时,就得不到正确的结果,请读者分析一下这其中的原因。

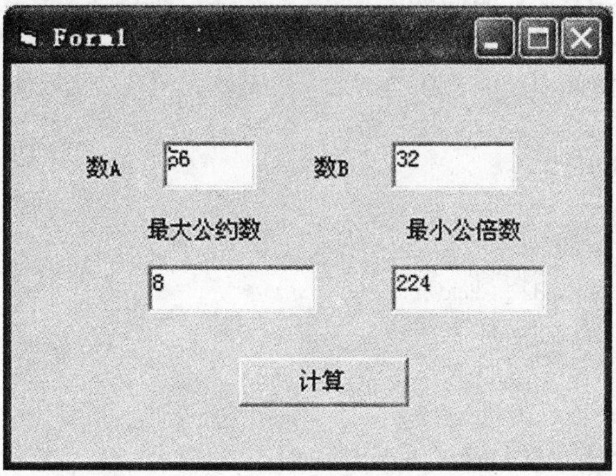

图 7-11 运行结果

7.3.3 传递数组

在使用子过程和函数过程时,可以将数组或数组元素作为参数进行传递。传递整个数组时,在实际参数与其所对应的形式参数必须写上所要传递的数组的名称和一对圆括号。在子程序中不可再用 DIM 语句来定义所要传递的数组。

【例 7-7】 用选择法编写实现对任意一组整型数进行排序的子过程。

程序界面设计如图 7-12 所示。

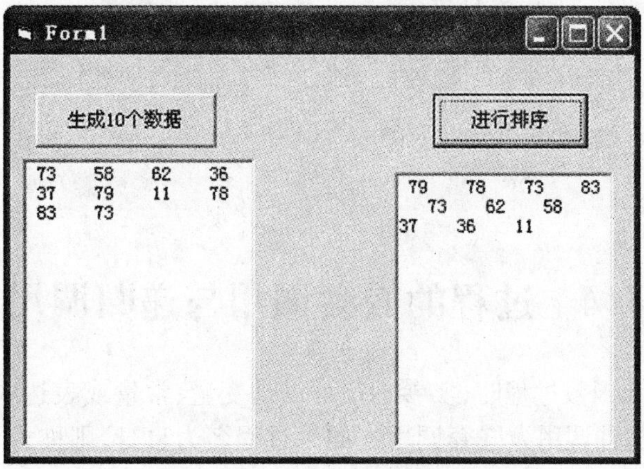

图 7-12 Form1 窗体设计

```
'通用
Dim a(10) As Integer
Option Explicit
'程序设计
Private Sub Command1_Click()
```

```
    Dim i As Integer
    Text1.Text = ""
    For i = 1 To 10
      a(i) = Int(Rnd * 90) + 10
    Next i
    For i = 1 To 10
      Text1.Text = Text1.Text + Str(a(i)) + "  "
    Next i
End Sub

Private Sub Command2_Click()
    sort a, 10
End Sub

Public Sub sort(b() As Integer, n As Integer)
    Dim i As Integer, j As Integer, k As Integer, t As Integer
    Text2.Text = ""
    For i = 1 To n
        k = i
        For j = i + 1 To n
          If b(k) <= b(j) Then k = j
          t = b(i)
          b(i) = b(k)
          b(k) = t
        Next j
    Next i
For i = 1 To n
    Text2.Text = Text2.Text + Str(a(i)) + "  "
Next i
End Sub
```

7.4 过程的嵌套调用与递归调用

在调用子过程和函数过程时,实参不仅可以是变量、常量或表达式,还可以是其他过程名。在 VB 中称这种调用为嵌套调用。如果过程名为自身,则称为递归调用。下面分别介绍过程的嵌套调用和递归调用方法。

7.4.1 过程的嵌套调用

过程在定义时可以调用已定义过的子过程或函数过程,共同完成计算或数据处理功能。

【例 7-8】 利用过程嵌套调用方法求解一元二次方程式的根。

程序界面设计如图 7-13 所示。

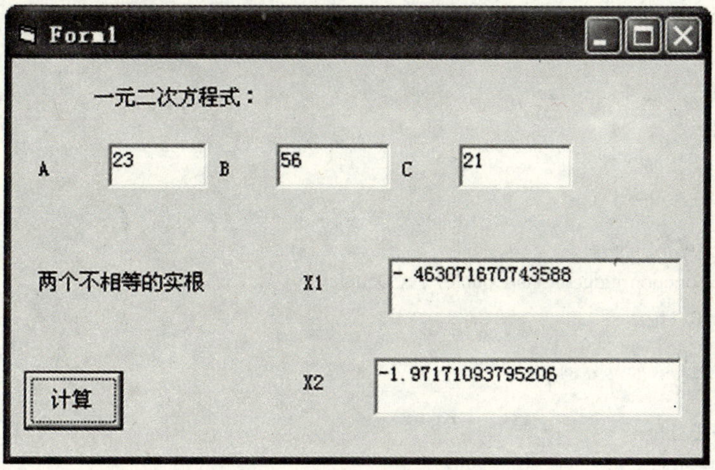

图 7-13　Form1 窗体设计

```
'计算按钮代码
Private Sub Command1_Click()
 Dim a As Double, b As Double, c As Double
 a = Val(Text1.Text)
 b = Val(Text2.Text)
 c = Val(Text3.Text)
 Call root(a, b, c)
 End Sub

'计算方程式根子过程
Public Sub root(a As Double, b As Double, c As Double)
Dim dis As Double
If a = 0 Then
MsgBox "不是一元二次方程式,无解"
Else
 dis = b * b - 4 * a * c
  If just(dis) = 0 Then
 Text4.Text = Str(-b /(2 * a))
 Text5.Text = Str(-b /(2 * a))
 Label1.Caption = "两个相等的实根"
 End If
 If just(dis) > 0 Then
 Text4.Text = Str((-b + Sqr(dis)) /(2 * a))
 Text5.Text = Str((-b - Sqr(dis)) /(2 * a))
 Label1.Caption = "两个不相等的实根"
 End If
 If judge (dis) < 0 Then
```

```
    Text4.Text = Str(-b /(2 * a)) + "+I" + Str(Sqr(-dis) /(2 * a))
    Text5.Text = Str(-b /(2 * a)) + "-I" + Str(Sqr(-dis) /(2 * a))
    Label1.Caption = "两个不相等的虚根"
    End If
    End If
End Sub

'判别式函数过程
Public Function judge(x As Double) As Double
If x = 0 Then
judge = 0
Else
If x > 0 Then
judge = 1
Else
judge = -1
End If
End If
End Function
```

程序说明:在定义计算 root 子过程时调用了 judge 函数过程实现判别式的计算。

7.4.2 过程的递归调用

递归过程是指过程在定义时过程体内又调用过程本身,这样的过程称为递归过程。例如,在数学公式中,求 n! 阶成公式可以描述为递归过程:

$$n! = 1 \qquad n=1 \text{ 时}$$

$$n! = n(n-1)! \qquad n>1 \text{ 时}$$

利用这种特性可以分别编写求 n! 的函数过程。

【例 7-9】 利用递归过程特性编写求 n! 的递归函数过程。

```
Public Function func2(n As Integer) As Double
  If n = 1 Then
    func2 = 1
  Else
    func2 = n * func2(n - 1)
  End If
End Function

Private Sub Command3 _ Click()
  Dim s1 As Double
  s2 = func2(10)
```

```
    Print s2
End Sub
```

7.5 键盘与鼠标事件

鼠标和键盘事件包括 MouseMove、MouseDow、MouseUp、KeyPress、KeyDown、KeyUp 以及 Shift、Ctrl、Alt 键或者它们的组合。

7.5.1 键盘事件

在 VB 中,提供 KeyPress、KeyDown、KeyUp 三种键盘事件,窗体和接受键盘输入的控件都识别这三种事件。如表 7-1 所示,对这些事件作了描述。

表 7-1 三种键盘事件

键盘事件	触发原因
KeyPress	按下对应某 ASCII 字符的键
KeyDown	按下键盘的任意键
KeyUp	释放键盘的任意键

1. KeyPress 事件

在按下与 ASCII 字符对应的键时将触发 KeyPress 事件。

KeyPress 事件过程的语法格式是:

```
Sub Object _ KeyPress (KeyAscii As Integer)
```

其中:Object 是指窗体或控件对象名,KeyAscii 参数返回对应于 ASCII 字符代码的整型数值。

例如,如果希望将文本框中的所有字符都强制转换为大写字符,则可在输入时使用此事件转换大小写:

```
Private Sub Text1 _ KeyPress (KeyAscii As Integer)
    KeyAscii = Asc(Ucase(Chr(KeyAscii)))
End Sub
```

KeyPress 事件只识别 Enter、Tab 和 Backspace 键。不能够检测其他功能键、编辑键和定位键。

【例 7-10】 确定文本框中输入的是否是大写字母。

```
Private Sub Text1 _ KeyPress(KeyAscii As Integer)
  If Not (KeyAscii >= 65 And KeyAscii <= 90) Then
    KeyAscii = 0
    MsgBox "请输入大写字母"
  End If
End Sub
```

【例 7-11】 使文本框内只能书写字母和数字及下划线,否则响铃。

```
Private Sub Text1 _ KeyPress(KeyAscii As Integer)
If KeyAscii >= Asc("A") And KeyAscii <= Asc("Z") Then
    Exit Sub
End If
If KeyAscii >= Asc("a") And KeyAscii <= Asc("z") Then
    Exit Sub
End If
If KeyAscii >= Asc("0") And KeyAscii <= Asc("9") Then
    Exit Sub
End If
If KeyAscii = Asc("_") Then
    Exit Sub
End If
Beep
KeyAscii = 0
  End Sub
```

2. KeyDown 和 KeyUp 事件

当一个对象具有焦点时按下(KeyDown)或松开(KeyUp)一个键时发生。它们报告键盘本身准确的物理状态:按下键 (KeyDown) 及松开键 (KeyUp)。与此成对照的是 KeyPress 事件并不直接地报告键盘状态,它只提供键所代表的字符而不识别键的按下或松开状态。

KeyDown 和 KeyUp 事件通过如表 7-2 所示,提供下列两个参数返回输入字符的信息。

表 7-2 三种键盘事件的参数

Keycode	指示按下的物理键。这时"A" 和"a" 的 Keycode 都是由 Asc("A") 返回的数值。但是键盘上的"1"和数字小键盘的"1"被作为不同的键返回
Shift	指示 SHIFT、CTRL 和 ALT 键的状态,它是一个整数。只有检查此参数才能判断输入的是大写字母还是小写字母

KeyDown 和 KeyUp 事件能够检测其他功能键、编辑键和定位键。

KeyUp 和 KeyDown 事件过程的语法格式如下:

```
Sub Object _ KeyDown(KeyCode As Integer, Shift As Integer)
Sub Object _ KeyUp(KeyCode As Integer, Shift As Integer)
```

3. keycode 参数

Keycode 参数表示按下的物理键。上档键字符和下档键字符也是使用同一键,它们的 Keycode 值相同,即通过 ASCII 值或键代码常数来识别键。字母键的键代码与此字母的大写字符的 ASCII 值相同。如“A”和“a”的 Keycode 都是由 Asc(“A”)返回的数值。

【例 7-12】 用 KeyDown 事件判断是否按下了“A”键。

```
Private Sub Text1 _ KeyDown(KeyCode As Integer, Shift As Integer)
    If KeyCode = vbKeyA Then
        MsgBox "You pressed the A key."
    End if
End Sub
```

4. Shift 参数

Shift 表示在该事件发生时响应 SHIFT、CTRL 和 ALT 键的状态,它是一个整数。其含义与上一节中 MouseMove、MouseDown、MouseUp 事件中的 Shift 参数完全相同。

【例 7-13】 用 Shift 参数判断是否按下了字母的大写形式。

```
Private Sub Text1 _ KeyDown(KeyCode As Integer, Shift As Integer)
    If KeyCode = vbKeyA And Shift = 1 Then
        MsgBox "You pressed the uppercase A key."
    End if
End Sub
```

7.5.2 鼠标事件

大多数控件能够识别鼠标的 MouseMove、Mouse Down 和 MouseUp 事件,通过响应这些鼠标事件,能在应用程序对鼠标位置及状态的变化作出响应操作,如表 7-3 所示。

表 7-3 三种鼠标事件

事件	描述
MouseMove	每当鼠标指针移动到屏幕新位置时发生
MouseDown	按下任意鼠标按钮时发生
MouseUp	释放任意鼠标按钮时发生

MouseMove、MouseDown、MouseUp 三个事件的过程的语法格式如下。

1. MouseDown 事件

MouseDown 是三种鼠标事件中最常使用的事件。按下鼠标按钮时就可触发此事件。注意鼠标事件被用来识别和响应各种鼠标状态,并把这些状态看做独立的事件,不应将此事件与 Click 事件和 DblClick 事件混为一谈。

此事件的定义格式为:

```
Sub Object _ MouseDown(Button As Integer,Shift As Integer,X As Single,Y As Single)
End Sub
```

Button 变量用来确定按下的是哪一个鼠标键,如表 7-4 所示。Shift 变量确定键盘上的 Shift 键、Control 键、Alt 键的状态,如表 7-5 所示。X、Y 变量用来确定鼠标按下时鼠标所处的坐标位置。

表 7-4　Button 参数含义

Button 值	对应参数	说明
1	VbLeftButton	左按钮被按下
2	VbRightButton	右按钮被按下
4	VbMiddleButton	中间按钮被按下

表 7-5　Shift 参数含义

参数(Shift)	十进制值	说明
VbShiftMask	1	SHIFT 键被按下
VbCtrlMask	2	CTRL 键被按下
VbShiftMask + VbCtrlMask	3	SHIFT 键和 CTRL 键
VbAltMask	4	ALT 键被按下
VbShiftMask + VbALtMask	5	SHIFT 键和 ALT 键
VbCtrlMask + VbAltMask	6	CTRL 键和 ALT 键
VbCtrlMask + VbAltMask + VbShiftMask	7	CTRL 键和 SHIFT 键和 ALT 键

2. MouseMove 事件

鼠标指针在屏幕上移动时就会发生 MouseMove 事件。当鼠标指针在窗体和控件的边框内时,窗体和控件均能识别 MouseMove 事件。其语法格式为:

```
Sub Object _ MouseMove(Button As Integer,Shift As Integer,X As Single,Y As Single)
End Sub
```

3. MouseUp 事件

释放鼠标按钮时,MouseUp 事件将会发生。其语法格式如下:

```
Sub Object _ MouseUp(Button As Integer,Shift As Integer,X As Single,Y As Single)
End Sub
```

MouseUp 与 MouseMove 和 MouseDown 事件搭配使用,往往相得益彰。

本章小结

VB 的过程分为事件过程和通用过程两大类。当用户或系统在某对象上触发某种事件时,会引发执行对象的某事件过程,它是 VB 应用程序的主体。另有一些公用的子程序,独立于事件过程之外,可供其他事件过程调用,这种子程序称为通用过程。根据过程是否有返回值,通用过程又分为子过程和函数过程。函数过程有返回值,通常也称之为函数过程。本章详细介绍了子过程和函数过程的定义和调用方法。

调用过程时可以把数据传递给被调用的过程,也可以把过程中的数据传递回来。在调用过程中,要考虑调用过程和被调用过程之间的数据是怎样传递的。通常在编写一个过程时,要考虑它需要输入哪些量,进行处理后又输出哪些量。正确地提供一个过程的输入数据和正确地引用其输出数据,是使用过程的关键。

形式参数与实际参数的对应关系是:在定义过程时,形式参数为实际参数预留位置;在调用过程时,要求实际参数与形式参数一一对应。

<实参表>和<形参表>中的对应变量名不必相同,但是变量的个数必须相等,而且各实参的书写顺序必须与相应的形参顺序一致,类型相符。

在调用过程时,参数的传递有两种:按地址传递和按值传递,其中按地址传递的方式是默认方式。两种方法的区分标志是在定义过程时是否使用了关键字"ByVal",形参前加了"ByVal"关键字时是按值传递,否则是按地址传递。

在使用通用过程和函数过程时,可以将数组或数组元素作为参数进行传递。传递整个数组时,在实际参数与其所对应的形式参数必须写上所要传递的数组的名称和一对圆括号。在子程序中不可再用 DIM 语句来定义所要传递的数组。

大多数控件能够识别鼠标的 MouseMove、MouseDown 和 MouseUp 事件,通过响应这些鼠标事件,能在应用程序对鼠标位置及状态的变化作出响应操作。

在 VB 中,提供 KeyPress、KeyDown、KeyUp 三种键盘事件,窗体和接受键盘输入的控件都识别这三种事件。

习题 7

7.1 选择题

1.假定有如下的子过程:

```
Sub S (x As Single, y As Single)
   t = x
   x = t /y
   y = t Mod y
End Sub
```

在窗体上添加一个命令按钮,然后编写如下事件过程:

```
Private Sub Command1 _ Click()
   Dim a As Single
   Dim b As Single
   a = 5: b = 4
   S a, b
   Print a, b
```

```
End Sub
```

程序运行时,单击命令按钮得到的结果是(　　)。

(A)5, 4　(B)1, 1　(C)1.25, 4　(D)1.25, 1

2.在窗体上添加一个命令按钮 Command1 和一个文本框 Text1,然后编写如下事件过程:

```
Private Sub Command1 _ Click()
    Dim x As Integer, y As Integer, z As Integer
    x = 5
    y = 7
    z = 0
    Text1.Text = ""
    Call p1(x, y, z)
    Text1.Text = Str(z)
End Sub
Private Sub p1(ByVal a As Integer, ByVal b As Integer, c As Integer)
    c = a + b
End Sub
```

程序运行后,单击命令按钮得到的结果是(　　)。

(A)0　(B)12　(C)Str(z)　(D)没有显示

3.假定有以下函数过程:

```
Function Fun(S As String) As String
    Dim s1 As String
    For i = 1 To Len(S)
        s1 = UCase(Mid(S, i, 1)) + s1
    Next i
    Fun = s1
End Function
```

在窗体上添加一个命令按钮,然后编写如下事件过程:

```
Private Sub Command1 _ Click()
    Dim str1 As String, str2 As String
    str1 = InputBox("请输入一个字符串")
    str2 = Fun(str1)
    Print str2
End Sub
```

程序运行后,单击命令按钮,如果在输入对话框中输入字符串"abcdefg",单击确定按钮后程序在窗体上输出结果(　　)。

(A)abcdefg　　(B)gfedcba　　(C)ABCDEFG　　(D)GFEDCBA

4.在窗体上添加一个命令按钮 Command1 和两个名称分别为 Label1 和 Label2 的标签,然后编写如下事件过程:

```
Private X As Integer
Private Sub Command1_Click()
 X = 5: y = 3
 Call proc(X, y)
 Label1.Caption = X
 Label2.Caption = y
End Sub
  Sub proc(ByVal a As Integer, ByVal b As Integer)
  X = a * a
  y = b + b
End Sub
```

程序运行后,单击命令按钮,则两个标签中显示的内容分别是(　　)。

(A)5 和 3　　(B)25 和 3　　(C)25 和 6　　(D)5 和 6

5.以下程序的运行结果是(　　)。

```
Sub s1(b() As Integer)
  For i = 1 To 4
    b(i) = 2 * i
  Next i
End Sub
Private Sub Command1_Click()
  Dim a(1 To 4) As Integer
  For i = 1 To 4
    a(i) = i + 5
  Next i
  s1 a()
  For i = 1 To 4
    Print a(i);
  Next i
End Sub
```

(A)6 7 8 9　　(B)12 14 16 18　　(C)2 4 6 8　　(D)1 2 3 4

7.2　填空题

1.某个工程中包括两个窗体 Form1 和 Form2,启动窗体为 Form1。在 Form1 上有一命令按钮 Command1。程序运行后,要求单击命令按钮时,Form1 窗体消失,显示窗体 Form2,请将程序补充完整。

```
Private Sub Command1 _ Click()
    ____________ Form1
    Form2. ____________
End Sub
```

2.工程中有一个窗体 Form1,一个标准模块 Module1,在 Module1 中定义了两个子过程 aa 和 bb。

```
Sub aa(x, y, z)
  z = x * x + y * y
End Sub
Sub bb(x, y, z)
  z = x ^ 3 + y ^ 3
End Sub
```

当在 Form1 中单击命令按钮时,调用以上过程计算两个数的平方和和立方和,并分别将计算结果显示在文本框 Text3 和 Text4 中,请填空完成调用语句。

```
Private Sub Command1 _ Click()
  a = Val(Text1.Text)
  b = Val(Text2.Text)
  Call ____________
  Text3.Text = c1
  bb ____________
  Text4.Text = c2
End Sub
```

3.编写一个求最大公约数的函数,并调用该函数,程序如下:

```
Private Sub Command1 _ Click()
  Dim x As Integer, y As Integer, z As Integer
  x = 96
  y = 64
  z = ____________
```

```
    Print z
End Sub

Function gcd(ByVal a As Integer, ByVal b As Integer) As Integer
    Dim r As Integer
    Do While b <> 0
    r = a Mod b
    a = b: b=r
    Loop
    gcd = a
End Function
```

实验 7

【实验目的】

(1)掌握函数过程和子过程的创建和调用方法。

(2)掌握形参和实参的结合规则。

(3)区分传值和传地址有何不同。

(4)掌握嵌套调用和递归调用方法。

【实验内容】

实验 7.1　编写一个能实现求一组数中最大数的函数过程 max(),要求在主调程序中随机产生 10 个 100～200 之间的整数并保存在数组 A 中。

提示:利用 Int(Rnd * 101) + 100 函数可以产生一个 100～200 之间的随机整数。

实验 7.2　编写一个子过程,实现将一组数逆序存放。要求在主调程序中从键盘上输入 10 个整型数据,调用该子过程后,输出结果。

提示:逆序算法是第 1 个数与最后 1 个数交换,第 2 个数与倒数第 2 个数交换,依次类推。

实验 7.3　编写一个计算两个整型数中最小数的函数过程 min()。在主调程序中利用函数过程嵌套调用方法求任意 4 个整型数中最小数。

提示:假定 4 个整型数分别保存在 a,b,c,d 变量中,min()函数为求最小值函数过程名,则嵌套调用为 min(min(a,b),min((c,d)))。

实验 7.4　用递归调用方法编写求 S=5! +3! 的值。

实验 7.5　利用函数过程计算 3 位整型数中有多少个“完数”。

提示:“完数”是指该数的所有因数之和等于数本身。

第 8 章　变量与过程的作用范围

8.1　代码模块的概念

在建立 VB 应用程序(或称为工程)时需要编写很多代码,但是这些代码不是存放在一个位置。为了弄清楚代码存放的具体位置,首先要明确 VB 应用程序的结构,如图 8-1 所示。

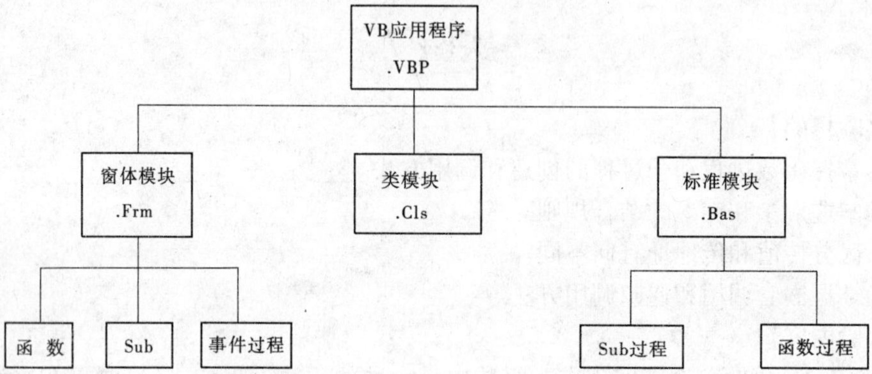

图 8-1　VB 应用程序的结构

VB 应用程序通常包含窗体模块、类模块和标准模块。同时三种模块中又可以包含声明(常数、变量-动态链接库 DLL 的声明)和过程(Sub、Function、Property 过程)。VB 的代码可以分别存储在相应的位置,这样极大地方便工程的组织和代码的维护。如图 8-2所示。

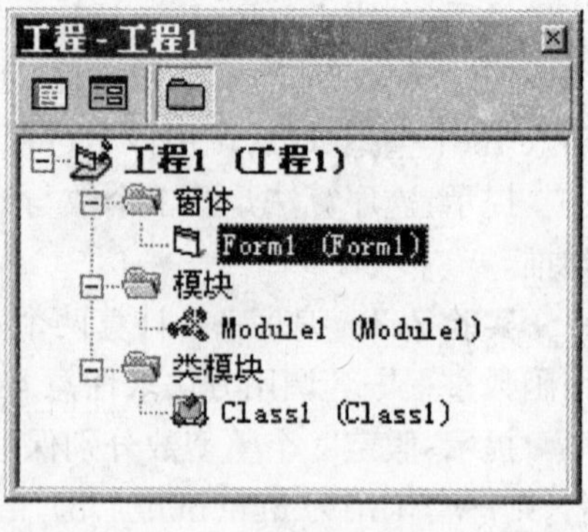

图 8-2　工程中的模块

8.1.1　窗体模块

窗体模块是 VB 应用程序的基础,一个应用程序可以包含多个窗体模块。窗体模块中可以包含窗体、窗体控件的属性设置、事件的处理过程、通用过程及变量、常量和外部过程的声明。

窗体模块保存在扩展名为“.frm ”的文件中。默认时应用程序中只有一个窗口,此时只有一个“.frm”文件。在工程中添加窗体模块的步骤为:

(1)从“工程”菜单中选择“添加窗体”命令,打开“添加窗体”对话框中的“新建”选项卡,如图 8-3 所示。或者打开“添加窗体”对话框中的“现存”选项卡,如图 8-4 所示。

(2)在该对话框中双击需要添加的窗体类型,新的窗体将会出现在工程窗口中,同时就会产生多个“.frm”文件。

(3)在属性窗口修改“名称”为窗体命名,如果需要,可以通过“文件”菜单下的“…另存为”改变该窗体的存储文件名。

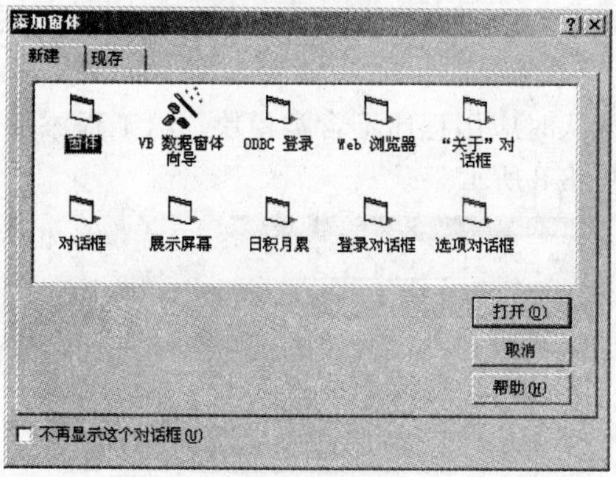

图 8-3　新建窗体

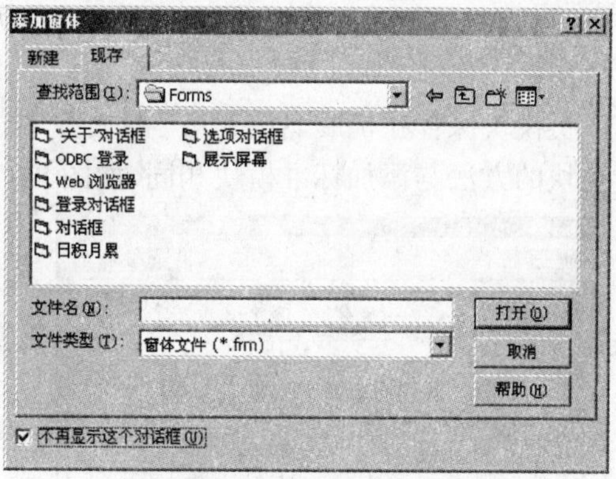

图 8-4　添加现有窗体

8.1.2　标准模块

简单的应用程序通常只有一个窗体,这时应用程序的所有代码都存放在该窗体模块中。应用程序稍微复杂时就需要添加其他窗体。多个窗体共存,可能需要执行某些公共代码,但编写代码时不希望在不同窗体中重复书写这些代码。为了提高效率,可以创建标准模块,供多个窗体共用。标准模块包含变量、常量、通用过程、自定义函数过程的声明。

标准模块保存在扩展名为“.bas”的文件中。默认时应用程序不含标准模块。如果添加了标准模块,这些标准模块默认为公有的,任何窗体或者事件过程、通用过程都可以调用它。

和添加窗体一样,可以从“工程”菜单中执行“添加模块”命令,此时出现的对话框上有两个选项卡“新建”和“现存”。选择“新建”和“现存”的结果分别如图 8-5、图 8-6 所示。

图 8-5　新建模块

图 8-6　添加现有模块

8.1.3　类模块

在 VB 中类模块是面向对象编程的基础。可以在类模块中编写代码建立新的对象。

这些新对象可以包含自定义的属性和方法,可以在应用程序内的过程中使用。实际上,窗体本身就是一种类模块,在其上可以安放控件,可以显示窗体窗口。

注意:VB 的专业版和企业版也包含 ActiveX 文档、ActiveX 设计器和用户控件。它们介绍了具有不同文件扩展名的新模块类型。从编写代码的角度来看,这些模块应视同为窗体模块。

类模块保存在扩展名为".cls"的文件中,默认时应用程序不含类模块。给工程添加类模块的方法与添加标准模块相同,如图 8-7、图 8-8 所示。

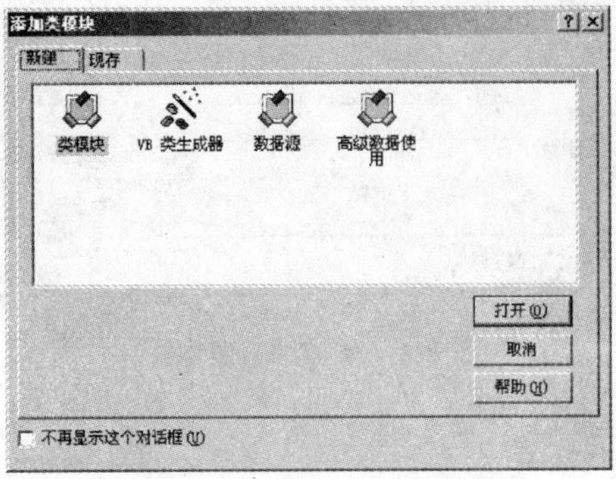

图 8-7 新建类模块

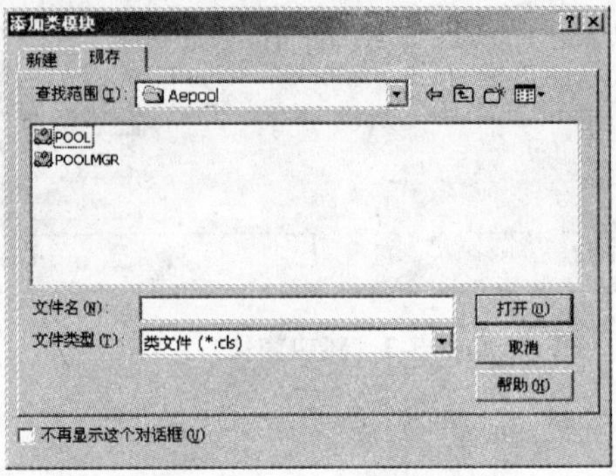

图 8-8 添加现有类模块

8.2 变量的作用范围

变量的作用范围是指变量被某一过程识别的范围。变量的作用范围确定了能够知晓该变量存在的那部分代码。变量的作用范围可以根据声明此变量的位置不同来决定。例如,在一个过程内部声明变量时,只有过程内部的代码才能访问或改变那个变量的值;如果在模块的通用段中声明某一变量,那么其值对于同一模块内的所有过程都有效,甚至对于整个应用程序的所有过程都有效。根据声明变量的位置,变量分为两类:过程级变量和模块级变量。

8.2.1 过程级变量

过程级变量只有在声明它们的过程中才能被识别。也称它们为局部变量。用 Dim 或者 Static 关键字来声明它们。例如:

```
Dim intTemp As Integer
```

或者

```
Static intPermanent As Integer
```

在整个应用程序运行时,用 Static 声明的局部变量中的值一直存在,而用 Dim 声明的变量只在过程执行期间才存在。

对任何临时计算来说,局部变量是最佳选择。例如,可以建立十来个不同的过程,每个过程都包含称作 intTemp 的变量。只要每个 intTemp 都声明为局部变量,那么每个过程只识别它自己的 intTemp。任何一个过程都能够改变它自己的局部的 intTemp 变量的值,而不会影响别的过程中的 intTemp 变量。

8.2.2 模块级变量

模块级变量在模块的通用段中声明的变量属于模块变量。模块级变量分为两种:私有变量和公有变量。

1. 私有的模块级变量

私有的模块级变量在声明它的整个模块的所有过程中都能使用,但其他模块却不能访问该变量。声明方法是在模块的通用段中使用 Private 或 Dim 关键字声明变量。在模块的通用段中使用 Private 或 Dim 作用相同,但使用 Private 会提高代码的可读性。在模块级,Private 和 Dim 之间没有什么区别,但 Private 更好些,因为很容易把它和 Public 区别开来,使代码更容易理解。

2. 公有的模块级变量

公有的模块级变量在所有模块中的所有过程中都可以使用。它的作用范围是整个应用程序,因此公有模块级变量属于全局变量。声明方法是在模块的通用段中使用 Public 关键字声明变量。例如:Public a AsInteger, b AsSingle 全局变量是指在所有程序中都可以使用的内存变量。任何过程中对它的修改返回主程序都有效,为安全起见,尽量避免使用全局变量。

【例 8-1】 一个窗体中对不同级别的变量声明。

```
Public Temp as integer
Sub Form_click()
    Dim Temp as integer
    Temp = 10
    Form1.Temp = 20
    Print Form1.Temp, Temp
End Sub
```

8.2.3 变量的生存期

变量除作用范围外,变量还有生存期,在这一期间变量能够保持它们的值。假设 a 为某一过程中的变量,当程序运行进入该过程时,系统要分配一定内存空间给变量 a,但是程序运行退出该过程时这些内存空间可以释放,也可以保留。我们根据内存空间是否保留,把变量分为两类:静态变量(Static)和动态变量(Dynamic)。其中,静态变量不释放内存空间,动态变量释放内存空间。

1. 动态变量

动态变量所需要的内存空间是在程序进入变量所在过程时才被分配给该变量,程序退出该过程时其占用的内存空间会自动释放,以供其他变量使用。使用 Dim 声明的局部变量属于动态变量。

2. 静态变量

在应用程序的生存期内一直保持模块级变量和全局变量的值。但是局部变量的值在过程执行期间存在，当过程执行完毕，局部变量的值就已经不存在，而且变量所占据的内存也被释放。当下一次执行该过程时，它的所有局部变量将重新初始化。若将局部变量定义成静态的（用 Static 声明），可保留变量的值。静态变量在过程结束后仍保留变量的值，即其占用的内存单元未释放。在过程内部用 Static 关键字声明静态变量。

【例 8-2】 测试在过程内部使用 Dim 和 Static 定义变量的不同。

```
Private Sub Form_Click()
    Dim a As Integer
    Static b As Integer
        a = a + 1
        b = b + 1
        Print a, b
End Sub
```

该过程中 a 和 b 定义为不同类型的整型变量。a 的值每调用一次过程就自动加 1，过程调用一结束，其值就变成为 0。b 的值每调用一次过程也自动加 1，但过程调用结束时，其值等于调用该过程的次数。假设连续单击窗体的次数为 4，b 的值就为 4。

【例 8-3】 文本框可以隐蔽用户通过键盘输入的字符。编写程序，利用文本框检查用户口令，并用静态变量来限制输入口令的次数为 3 次。设计步骤如下：

(1)建立程序用户界面，在窗体中建立一个文本框，两个标签，如图 8-9 所示。

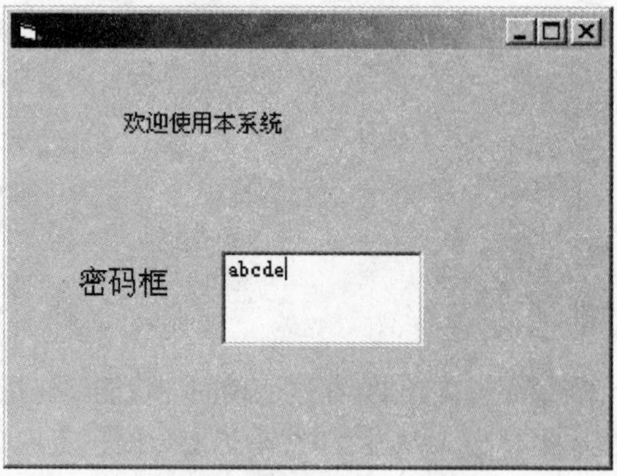

图 8-9　限制输入口令的次数

(2)编写代码。

```
Private Sub Text1_KeyPress(KeyAscii As Integer)
        Static n As Integer
        If KeyAscii = 13 Then
            If LCase(Text1.Text) = "abcde" Then
```

```
                Label1.Caption = "欢迎使用本系统"
            Else
                n = n + 1
                If n = 3 Then
                    Label1.Caption = "对不起,您无权使用"
                    Text1.Enabled = False
                Else
                    Label1.Caption = "对不起,口令错!"
                    Text1.SelStart = 0
                End If
            End If
        End If
    End Sub
```

结合上面例子,定义变量应注意以下几点:

(1)对任何临时计算来说,局部变量是最佳选择,当过程执行结束,变量的值不需要保留,可在过程内用 Dim 关键字声明,否则用 Static 关键字声明。

(2)当同一模块的不同过程间需要共享数据变量的值,可用 Private 或 Dim 关键字在通用声明段定义成模块级变量。

(3)当同一应用程序的不同过程间需要共享变量的值,可用 Public 关键字在通用声明段定义成公有变量。

8.3　过程的作用范围

过程的作用域过程可被访问的范围称为过程的作用域。它随所定义的位置和语句的不同而不同。按过程的作用范围来划分,过程可分为:模块级过程和全局级过程。

8.3.1　模块级范围

模块级:在窗体模块或标准模块中用 Private 关键字定义的过程,只能被定义的窗体模块或标准模块中的过程调用。

8.3.2　全局级范围

全局级:在窗体模块或标准模块中用 Public 关键字(或缺省)定义的过程,可被该应用程序的所有窗体模块和标准模块中的过程调用。

8.3.3　调用其他模块中的过程

在工程中任何地方都能调用其他模块中的全局过程。调用过程有诸多技巧,它们与过程的类型、位置以及在应用程序中的使用方式有关。

1.调用 Sub 过程

在表达式中,Sub 过程不能用其名字调用。调用 Sub 过程的是一个独立的语句。Sub

过程还有一点与函数不一样,它不会用名字返回一个值。但是,与 Function 过程一样,Sub 过程也可以修改传递给它们的任何变量的值。

调用 Sub 过程有两种方法,以下两个语句都调用了名为 MyProc 的 Sub 过程。

```
Call MyProc (FirstArgument, SecondArgument)
MyProc FirstArgument, SecondArgument
```

注意,当使用 Call 语法时,参数必须在括号内。若省略 Call 关键字,则也必须省略参数两边的括号。

2. 调用函数过程

通常,调用自行编写的函数过程的方法和调用 VB 内部函数过程(例如 Abs)的方法一样,即在表达式中写上它的名字。

下面的语句都调用函数 ToDec:

```
Print 10 * ToDec
X = ToDec
If ToDec = 10 Then Debug.Print "Out of Range"
X = AnotherFunction ( 10 * ToDec)
```

就像调用 Sub 过程那样,也能调用函数。下面的语句都调用同一个函数:

```
Call Year (Now)
Year Now
```

当用这种方法调用函数时,VB 放弃返回值。

3. 调用其他模块中的过程

在工程中的任何地方都能调用其他模块中的公用过程。可能需要指定这样的模块,它包含正在调用的过程。调用其他模块中的过程的各种技巧,取决于该过程是在窗体模块中、类模块中还是标准模块中。

4. 调用窗体中的过程

所有窗体模块的外部调用必须指向包含此过程的窗体模块。如果在窗体模块 Form1 中包含 SomeSub 过程,则可使用下面的语句调用 Form1 中的过程:

```
Call Form1.SomeSub(arguments)
```

5. 调用标准模块中的过程

如果过程名是唯一的,则不必在调用时加模块名。无论是在模块内调用,还是在模块外调用,结果总会引用这个唯一过程。如果过程仅出现在一个地方,这个过程就是唯一的。

如果两个以上的模块都包含同名的过程,那就有必要用模块名来限定了。在同一模块内调用一个公共过程就会运行该模块内的过程。例如,对于 Module1 和 Module2 中名为 CommonName 的过程,从 Module2 中调用 CommonName 则运行 Module2 中的 CommonName 过程,而不是 Module1 中的 CommonName 过程。

从其他模块调用公共过程名时必须指定那个模块。例如,若在 Module1 中调用 Module2 中的 CommonName 过程,要用下面的语句:

```
Module2.CommonName (arguments)
```

在调用过程时注意以下几点：

(1)全局级过程若在窗体模块中定义，其他模块的过程要调用，必须在该过程名前加上该过程所处的窗体名。例如，在窗体 Form1 中调用窗体模块 Form2 中的名为 Mysub 的全局过程，使用如下形式：

Call Form2.Mysub[(实参表)]或 Form2.Mysub[(实参表)]

(2)在标准模块中定义的全局级过程，外部过程均可调用，但过程名必须唯一，即在工程的多个标准模块中全局过程名不相同，否则调用时就必须要加上标准模块名。例如，若在 Module1 和 Module2 中都有一个名为 Mysub 的全局过程，则调用 Module1 的 Mysub 过程，就应该使用如下形式：

Call Module1.Mysub[(实参表)]或 Module1.Mysub[(实参表)]

(3)若在一个只包含一个窗体的简单应用程序中，可直接在本窗体模块中用 Private 或 Public 关键字定义过程。

(4)若是包含多个窗体的应用程序，一般把子程序过程和函数过程放在标准模块中，并用 Public 关键字定义，这样定义的过程可被本应用程序的所有过程直接访问。

【例 8-4】 调用 Sub 过程。Spac 过程的作用是打印 n 个空格。设计步骤如下：

(1)建立程序用户界面，在窗体中添加一个命令按钮 Command1，如图 8-10 所示。

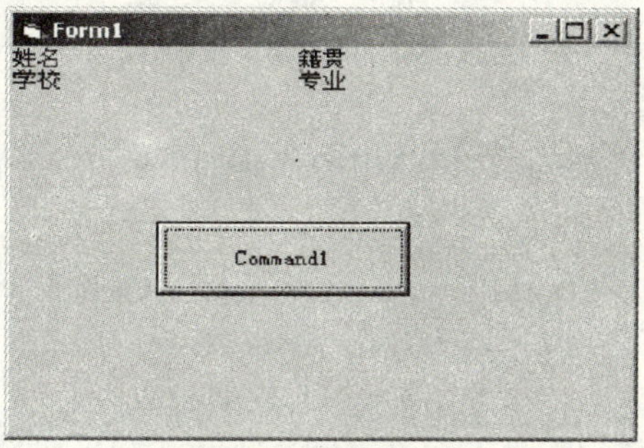

图 8-10　调用过程

(2)编写代码。

```
'设计一个 Spac 过程，该过程无返回值
Sub Spac(n As Integer)
    Dim I As Integer
    For I = 1 To n
        Print " ";
    Next I
End Sub

Private Sub Command1_Click()
  Print "姓名";
  spac (20)
  Print "籍贯"
  Print "学校";
  spac (20)
  Print "专业"
End Sub
```

【例 8-5】 调用窗体模块过程。在 Form1 中定义了一个计算圆形面积的全局级函数

过程,在 Form2 中调用 Form1 的过程时须加窗体名称。设计步骤如下:

(1)建立程序用户界面,对窗体 Form1 不作改动,在工程资源管理器中添加新窗体 Form2,并在 Form2 中添加一个命令按钮 Command1,一个文本框 Text1,一个标签 Lable1,如图 8-11 所示。

(2)编写代码。

Form1 窗体中的代码如下:

```
Public Function CircleArea(r As Single) As Single
    CircleArea = r * r * PI
End Function
Private Sub Form_Load()
    Form1.Hide
    Form2.Show
End Sub
```

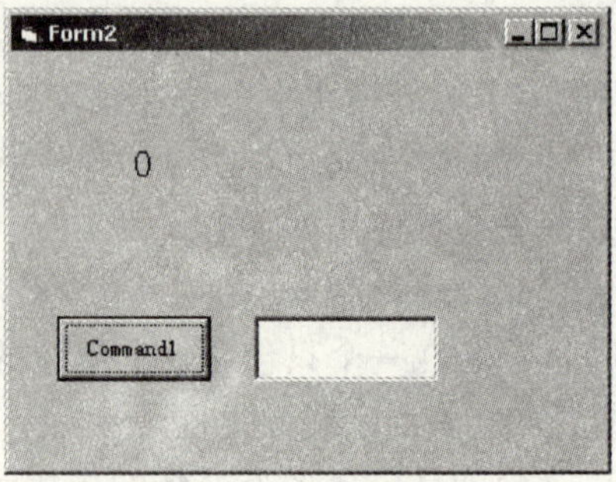

图 8-11　调用窗体过程

Form2 窗体中的代码如下:

```
Private Sub Command1_Click()
    Dim r2 As Single
    r2 = Val(Text1.Text)
    Label1.Caption = Form1.CircleArea(r2)
End Sub
```

两个窗体中的命令按钮 Click 事件过程的功能相同,但是由于周长函数放在标准模块中,可直接使用,而面积函数却放在 Form1 中,在 Form2 中使用它须加窗体名称。

【例 8-6】 调用标准模块过程。添加一个标准模块 Module1,在 Module1 中定义了一个计算圆周长的全局级函数过程,可以在 Form1 中直接调用。设计步骤如下:

(1)建立程序用户界面,在窗体中添加一个命令按钮 Command1,一个文本框 Text1,一个标签 Lable1,如图 8-12 所示。

(2)编写代码。

Form1 窗体中的代码如下:

```
Private Sub Command1_Click Dim r1 As Single
    r1 = Val(Text1.Text)
    Label1.Caption = circumference(r1)
End Sub
```

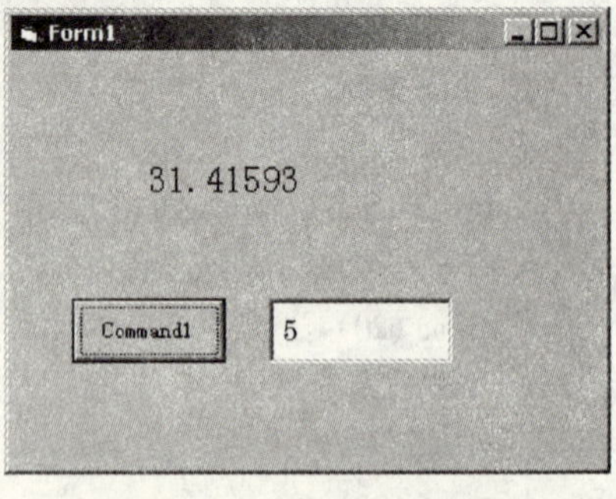

图 8-12　调用标准模块过程

Module1 标准模块中的代码如下:

```
Public Const PI = 3.14159265358979
Public Function circumference(r As Single) As Single
    circumference = 2 * r * PI
End Function
```

8.4　高级变量

8.4.1　使用多个同名的变量

如果不同模块中的公用变量使用同一名字，则通过同时引用模块名和变量名就可以在代码中区分它们。例如，如果有一个在 Form1 和 Module1 中都声明了的公用 Integer 变量 intX，则把它们作为 Module1.intX 和 Form1.intX 来引用便得到正确值。

【例 8-7】 使用多个同名变量。为了看清多个同名变量是如何工作的，在一个新工程设计程序调用不同标准模块中的多个同名变量。设计步骤如下：

(1)建立程序用户界面，在窗体中添加在窗体上画上三个命令按钮，并在工程资源管理器中添加两个标准模块，如图 8-13 所示。

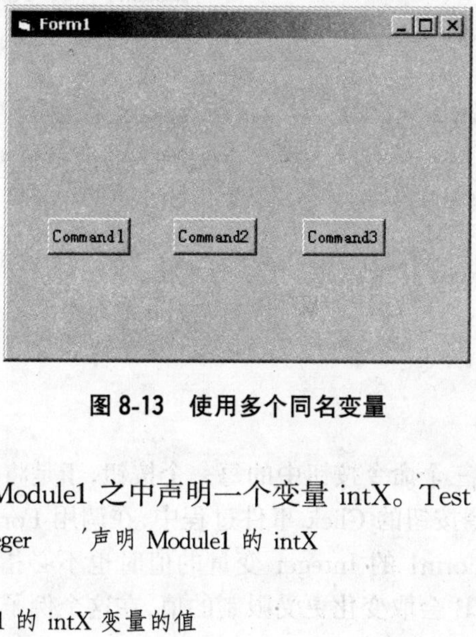

图 8-13　使用多个同名变量

(2)编写代码。

在第一个标准模块 Module1 之中声明一个变量 intX。Test 过程设置它的值：

```
Public intX As Integer    '声明 Module1 的 intX
Sub Test ()
    '设置 Module1 的 intX 变量的值
    intX = 1
End Sub
```

在第二个标准模块 Module2 中声明了第二个变量 intX，它有相同的名字。名为 Test 的过程设置它的值：

```
Public intX As Integer    '声明了 Module2 的 intX
Sub Test ()
```

```
    '设置 Module2 的 intX 变量的值
    intX = 2
End Sub
```

在窗体模块中声明了第三个变量 intX。名为 Test 的过程又一次设置它的值:

```
Public intX As Integer    '声明了该窗体的 intX 变量
Sub Test ()
    '设置 Form 中的 intX 变量值。
    intX = 3
End Sub
```

在三个命令按钮的 Click 事件过程中,每一个都调用了相应的 Test 过程,并用 MsgBox 来显示这三个变量的值。

```
Private Sub Command1 _ Click ()
    Module1.Test                    '调用 Module1 中的 Test
    MsgBox Module1.intX             '显示 Module1 的 intX
End Sub
Private Sub Command2 _ Click ()
    Module2.Test                    '调用 Module2 中的 Test
    MsgBox Module2.intX             '显示 Module2 的 intX
End Sub
Private Sub Command3 _ Click ()
    Test                            '调用 Form1 中的 Test
    MsgBox intX                     '显示 Form1 的 intX
End Sub
```

运行应用程序,单击三个命令按钮中的每一个按钮,于是将看到三个公用变量被分别引用。注意在第三个命令按钮的 Click 事件过程中,在调用 Form1 的 Test 过程时不必指定 Form1.Test,在调用 Form1 的 Integer 变量的值时也不必指定 Form1.intX 。如果多个过程或变量同名,则 VB 会取变化更受限制的值,在这个例子中,就是 Form1 变量。

8.4.2 公有变量与局部变量的比较

可以存在名为 Temp 的公用变量,然后在过程中声明名为 Temp 的局部变量。在过程内,通过引用名字 Temp 来访问局部变量;而在过程外,则通过引用名字 Temp 来访问公用变量。通过用模块名限定模块级变量,就可在过程内访问这样的变量。

【例 8-8】 公有变量和局部变量比较。设计步骤如下:

(1)建立程序用户界面,在窗体 Form1 中添加两个命令按钮,如图 8-14 所示。

(2)编写代码。

```
Public Temp As Integer      '声明公有变量
Sub Test ()       '定义局部变量
    Dim Temp As Integer
    Temp = 2
    MsgBox Temp     'Temp 的值为 1
End Sub
Private Sub Form _ Load ()
    Temp=1
    '将公有变量 Temp 的值设置成 1
End Sub
Private Sub Command1 _ Click ()
    Test      '输出过程级变量 Temp
End Sub
Private Sub Command2 _ Click ()
    Msgbox Temp      '输出公有变量 Temp
End Sub
```

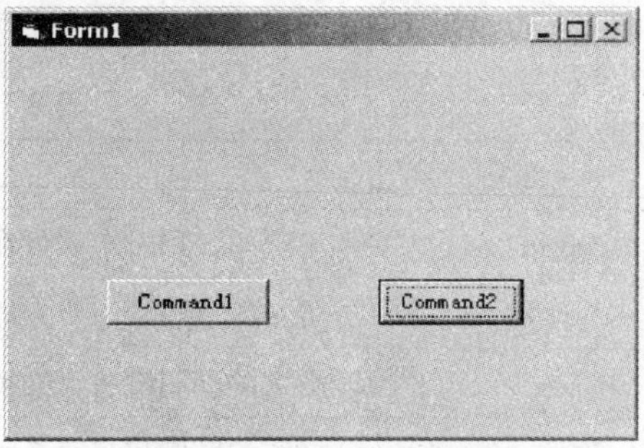

图 8-14　公有变量和局部变量比较

8.5　用户定义类型

8.5.1　用户定义类型的概念

不同类型的变量可以组合起来用来创建用户定义的类型。当需要创建单个变量来记录多项相关的信息时,用户定义类型是十分有用的。

可以用 Type 语句创建用户定义的类型,该语句必须置于模块的声明部分。用户定义类型可以用适当的关键字声明为 Private 或 Public。用户自定义类型经常用来表示数据记录,记录一般由多个不同数据类型的元素组成。

8.5.2　创建用户定义类型

在模块级别中使用,用于定义包含一个或多个元素的用户自定义的数据类型。语法:

```
[Private | Public] Type varname
    elementname [([subscripts])] As type
    [elementname [([subscripts])] As type]
    …
    End Type
```

Type 语句的语法包含下面部分,如表 8-1 所示。

说明:

Type 语句只能在模块级使用。使用 Type 语句声明了一个用户自定义类型后,就可以在该声明范围内的任何位置声明该类型的变量。可以使用 Dim、Private、Public、ReDim

或 Static 来声明用户自定义类型的变量。

表 8-1 Type 语句的语法

部分	描述
Public	可选的。用于声明可在所有工程的所有模块的任何过程中使用的用户定义类型
Private	可选的。用于声明只能在包含该声明的模块中使用的用户自定义的类型
varname	必需的。用户自定义类型的名称;遵循标准的变量命名约定
elementname	必需的。用户自定义类型的元素名称。除了可以使用的关键字
subscripts	如果不明确指定 lower,则数组的下界由 Option Base 语句控制
type	必需的。元素的数据类型;可以是 Byte、Boolean、Integer、Long、Currency、Single、Double、Date、String、String * length、Object、Variant、其他的用户自定义的类型或对象类型

可以创建一个记录有关计算机系统的信息的用户定义类型:

```
'声明(一个标准模块的)
Private Type SystemInfo
    CPU As Variant
    Memory As Long
    VideoColors As Integer
    Cost As Currency
    PurchaseDate As Variant
End Type
```

可以创建一个有关产品结构的自定义类型:

```
Public Type OrderType          '每个产品的结构
  OrderId as integer           '产品编号
   OrderName as string         '产品名称
  OrderAmount as integer       '订货数量
End Type
```

8.5.3 建立和使用用户定义类型变量

该示例使用 Type 语句,定义用户自定义的数据类型。Type 语句只能在模块级使用。如果要在类模块中使用,则必须在 Type 语句前冠以关键字 Private。自定义的类型的创建与使用可以使用类似下面的语句。

```
Type EmployeeRecord        '创建用户自定义的类型
  ID As Integer          '定义元素的数据类型
```

```
    Name As String * 20
    Address As String * 30
    Phone As Long
    HireDate As Date
End Type
Sub CreateRecord()
    Dim MyRecord As EmployeeRecord
      '声明变量对 EmployeeRecord 变量的赋值必须在过程内进行
    MyRecord.ID = 12003     '给一个元素赋值
End Sub
```

【例 8-9】 自定义数据类型。前面学习的自定义数据类型,现在定义一个变量,它的类型为自定义类型,按要求对变量进行赋值。Rem 在定义自定义数据类型时,如果是放在窗体模块的定义部分,Rem 应给类型定义的 Type 前加上 Private。设计步骤如下:

(1)建立程序用户界面。效果如图 8-15 所示。

(2)编写代码。

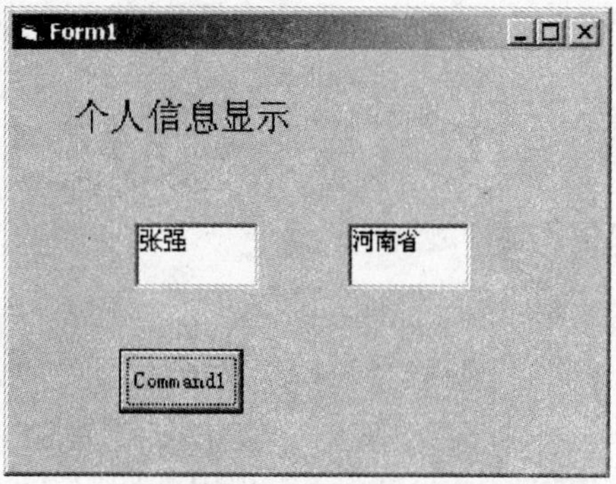

图 8-15　自定义数据类型

```
Private Type Student
    StudentNO As String * 10
    StudentName As String * 4
    StudentHome As String* 10
End Type
'定义一个 student 类型的变量
Dim Mstudent As Student
Private Sub Form1 _ Load()
'给 Mstudent 变量的 StudentName 赋值
    Mstudent.StudentName = "张强"
    Mstudent.StudentHome = "河南省"
    Text1.Text = Mstudent.StudentName
    Text2.Text = Mstudent.StudentHome
End Sub
```

本章小结

在 VB 的程序设计过程中,我们可以在过程中和模块中声明变量。使用变量时,变量定义的位置和定义变量的语句不同,变量能有效发挥其作用的范围也不同,称为变量的作用域。根据作用域的不同,变量可以分为:局部变量(过程级变量)、窗体/模块级变量(私有的模块级变量,能被本模块的所有过程和函数使用)、全局级变量(公有的模块级变量)。

对过程而言,也有模块级过程和全局级过程之分。其中模块级过程是在一个窗体模块中以 Private 定义的过程,可为模块内的各个过程引用。全局级过程是在一个窗体模块中以 Public 定义的过程,其他窗体可通过"窗体模块名 . 过程名"引用;在标准模块中定义的全局过程可直接通过过程名引用。

为了能熟练掌握 VB 程序设计过程中变量和过程的作用域知识和技巧,要求学习者在阅读教材之余多动手编写相应程序,在程序调试中体会变量和过程的作用域,学习效果会事半功倍。

习题 8

8.1　选择题

1. 以下叙述错误的是(　　)。

(A)如果过程被定义为 Static 类型,则该过程中的局部变量都是 Static 类型

(B)Sub 过程中不能嵌套定义 Sub 过程

(C)Sub 过程中可以嵌套调用 Sub 过程

(D)事件过程可以像通用过程一样由用户定义过程名

2. 下面子过程语句合法的是(　　)。

(A)Sub f1(ByVal n%)　　(B)Sub f1(n%) As Integer

(C)Function f1%(f1%)　　(D)Function f1 (ByVal n%)

3. 要想从子过程调用后返回两个结果,下面子过程语句说明合法的是(　　)。

(A)Sub f2(ByVal n%,ByVal m%)

(B)Sub f1(n%, ByVal m%)

(C)Sub f1 (n%,m%)

(D)Sub f1 (ByVal n%,m%)

4. 在通用过程中,要定义某一形式参数和它对应的实际参数是值传送,在形式参数前要加的关键字是(　　)。

(A)Optional　　(B)ByVal　　(C)ByRef　　(D)ParamArray

5. 通用过程中,要定义某参数是可变参数,在形式参数前要加的关键字是(　　)。

(A)Optional　　(B)ByVal　　(C)Missing　　(D)ParamArray

6. 在过程中定义的变量,若希望在离开该过程后,还能保存过程中局部变量的值,则在过程定义局部变量应使用的关键字是(　　)。

(A)Dim　　(B)Private　　(C)Public　　(D)Static

8.2　填空题

1. VB 的过程按照作用范围可以分为：________、________。

2. VB 的变量按照作用范围可以分为：________、________、________。

3. 下列程序：

```
Sub p(b() As String)
  b(1) = b(1) + b(2) + b(3)
End Sub
Private Sub Command1_Click()
  Dim a(1 To 3) As String
  a(1) = "AAA"
  a(2) = "BBB"
  a(3) = "CCC"
  Call p(a())
  Print a(1)
End Sub
```

运行程序，单击命令按钮，则输出的结果是________。

4. 下列程序：

```
Function T(a As String) As String
  Dim b As String
  Dim i As Integer
  For i = Len(a) To 1 Step -1
    b = b + Mid(a, i, 1)
  Next i
  T = b
End Function
Private Sub Command1_Click()
  Dim str1 As String
  str1 = "abcde"
  str1 = T(str1)
  Print str1
End Sub
```

运行程序，单击命令按钮，则输出结果是________。

8.3　程序设计

1. 编写过程，求一维数组中元素的最大值。

2. 编写一个计算平方根的 Function 过程。

3. 编写一个产生 1~100 之间的随机整数的 Function 过程。

实验 8

实验 8.1 不用递归求 n!

【实验目的】

掌握静态变量使用方法。

分析:求 n!,可以创建一个带参数的 Sub 过程,过程中巧用局部静态变量进行了累积。

实验 8.2 调用标准模块过程。从键盘输入十个数,然后分别求出最大值、平均值,并排序。

【实验目的】

掌握调用标准模块过程方法。

分析:复杂计算时可以先建立一些函数过程,把这些过程存储在标准模块中,在使用时可直接调用。

实验 8.3 自定义结构数据类型。创建一个包含 DepartmentNo 和 DepartmentName 两个数据元素的用户定义的类型 Department,然后创建一个包含 StudentNO、StudentName 和 StudentDep 三个数据元素的用户定义的类型 Student。Student 中 StudentDep 数据元素的数据类型为 Department。

【实验目的】

掌握调用标准模块过程方法。

第 9 章　文　件

前面各章应用程序所处理的数据都存放在内存中,即变量或数组中,而内存容量是有限的,且数据是暂驻的,退出应用程序或断电后就会消失。因此,在程序设计中需要引入文件的概念,通过使用文件,可以将应用程序处理过的数据以文件的形式保存起来,以备以后使用或打印输出。文件是一些相关数据的集合,通常文件是存放在外存储器上(如磁盘等),并用一个名字加以标识,即文件名。

本章主要介绍 VB 中用于文件系统的控件、有关语句和函数及常用的文件操作方法。通过本章的学习应该能够掌握 VB 中文件系统控件的使用、有关函数和语句的使用格式以及读写文件的具体方法。

9.1　文件系统控件

当用户在 Windows 应用程序中打开文件或将数据存到磁盘时,一般情况下需要打开一个对话框。在这个对话框中,用户可以指定文件、目录及驱动器名,可以方便快捷地查看系统的磁盘、目录及文件等信息。对于创建这样的对话框,VB 提供了三个控件:驱动器列表框控件(Drive ListBox)、目录列表框控件(Directoy ListBox)和文件列表框控件(File ListBox)。这三个控件在工具箱中的位置如图 9-1 所示。利用这三个控件,用户可以轻松编写一个可视化的图形操作环境,可以编写各种各样的文件管理程序,可以进行文件检索和存取操作等。

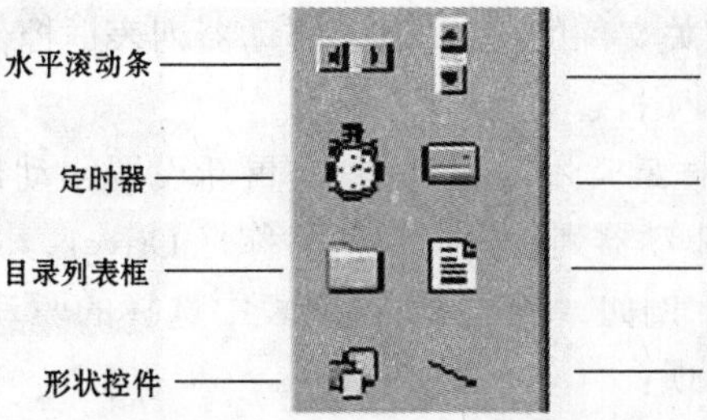

图 9-1　文件系统控件在工具箱中的位置

9.1.1　驱动器列表框

驱动器列表框控件是一种下拉式列表框,它的外观跟组合框非常相似,在运行期间,它仅显示当前的磁盘驱动器编号,当用户单击磁盘驱动器列表右边的向下箭头时,可以看到所有可选用的磁盘驱动器编号,如图 9-2 所示。

驱动器列表框控件最重要的属性是 Drive 属性。当用户在列表中选择一个驱动器后,可以利用这个属性值来判断选择的驱动器数据,或者指定下拉列表中显示的驱动器名

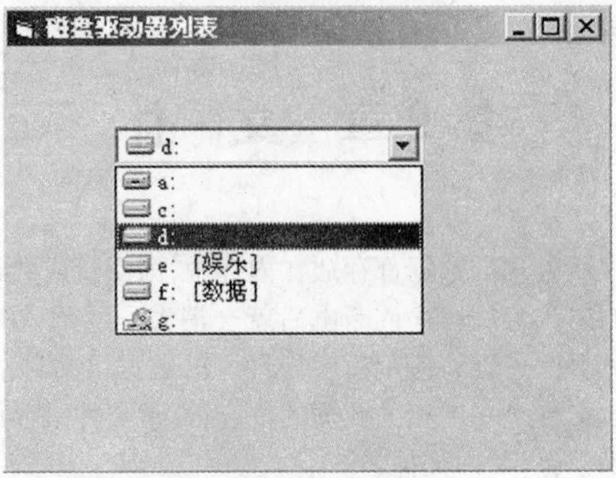

图 9-2　磁盘驱动器列表框

称。这个属性只能通过程序代码来设置和访问,在设计的时候无效。用程序代码设置该属性的格式如下:

```
对象名 .Drive[ = DriveName]
```

对象名是指定的 DriveListBox 控件的名称,“DriveName”是指定的驱动器名,若省略,则 Drive 属性指的是当前驱动器。若选择的驱动器在当前系统中不存在,则产生错误。

例如:若要设置当前驱动器是 F 盘,则可以通过以下代码来实现:

```
Drive1.Drive="F:"
```

除此之外,用户还可以通过后面讲到的 ChDrive 语句来将指定的驱动器设为当前驱动器。如下:

```
ChDrive Drive1.Drive        '将在驱动器列表框中选择的驱动器设置为当前驱动器
ChDrive "F"                 '将 F 盘设置为当前驱动器
```

在应用当中,为了完成对相关文件的控制操作,驱动器列表框控件常常与目录列表框控件和文件列表框控件相配合使用。

Change 事件是驱动器列表框最常用的事件,每次重新设置驱动器列表框的 Drive 属性时,都将引发 Change 事件。驱动器列表框的默认名称是 Drive1,其 Change 事件过程的开头部分是 Drive1 _ Change()。例如,将从驱动器列表中选择的驱动器设置为当前驱动器,可以通过以下事件代码来实现:

```
Private Sub Drive1 _ Change()
    ChDrive Drive1.Drive()
End Sub
```

除以上属性外,驱动器列表框控件还有 Name、Top、Visible、Left、Listcount 等属性以及 Click 等事件。

9.1.2　目录列表框

目录列表框一般用于显示当前驱动器或指定驱动器上的目录结构,初建立时显示的是当前驱动器的顶层目录和当前目录。顶层目录用打开的文件夹表示,当前目录用加阴影的文件夹表示,其余各级子目录按目录的层次结构依次排列,如图9-3所示。

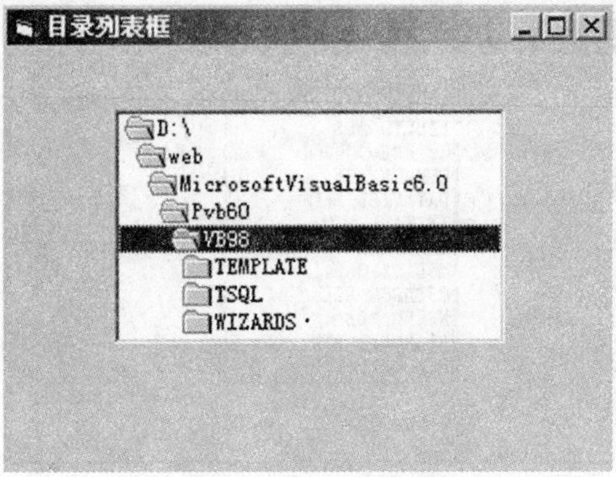

图9-3 目录列表框

目录列表框最主要的属性是Path属性。在目录列表框中仅能显示当前的目录。若要显示其他驱动器上的目录,必须重新设置目录列表框的Path属性。

Path属性适用于目录列表框和文件列表框,用来设置或返回当前路径。Path属性只能通过程序来设置,不能通过设置窗口来设置。其设置格式如下:

[窗体.]目录列表框.|文件列表框.Path[="路径"]

其中,"窗体"指的是目录列表框所在的窗体,若省略则为当前窗体。"路径"的格式与DOS下相同,若省略"=路径",则显示当前路径。例如:

```
Print Dir1.Path
```

将显示当前路径(Dirl是目录列表框的默认控件名)。而

```
Dir1.Path="d:\web\KuGoo"
```

将"当前目录"设置为d:\web\KuGoo。

目录列表框最重要的事件是Change事件。该事件在目录列表框的Path属性发生改变时发生。目录列表框的Change事件过程的开头部分是Dirl_Change()。

目录列表框控件常与驱动器列表框控件配合使用,以便在驱动器改变时,目录列表框的显示也能随着改变。实现的方法是可在驱动器Change事件中为目录列表框的Path属性赋值。

除此以外,目录列表框控件还有Name、Left、Width、Height、Visible、List、ListCount、ListIndex等属性以及Click等事件。

9.1.3 文件列表框

用户可以用驱动器列表框控件和目录列表框控件指定当前驱动器和当前目录,但用户无法看到当前目录内的具体文件,而文件列表框控件可以用来显示当前目录下的文件,如图9-4所示。

"文件列表"的"当前路径"记录在Path属性中。利用这个属性可以显示当前工作目录中的所有文件。

文件列表框除了其自身特有的属性外,它也继承了标准列表框的一些重要属性。其

主要属性如表9-1所示。

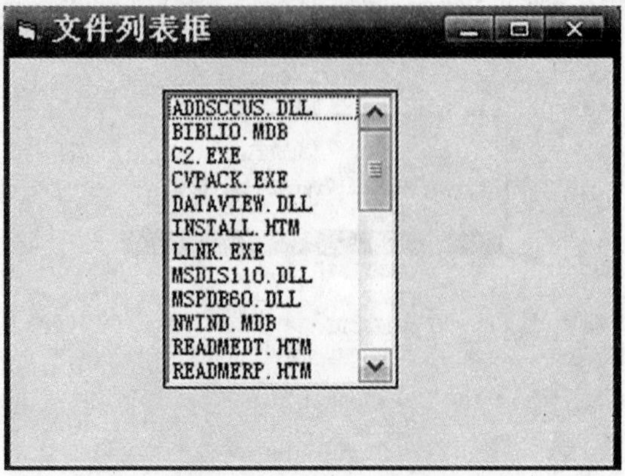

图 9-4 文件列表框

表 9-1 文件列表框控件的属性

属性	含义
FileName	返回或设置所选定的文件的路径和文件名,设计时不能用
Pattern	设定允许显示文件名的文件类型,如:*.com;*.exe 等,默认值为 *.*
Path	设置或返回所要显示的文件列表框的文件路径
Multiselect	是否允许用户选择多个文件,True 表示"允许",False 表示"不允许"
Archive	是否允许显示 Archive 属性的文件
Normal	是否允许显示 Normal 属性的文件
ReadOnly	是否允许显示 ReadOnly 属性的文件
System	是否允许显示 System 属性的文件
Hidden	是否允许显示 Hidden 属性的文件

文件列表框的主要事件有以下几种。

1)PathChange 事件

当路径被代码中 Path 或 FileName 属性的设置所改变时,这个事件将发生。

2)Click 事件

在文件列表中单击,选中所单击的文件,将改变 ListIndex 属性值,并将 FileName 的值设置为所单击的文件名的名字。

3)DblClick 事件

文件列表框能够识别双击事件,常用于对所双击的文件进行处理。

除此以外,文件列表框控件还有 PatternChange、LostFoucs、GotFocus 等事件。

【例 9-1】 编程实现驱动器列表框、目录列表框和文件列表框的同步操作。

程序代码如下所示:

```
Private Sub Dir1_Change()
  File1.Path = Dir1.Path
End Sub
Private Sub Drive1_Change()
  Dir1.Path = Drive1.Drive
End Sub
Private Sub File1_Click()
  If Right(Dir1.Path, 1) <>"\" Then
    Text1.Text = Dir1.Path &"\" & File1.FileName
  Else
    Text1.Text = Dir1.Path & File1.FileName
End If
  End Sub
Private Sub Form_Load()
    File1.Pattern="*.*"
End Sub
```

运行效果如图 9-5 所示。

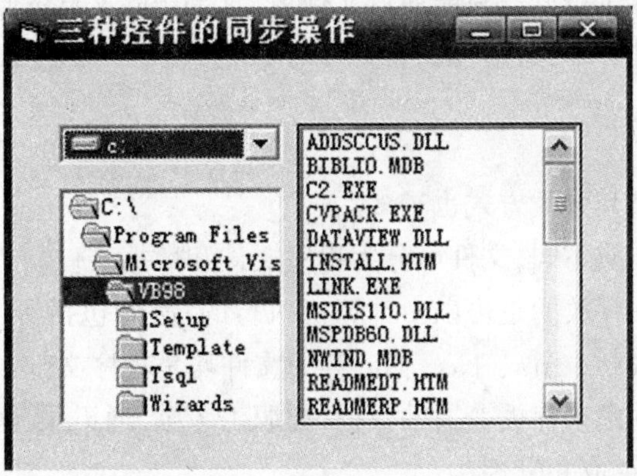

图 9-5 三种控件的同步操作演示

9.2 文件概述

文件是程序设计中的一个非常重要的概念,它可以使程序和数据进行分离。“文件”是指存储在外部存储介质上的数据或信息的集合。存储在外部介质上的信息(如程序、数据、声音、图像等)都是以文件的形式存在的,操作系统管理数据时,是以文件为基本操作对象的。文件有两种形式:流式文件和记录文件。流式文件是一种没有结构的文件,它按“流”的方式组织文件,整个文件就是一个字符流或二进制流。记录文件是一种有结构的文件,每个文件都是由若干个记录组成的,每个记录又由若干个相关的字段组成,记录是文件存储的最小单位。

9.2.1 文件结构

为了有效地存取数据,数据必须以某种特定的方式存取,这种特定的方式称为文件结构。不同的文件它们的结构不同。VB 文件由记录组成,记录由字段组成,字段由字符组成。

(1)字符:是构成文件的最小单位,即最基本单位。字符可以是数字、字母、特殊符号、标点符号或单一字节。一般情况下,一个字符用一个字节来存放,一个东方文字或全角字符用两个字节来存放。值得注意的是,VB 还支持双字节字符,计算一个字符串的长度时,一个汉字作为一个字符来对待。

(2)字段:也称域。字段一般由几个字符组成,表示一项独立的数据。例如电话号码"66687714"就是一个字段,它由 8 个字符组成;"姓名"字段中的"李四"由两个汉字字符组成。域的名字称为域名,域的值称为域值。

(3)记录:由若干个相关的字段组成。例如,每个学生的成绩数据可视为一条记录,其中包括学号、姓名、班级及各科成绩。在 VB 中,一般情况下以记录为单位处理数据。

(4)文件:是由具有同一记录结构的所有记录组成的集合。例如,在学生成绩文件中有 50 个学生的信息,每个学生的信息是一条记录,50 条记录构成一个文件。每个文件都有一个文件名,对文件进行操作只能通过文件名,它是访问文件的唯一方式。完整的文件名由两部分组成:文件名和文件扩展名。例如,YourText.txt、Mydada.dat。

9.2.2 文件分类

文件的种类繁多,其分类方式也较多。

(1)根据数据的性质不同,文件可分为程序文件和数据文件。

程序文件:该文件存放的是可以由计算机执行的程序,包括源文件和可执行文件等。在 VB 中,扩展名为 .exe、.frm、.bas、.vbp 等的文件均是程序文件。

数据文件:该文件用来存放普通的数据,如职工考勤、通讯录、学生考试成绩等。此类数据只能通过程序来存取和管理。

(2)根据数据的组织方式不同,可分为顺序文件和随机文件。

顺序文件:顺序文件的结构比较简单,文件中的记录一个接一个地有顺序地排列。在这种文件中,只知道第一条记录的存放位置,其他记录的位置均不知道。查找某个数据总是从文件头开始,按顺序依次读取记录,直至找到要找的记录为止。由于无法灵活地随意存取,它仅适用于有规律的、不经常需要修改的数据。顺序文件的最大优点是:在相同内容的情况下,所占的磁盘空间较小,使用起来比较简单。

随机文件:又称直接存取文件,简称随机文件或直接文件。与顺序文件不同的是,在访问随机文件中的数据时,不必考虑每个记录的排列顺序或位置,就可以根据需要访问文件中的任意一个记录。随机文件的每条记录都有固定的长度,每条记录都有记录号。存取数据时,只需指明记录的记录号,就可以直接把数据存入指定位置或直接从指定位置读取数据。它可以同时进行读/写操作,存取数据速度较快,所以随机文件适用于需要进行数据库访问、快速查找、经常需要更新数据的文件的访问。随机文件最大的缺点是:在相同内容的情况下,所占的磁盘空间较大,程序设计比较烦琐。

(3)根据文件的数据编码方式不同,可以分为ASCII文件和二进制文件。

ASCII文件:又称文本文件,它以ASCII码进行编码来保存文件。此种文件可以用字处理软件来操作。

二进制文件:文件中的数据是以二进制格式进行编码来存储。二进制文件不能用普通的字处理软件处理,占空间较小,文件灵活性较强,但编程的工作量较大。

(4)根据文件的特征属性不同,又可以分为系统文件、隐含文件、只读文件、普通文件和存档文件

9.2.3 文件的打开与关闭

在VB中,操作一个数据文件要按以下步骤进行:

(1)打开或建立文件。一个文件只有先打开以后才能使用,否则必须先建立一个新文件才能使用。文件打开之后,都有其对应的文件号。文件号是一个整数,它代表文件,对文件进行操作,都需要指定相应的文件号。

(2)进行读/写操作。在第一步的基础上,对打开或建立的文件进行输入/输出操作,即所谓的读/写操作。一般情况下,把数据文件由主存传输到外部设备称为输出操作或写操作;把数据文件由外部设备传输到主存称为输入操作或读操作。

(3)关闭文件。在对一个文件进行读写操作之前,必须先打开它,如果所要操作的文件不存在,则必须先建立一个新的文件。在对一个文件的读写操作完成后,一定要将打开的文件关闭,否则会造成数据丢失。

1.文件的打开

VB用Open语句打开或建立一个文件。一般语法格式为:

Open 文件名[For 模式][Access 存取类型][锁定] As[#]文件号[Len=记录长度]

Open语句的功能:为文件的输入输出分配缓冲区,并确定缓冲区所使用的存取方式。

其中:

(1)格式中的Open、For、Access、As、Len等为关键字,带方括号的字段为可选项。

(2)文件名为文件名字符串表达式,一般包括盘符、路径和文件名。

(3)模式指定文件的输入输出方式。文件的输入输出方式见表9-2。

(4)存取类型用来指定访问文件的类型,即指出了在打开的文件中所应进行的操作。若要打开的文件已经被其他进程打开,则不允许指定存取类型,否则Open操作失败,并产生错误信息。常见的存取类型见表9-3。

(5)锁定子句只在多用户或多进程环境中使用,用来限制其他用户或其他进程对打开文件进行读写操作。常见的锁定方式见表9-4。

(6)文件号是一个整型表达式,其值在1~511之间。执行Open语句时,打开文件的文件号与一个具体的文件相关联,其他输入输出语句或函数通过文件号与文件发生关联。

表 9-2　文件的输入输出方式

方式	说明
Input	顺序输入方式
Output	顺序输出方式
Append	顺序输出方式。与 Output 不同的是,用 Append 方式打开文件时,文件指针将被定位在文件尾处,执行写操作时,写入的数据追加到原文件的后面
Binary	二进制方式。在此种方式下,可以用 Get 和 Put 语句对文件中任何字节位置的信息进行读写。在 Binary 方式中,若没有 Access 子句,则打开文件的类型与 Random 相同
Random	随机存取方式,是缺省方式。在 Random 方式中,若没有 Access 子句,则在执行 Open 语句时,VB 按以下顺序打开文件:读/写、只读、只写

表 9-3　常见的存取类型

方式	说明
Write	打开只写文件
Read	打开只读文件
Read Write	打开读写文件。此种类型只对随机文件、二进制文件及用 Append 方式打开的文件有效

表 9-4　常见的锁定方式

方式	说明
默认	本进程可以多次打开文件进行读写,其他进程不能对该文件进行读写
Shared	任何进程都可以对该文件进行读写操作
Lock Write	不允许其他进程写该文件,只在没有其他 Write 存取类型的进程访问该文件时,才允许这种锁定方式
Lock Read	不允许其他进程读该文件,只在没有其他 Read 存取类型的进程访问该文件时,才允许这种锁定方式
Lock Read Write	不允许其他进程进行读写该文件

(7)记录长度是一个整型表达式,被用来为随机存取文件设置记录长度。对于用随机访问方式打开的文件,该值是记录长度;对于顺序文件,该值是缓冲字符数。其值不能超过 32767 字节。对于二进制文件,将省略 Len 子句。

为了满足不同存取方式的需要,同一个文件可以用几个不同的文件号打开,每个文件号都有自己的缓冲区。在 Input、Binary 和 Random 方式下,可以用不同的文件号打开同一个文件,而不必预先将该文件关闭。在 Append 和 Output 方式下,若要用不同的文件号打开同一个文件,则必须在打开文件时预先关闭该文件。

Open 语句有打开文件和建立文件两种功能。若打开的文件不存在,则在以 Output、Append、Binary 和 Random 方式打开文件时,可以先建立这个文件。而用 Input 方式打开文件时,则会出现"File Not Found",即文件找不到的错误提示。

2. 文件的关闭

文件的读写操作结束后,应将文件关闭。这可以通过 Close 语句来实现。其格式为:

```
Close [[#]文件号][,[#]文件号,…]]
```

Close 语句用来结束文件的输入输出操作。例如,假定用下面的语句打开文件:

```
Open "YourAddress.dat" For Output As #1
```

则可以用下面的语句关闭这个文件:

```
Close #1
```

需要说明的是:

(1)Close 语句用来关闭文件,它是在打开文件之后进行的操作。格式中的"文件号"应该与 Open 语句中使用的文件号一致。关闭一个数据文件具有两方面的作用:第一,把文件缓冲区中的所有数据写入文件中;第二,释放与该文件相关联的文件号,以供其他 Open 语句使用。

(2)Close 语句中的"文件号"是可选的。若指定了文件号,则把指定的文件关闭;若没有指定文件号,则把所有打开的文件都统统关闭。

(3)除了用 Close 语句关闭文件外,在程序结束时将自动关闭所有打开的数据文件。

9.3　文件的读写

在介绍文件读写之前,先介绍一下有关文件的标示方法。所谓文件的标示方法就是确定一个文件的保存位置及其文件名的方法。通常情况下,在 Windows 操作系统中,文件在驱动器中由文件夹来管理,文件夹即是目录,它是一种树状结构。如果要唯一地指定一个文件,就必须指定它的保存路径(即,文件所在的驱动器号、文件夹的层次结构及文件名)。在同一路径下,不可能有同名的文件或文件夹。例如:

"E:\gh\web03\score.txt"

就是文件 score.txt 的路径。

有时候为了操作的方便,Windows 为应用程序设置了当前驱动器(即默认驱动器)和当前目录(即默认目录,每个驱动器上都有一个默认目录)。用户在对文件进行操作时,通常情况下要指定完整的路径。若操作的文件是当前驱动器上的文件,此时可以不直接指定驱动器号;若操作的文件在当前驱动器上的当前文件夹中,此时可以不指明驱动器号和文件夹。例如:

若当前驱动器是 E:,E:\gh 是当前文件夹,则 E:\gh\wl02.dat 就可简写为 wl02.dat,E:\gh\web03\score.txt 就可简写为 web03\score.txt。

9.3.1 顺序访问模式

顺序文件的读写操作与标准输入输出操作非常相似。写操作是把内存中的数据输出到屏幕上,此时屏幕设备可看做一个文件。读操作是把文件中的数据读入到内存中,输入数据从键盘上进行,此时键盘设备可看做一个文件。

1.顺序文件的写操作

数据文件的写操作分为三步:打开文件、写入文件和关闭文件。其中的打开文件和关闭文件分别由 Open 语句和 Close 语句来完成,写入文件由 Print ＃语句或 Write ＃语句来实现。

1)Print ＃语句

格式:Print ＃文件号,[输出列表]

功能:向文件号参数指定的已经打开的文件中写入输出列表所标示的信息。

其中,输出列表是数值或字符串表达式,表达式之间要用逗号、分号、Tab 函数或 Spc 函数分隔。Print 语句的作用类似于 Print 方法,不同的是,Print 语句"写"的对象是文件,而 Print 方法"写"的对象是窗体、图片框或打印机。文件号是以写方式打开文件的文件号,并且打开文件时必须以 Output 或 Append 方式打开。输出列表可以省略,在此情况下,将向文件中写入一个空行。

事实上,Print＃语句的根本任务就是将数据送入缓冲区,数据再由文件系统从缓冲区写入磁盘文件。而对于用户来说,可以认为数据是由 Print＃语句直接写入到磁盘文件中,可见,Print＃语句的执行过程对用户来说是透明的。但事实上,Print＃语句执行后,数据并不是立即被从缓冲区写入磁盘文件,而是只有满足一定条件时才写入。条件即是关闭文件或缓冲区已满或缓冲区没满,但又执行下一个 Print＃语句时。

【例 9-2】 使用 Print＃语句把数据写入顺序文件中。

```
Open "E:\wl02\ghfile12.txt" For Output As #1
Print #1, "张三", 70, 85
Print #1, "李四", 90, 64
Close #1
```

用"记事本"程序打开文件 E:\wl02\ghfile12.txt,如图 9-6 所示。

2)Write 语句

格式:Write ＃文件号,[输出列表]

功能:将输出列表中的数据写入到文件号参数指定的文件中。

其中,文件号与输出列表的含义同 Print ＃语句一样。使用 Write ＃语句时,文件必须以 Output 或 Append 方式打开。输出列表中的各项以逗号隔开,字符串加上双引号。

【例 9-3】 用 Write＃语句向顺序文件写入数据。

窗体的单击事件代码为:

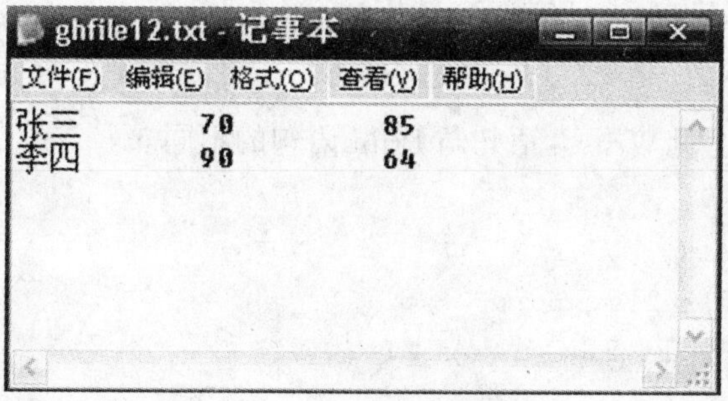

图 9-6　Print #语句的演示

```
Private Sub Form1_Click()
  Dim A As Integer, B As String
  Dim C As Date, D As Boolean
  Open "E:\gh03\out4.txt" For Output As #1   '以顺序写方式建立并打开文件
  A=200: B="66666666"
  C=Date: D=True                             'Date 函数返回系统当前日期
  Write #1, A, B, C, D                       '写入第一条记录
  Write #1, "VB 真好用!"                     '写入第二条记录
  Close #1                                   '关闭文件
End Sub
```

程序运行后,在窗体上单击,用记事本程序打开 out4.txt 文件,可以看到所创建文件的内容及格式,如图 9-7 所示。

图 9-7　Write #语句的演示

Write#语句与 Prite#语句语法结构完全一样,但使用时也有以下不同:

(1)Write#语句的数据项之间用逗号隔开,写入数据时,数据项之间会自动以逗号分开;而 Print#语句中的输出列表之间用逗号或分号隔开,数据项间的位置不同,并且不会自动加上定界符。

(2)Write#语句一般与 Input #语句配合使用,而 Print#语句常与 Line Input #语句配合使用。

(3)用的场合不一样。Write#语句通常在数据写入到文件后还要用 VB 程序时使用;而 Print#语句通常在数据写入文件后还要被显示或打印时使用。

(4)Print＃语句常适用于为其他软件生成数据文件，而 Write＃语句更适用于为 VB 程序读入而生成文件。

【例 9-4】　举例说明 Write＃语句与 Print 语句的不同。

```
Private Sub Form_load()
  Dim str1 As String, str2 As String
  Open "D:\YourFile.dat" For Output As #1
  str1 = "Beijing"
  str2 = "Shanghai"
  Print #1, str1, str2
  Write #1, str1, str2
  Close #1
End Sub
```

这个程序运行后，在 D 盘的根目录下，将会建立一个文件名为"YourFile.dat"的文本文件，并写入两行数据。使用记事本打开此文件，如图 9-8 所示。

图 9-8　Write＃与 Print＃的不同

2. 顺序文件的读操作

顺序文件的读操作与写操作相似，同样分为三步：打开文件、读文件和关闭文件。打开文件和关闭文件的操作如前所述，读操作由 Input ＃语句、Line Input ＃语句和 Input $ 函数来完成。

1) Input ＃语句

格式：Input ＃文件号，变量列表

功能：从一个顺序文件中依次读出若干个数据项，并把它们分别赋给变量列表中的变量。例如：

```
Input #1,A,B,C,D
```

表示从文件中读出 4 个数据项，把它们分别赋给 A,B,C,D 四个变量。

另外，用户应该能保证变量的类型与文件中相应的数据项的类型相一致。

【例 9-5】　若要使用 Input＃语句读出由例 9-2 创建的文件 ghfile12.txt 中的两条记录的内容，用户可使用以下语句来实现：

```
Open "E:\wl02\ghfile12.txt" For Intput As #2
Input #2, x, y
```

```
Print x
Print y
Close #2
```

2)Line Input #语句

格式:Line Input #文件号,字符串变量

功能:从顺序文件中读取完整一行,并把它赋给一个字符串变量。

读出的数据中不能包含回车符和换行符,所以它可以读取顺序文件中的一整行全部数据,直到遇到回车符为止。Line Input #语句与 Input#语句很相似,区别在于,Input#语句读取的对象是文件中的数据项,而 Line Input #语句读取的对象是文件中的一行。此外,Line Input #语句也可用于随机文件中,常用来复制文本文件。

【例 9-6】 使用 Print#语句在一个文件中写入数据,再使用 Line Input#语句把刚才输入写入的数据显示出来。

程序代码如下所示:

```
Private Sub Command1_Click()
  Dim Filenumber
  Dim b1 As String
  Dim b2 As String
  Dim b3 As String
  Dim ss As String
  Filenumber = FreeFile      '使用 FreeFile 函数返回一个可以供 Open#语句使用的文件号
  Open "F:\wl04\gh15.txt" For Output As Filenumber
  b1 = "使用 Input#语句和 Line Input#语句读写文件"
  b2 = 21
  b3 = "成功"
  Print #Filenumber, b1, b2, b3                '写入数据
  Close #Filenumber                            '关闭文件
  Open "F:\wl04\gh15.txt" For Input As Filenumber                  '使用 Input 方式打开文件
  Line Input #Filenumber, ss                   '读取数据
  MsgBox ss              '显示
End Sub
```

3)Input $ 函数

格式:Input $(n,#文件号)

功能:从文件号指定的文件中读出 n 个字符的字符串。也就是说,该函数从文件号指定的文件中读取 n 个指定的字符,并以字符串的形式返回给调用程序。例如:

```
XYZ$ = Input$(15,#3)
```

表示从 3 号文件中读取 15 个字符,并把它赋给变量 XYZ $。

Input $ 函数执行"二进制输入",支持流式文件的读取。另外,Input $ 函数读出的是 ANSI 格式的字符,必须通过使用 StrConv 函数转换成相应的 Unicode 字符才能无误地显

示出来。

【例 9-7】 建立一个文件 gh13.txt,输入内容“我爱北京天安门!”,然后使用 Input $ 函数把文件中的内容读出并显示在文本框 Text1 中,程序运行后如图 9-9 所示。

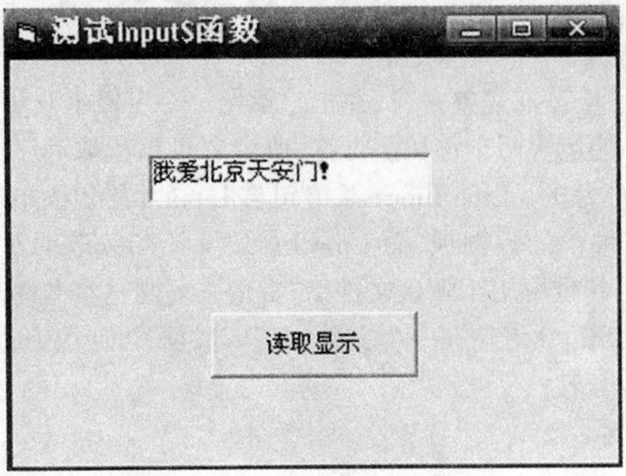

图 9-9

程序代码如下:

```
Private Sub Command1 _ Click()
  Dim Number
  Number = FreeFile
  Open "e: \ wl02 \ ghfile13.txt" For Output As #Number
  Print #Number, "我爱北京天安门!"
  Close #Number
  Open "e: \ wl02 \ ghfile13.txt" For Input As #Number
  Text1.Text = StrConv(Inpu $ (LOF(Number), #Number), vbUnicode)
  Close #Number
End Sub
```

9.3.2 随机访问模式

使用顺序文件,用户可以在程序中读取整个文件或文件中的大块数据,但是,若用户想从文件中指定的位置上读取数据块时,使用顺序文件模式就非常不好控制,此时最好使用随机文件模式。随机文件能够通过指定的记录号非常快速地访问相应的记录。

1. 随机文件的写操作

随机文件的写操作可分为 4 步:定义数据类型、打开随机文件、将内存中的数据写入到磁盘、关闭文件。其中,随机文件的写操作通过 Put 语句来实现。

Put 语句的语法格式为:

Put #文件号,[记录号],变量

功能:把变量的内容写入到文件号指定的磁盘文件中。

另外,这里的变量指的是除对象变量和数组变量以外的所有变量。记录号指定写入的是第几条记录,其值是大于等于1的整数,大小介于1到2147483647之间,如果操作的文件中已经有这个记录号,则该记录将被数据覆盖,如果操作的文件中没有这个记录号,则会在文件中增加一条新的记录。若省略,则写的是在上一次读写操作的记录之后,且此时逗号不能省略。

2.随机文件的读操作

从随机文件中读取文件的操作与写文件操作步骤类似,不同的是,把第3步中的Put#语句改成Get #语句。

Get #语句的语法格式为:

Get #文件号,[记录号],变量

功能:从打开的磁盘文件中将一条由记录号指定的记录内容读入到变量中。

其中,文件号指定所要读取的随机文件。记录号表示读出的是第几条记录,其值是大于等于1的整数,若省略,则读出的是上一次读写操作的记录之后的记录,且此时逗号不能省略,若尚未对文件进行读写,则表示第一条记录。变量参数指定所读入的数据要存到的变量且变量的类型应该与写文件时使用的变量类型相一致。

9.3.3　二进制访问模式

二进制文件指的是以二进制编码方式存取的文件。在二进制文件中可以保存任意类型的数据。二进制文件没有记录的概念,即便是定义了自定义类型,但对其中的字符类型变量的长度是没有任何限制的。二进制文件读写操作的单位是字节,它允许用户读写或修改文件中任何字节的信息。由于二进制文件中存放的数据都是二进制,所以它的优点就是对磁盘空间的要求较小,但不能使用文本编辑软件(如记事本)查看文件中的内容。所以,二进制访问模式通常用在对所要保存的文件对空间的要求比较小的情况。

1.二进制文件的写操作

二进制文件的访问与随机文件相似,都是Put#语句和Get#语句,不同之处是,二进制文件读写的单位是字节,而随机文件读写的单位是记录。

二进制文件写操作的语法格式为:

Put [#]文件号,[写位置],表达式

功能:将表达式中的数据写入到打开的二进制文件中指定的字节位置处。

其中,文件号指定一个以二进制方式打开的文件;写位置指定数据要写到文件中的具体位置,它是一个长整型参数,若省略此参数,则紧接上一次操作的位置写入;表达式指定写入文件中的数据的来源,它可以是任意类型。

2.二进制文件的读操作

二进制文件读操作的格式为:

Get [#]文件号,[读位置],变量

功能:将打开的二进制文件指定位置上的数据读出并保存到变量中。读出数据的长度(即数据的字节数)等于变量的长度。

其中,文件号指定一个以二进制方式打开的文件;读位置指定所要读入的数据在文件中的位置,若省略这个参数,则紧接上一次操作的位置进行读操作;变量名指定从文件中

读出的数据所要存入的变量,即所要存入的位置,这个变量的类型应该与读入的数据类型相容。

3. 文件指针

在对二进制文件的操作中可以把文件指针移动到文件中任意位置。文件指针的操作通过 Seek 语句来完成。它的语法格式为:

Seek #文件号,位置

功能:用来设置文件中下一个读或写的位置,即文件指针。

其中,文件号指定一个以二进制方式打开的文件;位置是一个数值型的表达式,指定下一个要读写的位置,它是一个整型的,其值介于 1 到 2147483647 之间。当使用 Bianry、Input、Output 或 Apppend 方式打开文件时,位置指的是从文件开头到所指定的位置的字节结束,即执行下一个操作的地址,文件的第一个字节的位置为 1。当使用 Random 方式打开文件时,位置指的是一个记录号。Ger#语句或 Put#语句中的记录号比由 Seek 语句确定的位置优先级高。通常情况下,Seek 语句常与 Seek 函数配合使用。

Seek 函数的格式为:

Seek(文件号)

功能:返回文件指针的当前位置。当前位置的值介于 1 到 2147483647 之间。另外,在访问二进制文件时,Seek 函数与 Loc 函数的返回值很相似,不同之处是,Loc 函数返回的是最近一次读写过的字节位置,而 Seek 函数返回的是下一次要读写的字节位置。

4. 一个读二进制文件的函数

格式:Input [$](字节数,[#]文件号)

功能:获取从打开的二进制文件中读取的数据。

其中,若省略 $,则函数获取的是从文件中读取的变体型数据;字节数表示从文件中读取的信息的字节个数,大小介于 1 到 65535 之间。数据的读取位置是从文件指针指向当前位置的下一个字节。

从某种意义上来说,顺序文件和随机文件都是非常特殊的二进制文件。二进制文件允许同时使用不同类型的数据,使用范围宽广并且很灵活。

【例 9-8】 编程演示如何读写二进制文件。

```
Private Sub Command1_Click()
    Dim inti1 As Integer, sngs1 As Single
    Dim dtmd1 As Date, strs1 As String * 10
    inti1 = CInt(Text1.Text): sng1 = CSng(Text2.Text)
    dtmd1 = CDate(Text3.Text): str1 = CStr(Text4.Text)
    Open "F:\gh001.txt" For Binary As #1                '打开文件
    Put #1, , inti1: Put #1, , sngs1                    '写入数据
    Put #1, , dtmd1: Put #1, , strs1
    Close 1                                             '关闭文件
End Sub
```

```
Private Sub Command2_Click()
    Dim inti1 As Integer, sngs1 As Single
    Dim dtmd1 As Date, strs1 As String * 10
    Open "F:\gh001.txt" For Binary As #1          '打开文件
    Get #1, 3, sngs1: Get #1, 7, dtmd1            '读取数据
    Get #1, 1, inti1: Get #1, 15, strs1
    Print inti1, sngs1, dtm1, strs1               '显示数据
    Close 1                                       '关闭文件
End Sub
```

在对二进制文件进行读写操作时,应该分清楚不同类型的数据在文件中所占的字节数有什么不同。绝大多数类型的数据在内存中所占的字节数与在文件中所占的字节数相同,例如,数值型、日期时间型、逻辑型等。但也有些类型写入文件中的是实际数据(不包括额外字节),比如变体类型、变长字符串类型和数组等。

本章小结

本章主要介绍了 VB 文件系统的程序设计方法。在文件系统中使用的主要控件有驱动器列表框控件、目录列表框控件和文件列表框控件。这三个控件之间彼此独立。它们分别被用来获取当前机器上的驱动器列表、当前驱动器上的目录结构和当前目录下的文件列表信息。若当前驱动器改变时,当前目录不会跟着改变,必须通过修改驱动器的 Change 事件代码来改变当前目录。同样,若当前目录改变时,文件列表的内容同样不会跟着改变,必须通过修改当前目录的 Change 事件代码设置文件列表的内容。

按照从文件中读取和向文件中写入的方式及信息单位不同,文件的访问模式可分为三种:顺序访问模式、随机访问模式和二进制访问模式。顺序访问模式是对整个文件的大块操作,读写时只能一个记录一个记录地顺序进行,适用于文本文件;随机访问模式是以长度一定的记录为单位进行操作的,适用于数据库类型的文件;二进制访问模式的操作单位是字节,可以把记录读或者写到以二进制方式打开的文件中,但文件本身不必处理定长的记录,它的访问操作非常灵活,它可以支持在文件的任何地方读取任何长度的信息。

习题 9

9.1　问答题

1. 文件分为哪几种类型？数据文件的一般结构是怎样的？
2. 在 VB 中,顺序文件的读写操作是通过什么语句实现的？可分为几步？如何进行？
3. 随机文件与顺序文件有哪些不同点？如何对随机文件进行读写操作？
4. 如何使驱动器列表框、目录列表框和文件列表框同步工作？
5. 将文本文件的内容在文本框中显示出来有哪几种方法？将文本框中显示的内容存

入文本文件中,有几种方法?

6. 二进制文件与随机文件有哪些相同点和不同点?

9.2 编程题

1. 编写一个程序求三角函数。当用户输入角度或弧度值并选择 VB 的内部三角函数(Cos、Sin、Tan 等)时,程序就会计算出结果并显示出来。要求建立两个单选按钮分别作为输入和计算选择,创建文本框以作为输入选择,创建标签作为输出控件,创建列表框或组合框作为选择控件。

2. 编写一个程序,用来处理活期存款的结算事务。每次处理之后,程序都要显示当前的结存,并把它存入一个文件中,要求输出的浮点数保留小数点后三位。

3. 编写程序,按下列格式输出月历,并把结果放入一个文件中。

SUN	MON	TUE	WED	THU	FRI	SAT
					1	2
3	4	5	6	7	8	9
10	11	12	13	14	15	16
17	18	19	20	21	22	23
24	25	26	27	28	29	30
31						

4. 假定在磁盘上已经建立了一通信录文件,文件中的每条记录都包括编号、用户名、电话号码和地址五项内容。编写一个程序,用自己选择的检索方法从文件中查找指定用户名编号,并在文本框中输出其名字、电话号码和地址。

5. 编写一个建立图书数据文件的程序。程序运行后,可以从键盘上输入每种图书的有关数据,包括图书分类号、登记号、作者名、单价、购进数量、出版日期和出版社名称,把这些数据存入文件中。文件建立后,按登记号的顺序(从小到大)输出全部内容。

6. 编写一个程序,输入某仓库的货物数据,建立一个顺序文件。每次从键盘上输入一种货物的数据,包括货物号、名称、单价、进库日期和数量。建立文件后,输出全部内容。

实验 9

【实验目的】

(1)掌握文件的打开、关闭和读写的操作方法。

(2)掌握文件、目录操作语句和函数的使用方法。

(3)掌握文件系统控件的使用方法。

【实验内容】

实验 9.1

(1)建立一个具有 20 个学生五项内容的文本文件(如:E:\stud.txt),五项内容分别是班级、学号、姓名、年龄和专业。

(2)利用文件系统控件、组合框、文本框,建立一个文件浏览器。组合框限定文件列表框中要显示文件的类型,当在文件列表框中选定要显示的文件时,在文本框中显示出文件的内容。

实验 9.2　假如磁盘上有一个学生成绩文件,存放着 200 个学生的情况记录,包括学号、姓名、年龄和 9 门课程的成绩。试编写一个程序,建立以下 4 个文件:

(1)男生情况的文件(单击按钮 1 实现)。

(2)按 9 门课程成绩从低到高的顺序排列的学生情况的文件(增加平均成绩一项)(单击按钮 2 实现)。

(3)按年龄从大到小顺序排列的全部学生情况的文件(单击按钮 3 实现)。

(4)按 9 门课程及平均成绩的分数段(90 分以上、81~90 分、71~80 分、60~70 分、60 分以下)进行人数统计的文件(单击按钮 4 实现)。

实验 9.3　在窗体上创建两个列表框和四个命令按钮,如图 9-10 所示。单击"产生随机数"按钮将产生 15 个 1 到 100 之间的随机整数,并显示在"原始数据"列表框中;单击"保存"按钮时,将把这15个随机整数存放在顺序文件D:\wl01\gh19.txt文件中;单击"读取"按钮时,将从顺序文件中读出所有数据,并显示在"文件中数据"列表框中;单击"退出"按钮时,将结束程序运行。

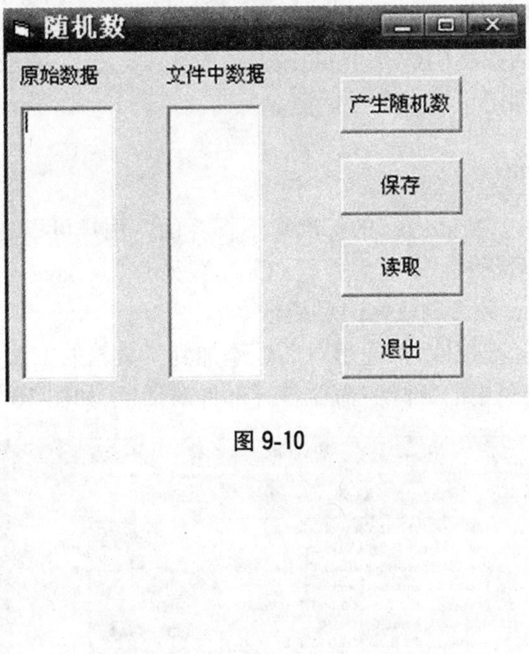

图 9-10

第 10 章　界面设计

10.1　对话框

在图形用户界面中，对话框(DialogBox)是程序与用户进行交互的主要途径。它既可以用于输入信息，也可以用来显示信息。在 VB 应用程序中，可以使用下列三种对话框：

(1)预定义的对话框。

(2)通用对话框。

(3)用户自定义对话框。

预定义对话框是系统定义的对话框，可以调用函数直接显示。因为不必考虑设计、装载或者显示等方面的问题，所以使用预定义对话框是在应用程序中添加对话框最容易的方法。调用预定义对话框的函数是 InputBox 和 MsgBox，已在第三章中讨论。下面将介绍通用对话框的使用和用户自定义对话框。

10.1.1　通用对话框

VB 提供了一组基于 Windows 的标准对话框界面。用户可以利用通用对话框工具在窗体上创建六种标准对话框，分别为打开(Open)、另存为(Save As)、颜色(Color)、字体(Font)、打印机(Printer)和帮助(Help)对话框。

通用对话框不是标准控件，把通用对话框添加到工具箱的方法是：

(1)选择“工程”菜单中的“部件”命令打开部件对话框，如图 10-1 所示。

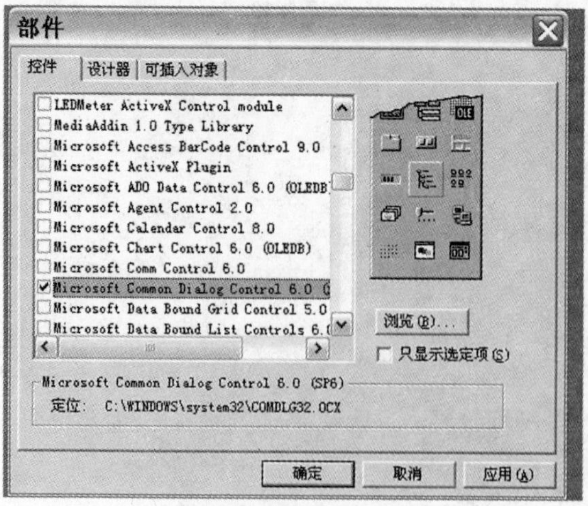

图 10-1　部件对话框

(2)在部件选项卡中选定 Microsoft Common Dialog Control 6.0。

(3)最后选择“确定”按钮。

一旦把通用对话框加到工具箱中,就可以像使用标准控件一样能够把它添加到窗体中。在设计状态,窗体上显示通用对话框图标,但在程序运行时,窗体上不会显示通用对话框,直到在程序中用 Action 属性或 Show 方法激活而调出所需的对话框。通用对话框仅用于应用程序与用户之间进行信息交互,是输入输出的界面,不能实现打开文件、存储文件、设置颜色、设置字体、打印等操作。如果想要实现这些功能还要靠编程实现。

1)Action 功能属性

该属性直接决定打开何种类型的对话框。

0:None:无对话框显示。

1:Open:打开文件对话框。

2:Save As:另存为对话框。

3:Color:颜色对话框。

4:Font:字体对话框。

5:Printer:打印机对话框。

6:Help:帮助对话框。

该属性不能在属性窗口内设置,只能在程序中赋值,用于调出相应的对话框。

2)DialogTitle(对话框标题)属性

该属性是通用对话框标题属性,可以是任意字符串。

3)CancelError 属性

该属性决定在用户按下“取消”按钮时是否产生错误信息。

True:按下“取消”按钮,出现错误警告。

False(缺省):按下“取消”按钮,不会出现错误警告。

一旦对话框被打开,显示在界面上供用户操作,其中“确定”按钮表示确认,“取消”按钮表示取消,有时为了防止用户在未输入信息时使用取消操作,可以用该属性设置出错警告。当属性设为 True 时,用户对对话框中的“取消”按钮一经操作,自动将错误标志 Err 置为 32755(cdCancel),供程序判断。该属性值在属性窗口及程序中均可设置。

通用对话框的属性不仅可以在属性窗口中设置,也可以在如图 10-2 所示的属性页对话框中设置。打开属性页对话框的方法是对窗体上的通用对话框控件单击右键,在弹出的快捷菜单中选择“属性”命令。通用对话框控件的属性对话框有五个选项卡,对不同类型的对话框设置属性,就要选择不同的选项卡。例如,要对颜色对话框设置,就选定颜色选项卡。

4)通用对话框的方法

除了 Action 属性,VB 还提供了一组方法用来打开通用对话框。这些方法是:

ShowOpen:打开对话框。

ShowSave:另存为对话框。

ShowColor:颜色对话框。

ShowFont:字体对话框。

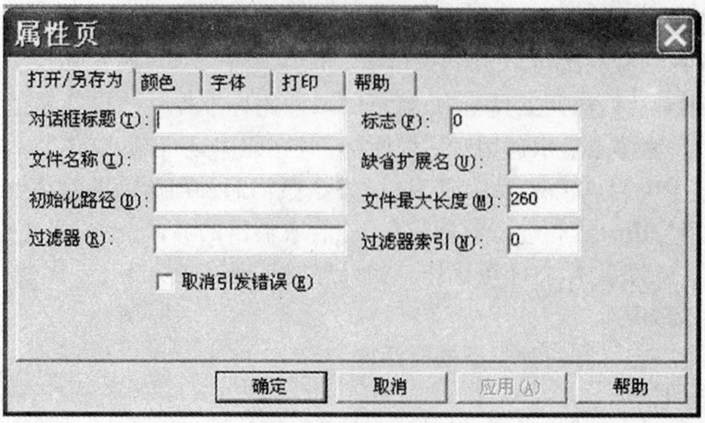

图 10-2　通用对话框控件属性对话框

ShowPrinter:打印机对话框。

ShowHelp:帮助对话框。

10.1.2　文件对话框

使用 ShowOpen 方法或 ShowSave 方法显示的"打开"文件对话框或"另存为"文件对话框,尽管作用不一样,但其外观及其属性基本一致,与熟悉的 Word 界面的"打开"文件对话框或"另存为"文件对话框的外观和作用类似。此外,也可通过设置通用对话框的 Action 属性值为 1 或 2,分别得到"打开"文件对话框或"另存为"文件对话框。

在程序运行时,通用对话框的 Action 属性被设置为 1,就立即弹出打开文件对话框。打开文件对话框并不能真正打开一个文件,它仅仅提供一个打开文件的用户界面,供用户选择所要打开的文件,打开文件的具体工作还是要编程来完成。同样,另存为对话框仅为用户在存储文件时提供一个标准用户界面,供用户选择或键入所要存入文件的驱动器、路径和文件名,并不能提供真正的存储文件操作,储存文件的操作仍需要编程来完成。

文件对话框的主要属性有以下几种。

1)DefaultExt 属性

该属性用来设置保存文件的默认扩展名,如 .txt 或 .doc。

2)FileName(文件名称)属性

该属性为文件名字符串,用于设置"文件名称"文本框中所显示的文件名,在程序中可用该属性值设置或返回用户所选定的文件名(包括路径名),即程序执行时用户用鼠标选中某个文件名或用键盘输入的文件名被显示在"文件名称"文本框中,同时用此文件名为 FileName 属性赋值,FileName 属性得到的是一个包括文件名和路径名的字符串。

3)FileTitle 属性

该属性用于返回或设置用户所要打开或保存文件的文件名,它不包含路径。当用户在对话框中选中所要打开的文件时,该属性就立即得到了该文件的文件名。它与 FileName 属性不同,FileTitle 中只有文件名,没有路径名,而 FileName 中包含所选文件的路径。

4)Filter(过滤器)属性

该属性用于确定文件列表框中所显示文件的类型。该属性值可以是由一组元素或用“|”符号分开的分别表示不同类型文件的多组元素组成。该属性值显示在“文件类型”列表框中。例如,如果想要在“文件类型”列表框中显示下列三种文件类型以供用户选择。

Documents(* .DOC)　　扩展名为 DOC 的 Word 文件;

TextFiles(* .TXT)　　扩展名为 TXT 的文本文件;

AllFiles(* . *)　　所有文件。

那么 Filter 属性应设为“Documents(* .DOC)|TextFiles(* .TXT)| AllFiles(* . *)| * . * ”

5)FilterIndex(过滤器索引)

该属性为整型,表示用户在文件类型列表框中选定了第几组文件类型。如果选定了文本文件,那么 FilterIndex 值等于 2,文件列表框只显示当前目录下的文本文件(* . TXT)。所以,Documents 类型文件的 FilterIndex 为 1,TextFiles 类型文件的 FilterIndexA 为 2,AllFiles 类型文件的 FilterIndex 为 3。

6)InitDir(初始化路径)属性

该属性用来指定打开对话框中的初始目录,若显示当前目录,则该属性不需要设置。

【例 10-1】 建立如图 10-3 所示窗体,插入一对话框控件和两个按钮控件,并编写【打开】和【保存】按钮的相应代码。

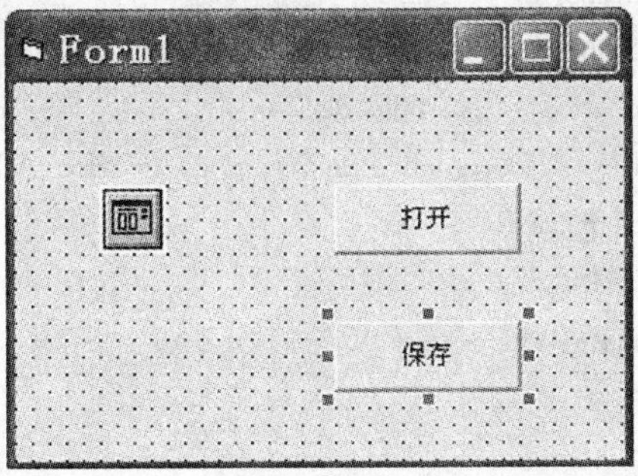

图 10-3　在当前窗体内插入的控件

【打开】的代码为:

```
Private Sub Command1 _ Click()
    CommonDialog1.FileName = ""
    CommonDialog1.Filter="All Files| * . * |( * .doc)| * .doc|( * .txt)| * .txt"
    CommonDialog1.FilterIndex=4
    CommonDialog1.DialogTitle ="打开文件( * .txt)"
    CommonDialog1.Action=1
End Sub
```

【打开】对话框的执行结果如图 10-4 所示。

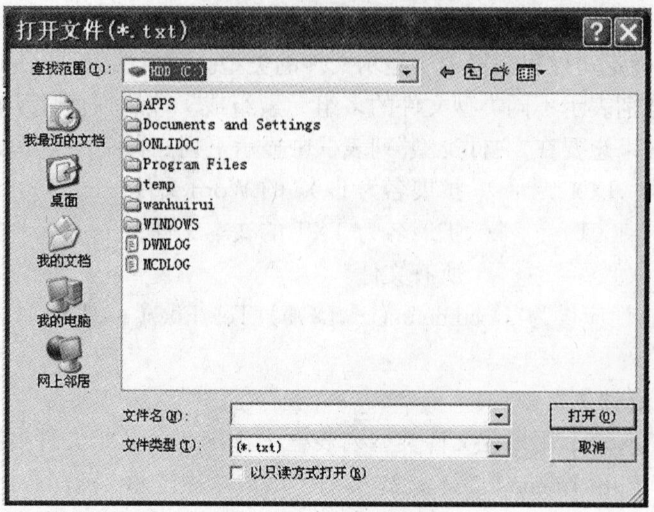

图 10-4 【打开】对话框

【保存】的代码为:

```
Private Sub Command2 _ Click()
  CommonDialog1.CancelError = False
  CommonDialog1.DefaultExt ="DOC"
  CommonDialog1.FileName ="example.doc"
  CommonDialog1 .Filter ="Document Files( * .doc)| * .doc|All Files( * . * )| * . * |Text _
       Files( * .txt)| * .txt"
  CommonDialog1.FilterIndex = 1
  CommonDialog1.DialogTitle = "保存文件"
  CommonDialog1.Action = 2
End Sub
```

与【打开】对话框一样,【保存】对话框也没有实际执行保存文件的功能,需要编写用来实现保存文件操作的程序代码,在实际应用中,可根据实际情况进行相关的操作。

10.1.3 颜色对话框

颜色对话框是当 Action 为 3 时的通用对话框,如图 10-5 所示,供用户选择颜色。

对于颜色对话框,除了基本属性之外,还有一个重要属性 Color,它返回或设置选定的颜色。

在调色板中提供了基本颜色(Basic Colors),还提供了用户的自定义颜色(Custom Colors),用户可自己调色,当用户在

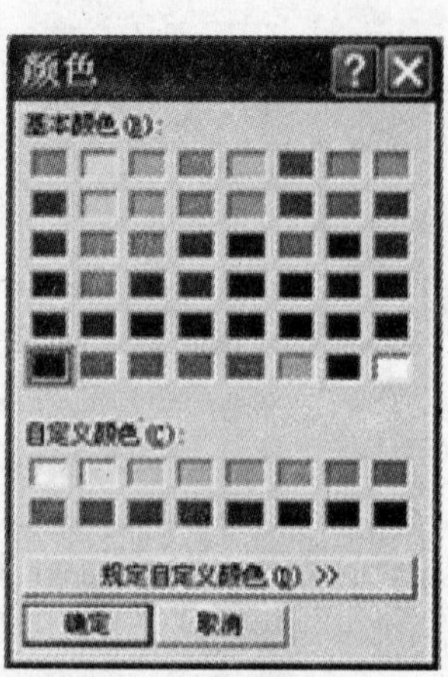

图 10-5 颜色对话框

调色板中选中某颜色时，该颜色值赋给 Color 属性。

【例 10-2】 利用“颜色”命令按钮编写事件过程，设置文本框的前景色。

```
Private Sub cmdColor_Click()
  CommonDialog1.Action = 3
  Text1.ForeColor = CommonDialog1.Color
End Sub
```

10.1.4　字体对话框

字体对话框是当 Action 为 4 时的通用对话框，如图 10-6所示，供用户选择字体。

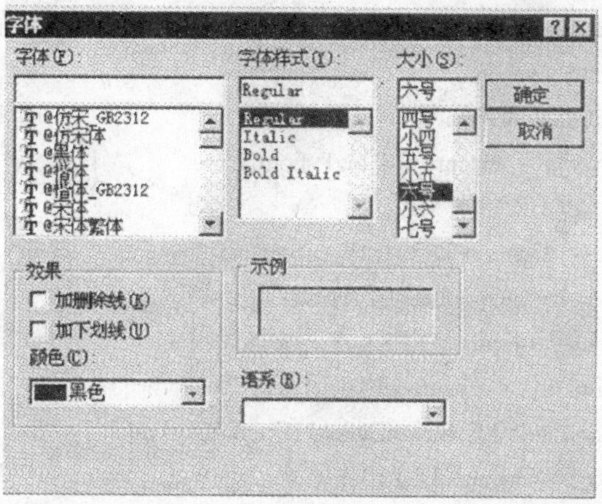

图 10-6　字体对话框

对于字体对话框，除了基本属性之外，还有下列重要属性。

1)Flags 属性

在显示字体对话框之前必须设置 Flags 属性，否则将发生不存在字体错误。Flags 属性应取表 10-1 所示的常数。

表 10-1　字体对话框 Flags 属性设置值

常数	值	说明
cdlCFScreenFonts	&H1	显示屏幕字体
cdlCFPrinterFonts	&H2	显示打印机字体
cdlCFBoth	&H3	显示打印机字体和屏幕字体
cdlCFEffects	&H100	在字体对话框显示删除线和下划线检查框以及颜色组合框

2)Color 属性

该属性值表示字体的颜色，当用户在 Color 列表框中选定某颜色时，Color 属性值即为所选颜色值。

3)FontName 属性

该属性为用户所选定的字体名称。

4)FontSize 属性

该属性为用户所选定的字体大小。

5)FontBold、FontItalic、FontStrikethru 和 FontUnderline 属性

这些属性均为逻辑类型,即它们的值是 True 或 False。

6)Min、Max 属性

这两个属性用于设定用户在字体对话框中所能选择的最小值和最大值,即用户只能在此范围之内选择字体大小,该属性以点(Point)为单位。

【例 10-3】 利用"字体…"命令按钮编写事件过程,设置文本框的字体。

```
Private Sub Command1_Click()
  CommonDialog1.Flags = cdlCFBoth Or cdlCFEffects                    '设置 Flags
  CommonDialog1.ShowFont
  If CommonDialog1.FontName <>"" Then                          '如果选择了字体
    Text1.FontName = CommonDialog1.FontName            '设置文本框内的字体
  End If
  Text1.FontSize = CommonDialog1.FontSize
  Text1.FontBold = CommonDialog1.FontBold
  Text1.FontItalic = CommonDialog1.FontItalic
  Text1.FontStrikethru = CommonDialog1.FontStrikethru
  Text1.FontUnderline = CommonDialog1.FontUnderline
  Text1.ForeColor = CommonDialog1.Color
End Sub
```

10.2　菜单设计

在窗口环境下,当今绝大多数大型应用程序的用户界面是菜单界面。菜单用于给命令进行分组,使用户能够更方便、更直观地访问这些命令。菜单可分为下拉式菜单和弹出式菜单(快捷菜单)两种基本类型。下拉式菜单一般通过单击菜单栏中菜单标题的方式打开,而弹出菜单一般通过在某一区域单击鼠标右键的方式打开。

10.2.1　菜单编辑器

在 VB 中,用菜单编辑器可以设计菜单和菜单项;在已有的菜单上添加新菜单项;编辑、修改和删除已有的菜单和菜单项。

进入菜单编辑器的方式有如下 4 种:

(1)单击"工具"菜单,选择其下拉菜单中的"菜单编辑器"选项;

(2)单击常用工具栏中的"菜单编辑器"按钮;

(3)使用快捷键 Ctrl + E;

(4)在要建立菜单的窗体(此窗体为活动窗体)上单击鼠标右键,会弹出一个快捷菜单,选择其中的"菜单编辑器"选项。

打开的菜单编辑器窗口如图 10-7 所示。菜单设计将通过这个窗口来完成。

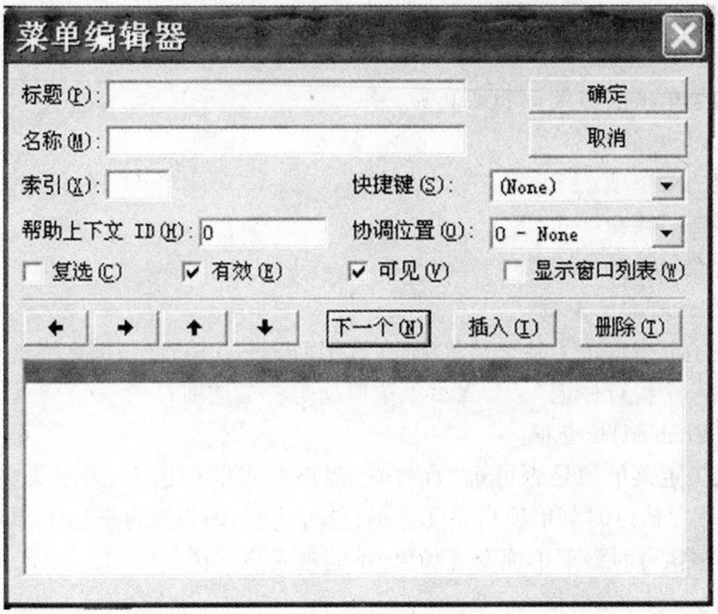

图 10-7　菜单设计窗口

1)标题(Caption)文本框

让用户键入显示在窗体上的菜单标题,键入的内容会在菜单编辑器窗口的下边空白部分显示出来,该区域称为菜单显示区域。

如果输入时在菜单标题的某个字母前输入一个"&"符号,那么该字母就成了热键字母,在窗体上显示时该字母下有下划线,操作时同时按 Alt 键和该带有下划线的字母就可选择这个菜单项命令。例如,建立文件菜单"File",在标题文本框内应输入"&File",程序执行时按 Alt + F 键就可以选择"File"菜单。

如果设计的下拉菜单要分成若干组,则需要用分界符(Separator Bar)进行分隔,则在建立菜单时在标题文本框中输入一个连字符"-",那么菜单显示时形成一个分割条。

2)名称(Name)文本框

由用户输入菜单项的名称,它不会显示出来,在程序中用来标示该菜单项。在标题文本框中输入了一个菜单标题,在名称文本框中应有一个对应的菜单名称。分界符也要有对应的名称。

3)快捷键(Shortcut)下拉列表框

在此列表框列出了很多快捷键,供用户为菜单项选择一个快捷键。菜单项的快捷键可以不要,但如果选择了快捷键,则会显示在菜单标题的右边。在程序运行时,用户按快捷键同样可完成选择该菜单项并执行相应命令的操作。

4)下一个(Next)按钮

当用户把一个菜单项的各个属性设置完以后,选择此按钮,即可换行设置下一个菜单项。

5)"←"和"→"按钮

菜单层次的选择按钮。若建立好一个菜单项后按"→"按钮,则该菜单项在显示框中向右移一段,前面加"…",表示该菜单项为下一级的菜单项。如果选定了某菜单项后,再按"←"按钮,前面的省略号将取消,表示该菜单项是上一级的菜单项。

6)插入(Insert)按钮

在选定的菜单项前插入一个菜单项。

7)删除(Delete)按钮

删除选定的菜单项。

8)"↑"和"↓"按钮

用于改变菜单项的位置。

9)复选(Checked)检查框

如果在显示框中选定了某个菜单项,在选定 Checked 检查框,那么当前被选定的菜单项左边加上了一个检查标记"√",表示该菜单项是一个选项。

10)有效(Enabled)检查框

该检查框决定菜单项是否可选(有效)。当该检查框被选中,表示菜单项的 Enabled 属性为 True,程序执行时菜单项高亮度显示,是可选的;而当没有被选中,即 Enabled 属性为 False,在程序执行时该菜单项变成灰色,不能被用户选择。

11)可见(Visible)检查框

该检查框决定菜单项是否可见。若该检查框未被选中,表示该菜单项的 Visible 属性为 False,程序执行时不可见。

【例 10-4】 建立如图 10-8 和图 10-9 所示菜单,希望它能做简单的加、减、乘、除以及清除工作,菜单中的每一个命令都有快捷键(ShortCut Key),例如"加法"命令的快捷键为 Ctrl + A。

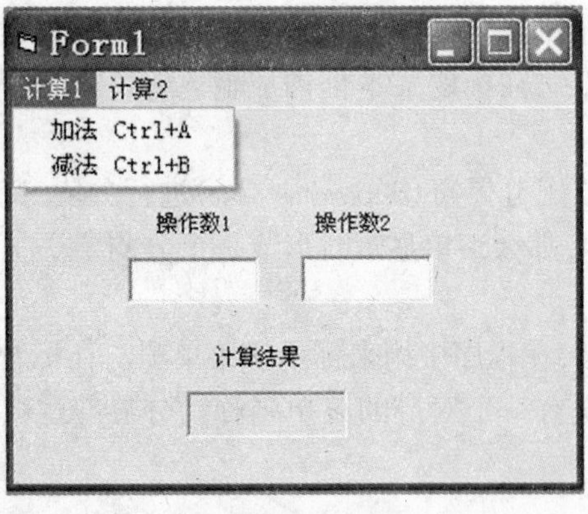

图 10-8　菜单 1

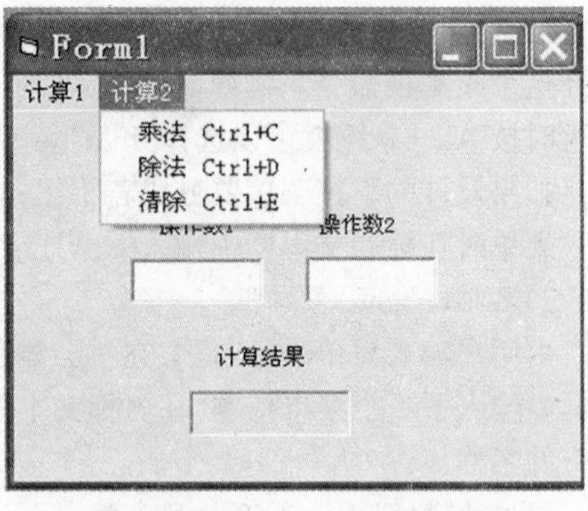

图 10-9　菜单 2

建立菜单大致可分为三个步骤:

(1)建立控件。如图 10-8 所示,在窗体上添加 4 个标签,2 个文本框。

(2)设计菜单。在设计状态下选择"工具"菜单下的菜单编辑器(Ctrl + E)命令,出现如图 10-7 所示的菜单设计窗口。在菜单设计窗口中,按表 10-2 对每一个菜单项输入标题、控件名称和相应的快捷键。

表 10-2　菜单项属性

菜单项	名称	快捷键
计算 1	Cal1	
…加法	Add	Ctrl + A
…减法	Sub	Ctrl + B
计算 2	Cal2	
…乘法	Mul	Ctrl + C
…除法	Div	Ctrl + D
…清除	Clean	Ctrl + E

(3)事件过程代码。在菜单建立好以后,还需要相应的事件过程:

```
Private Sub Add_Click()
  result = Val(txtNo1.Text) + Val(txtNo2.Text)
  lblDisplayResult.Caption = Str$(result)
End Sub

Private Sub Mul_Click()
  result = Val(txtNo1.Text) * Val(txtNo2.Text)
  lblDisplayResult.Caption = Str$(result)
End Sub

Private Sub Div_Click()
  If Val(txtNo2.Text) <> 0 Then
  result = Val(txtNo1.Text) /Val(txtNo2.Text)
  lblDisplayResult.Caption = Str$(result)
 Else
  MsgBox ("操作数 2 不能为 0!")
 End If
End Sub

Private Sub Clean_Click()
  txtNo1.Text = ""
  txtNo2.Text = ""
  lblDisplayResult.Caption = ""
  txtNo1.SetFocus
End Sub

Private Sub Sub_Click()
  result = Val(txtNo1.Text) - Val(txtNo2.Text)
  lblDisplayResult.Caption = Str$(result)
End Sub
```

10.2.2 弹出菜单

VB 允许出现快捷菜单,这点对于用户来说,真是提供了很大的方便。一般来说,菜单都在窗口的顶部。有时,用户需要执行菜单中的某一命令,就把鼠标指针移到窗口顶部打开菜单,选择命令,这对用户来说,会觉得麻烦。而快捷菜单并不需要到窗口顶部来打开,只要单击鼠标的右键,就会弹出。

弹出菜单是独立于窗体菜单栏而显示在窗体内的浮动菜单。显示位置取决于单击鼠标键时指针的位置。设计与普通菜单相同(如果不希望菜单出现在窗口的顶部,该菜单名 Visible 属性设置为 False)。菜单弹出的方法 PopupMenu 的使用形式如下:

[对象.]PopupMenu 菜单名[,标志,x, y]

其中:

x,y:快捷菜单显示的位置。

标志:指定快捷菜单的行为。当标志为 0 时,快捷菜单的项只能对鼠标左键起反应;当标志为 1 时,快捷菜单中的项对鼠标左键和右键都反应;标志为 2 时,PopupMenu 方法只能用在 MouseDown 事件过程。

例如,把前面设计的"计算 2"菜单在程序运行时,作为快捷菜单显示出来。

首先,按前面介绍的方法设计"计算 2"菜单,其 Visible 属性可以设置成 True 或 False。然后,编写如下的事件过程:

```
Private Sub Form_MouseDown(Button As Integer, Shift As Integer, X As Single, Y As Single)
  If Button = 2 Then
    PopupMenu Cal2, 2
  End If
End Sub
```

程序运行后,当单击鼠标右键(Button=2),立即弹出 Cal2 菜单,如图 10-10 所示。

一般来说,用户应将经常使用的命令如 Close、Clear 命令组成一个快捷菜单,便于使用。

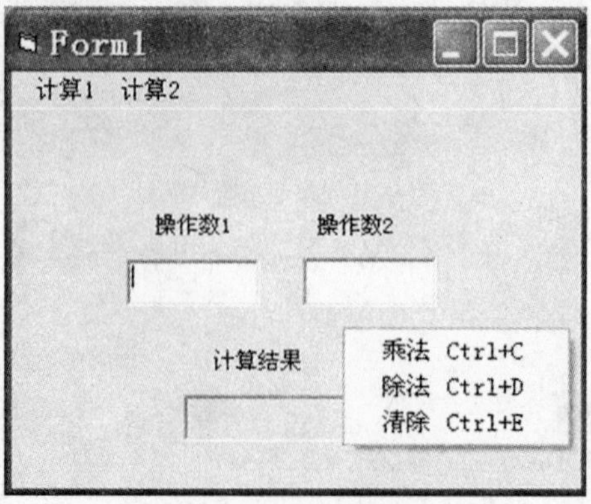

图 10-10 弹出菜单

10.3　工具栏设计

工具栏已经成为许多基于 Windows 的应用程序的标准功能。工具栏提供了对于应用程序中最常用的菜单命令的快速访问方法。制作工具栏有两种方法:一是手工制作,即利用图形框和命令按钮,比较烦琐;另一种方法通过组合使用 ToolBar、ImageList 控件,使得工具栏制作与菜单制作一样简单易学。

使用这些控件前必须打开“部件”对话框,在部件选项卡中选定“Microsoft Windows Common Controls 6.0”将控件添加到工具箱。

组合使用 ToolBar、ImageList 创建工具栏的步骤:

(1)在 ImageList 控件中添加所需的图像。

(2)在 ToolBar 控件中创建 Button 对象。

(3)在 ButtonClick 事件中用 Select Case 语句对各按钮进行相应的编程。

10.3.1　在 ImageList 控件中添加图像

ImageList 控件不单独使用,专门为其他控件提供图像库,是一个图像容器控件。工具栏按钮的图像就是通过 ToolBar 控件从 ImageList 的图像库中获得的。

在窗体上增加 ImageList 控件后,选中该控件,默认名为 ImageList1,单击右键,从弹出的快捷菜单中选择“属性”,然后在“属性”对话框选择“图像”标签,如图 10-11 所示。

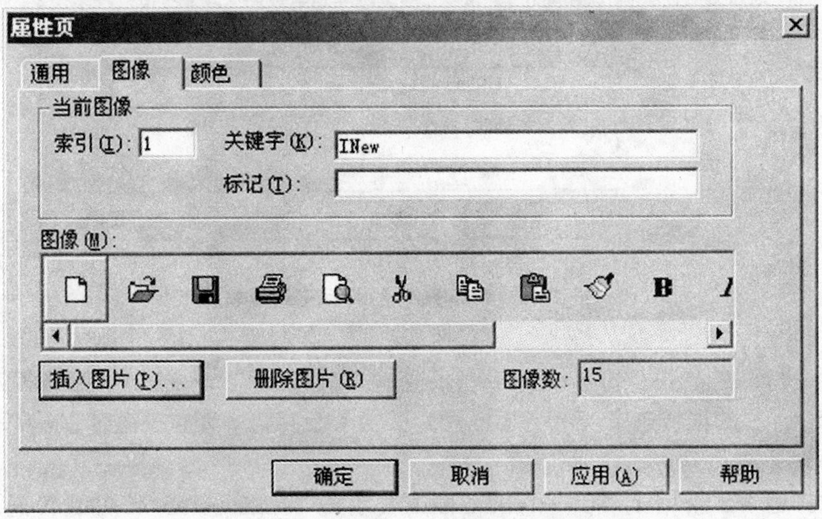

图 10-11　ImageList“图像”标签对话框

其中:

“索引(Index)”表示每个图像的编号,在 ToolBar 的按钮中引用。

“关键字(Key)”表示每个图像的标识名,在 ToolBar 的按钮中引用。

“图像数”表示已插入的图像数目。

“插入图片”按钮,插入新图像,图像文件的扩展名为 .ico、.bmp、.gif、.jpg 等。

“删除图片”按钮用于删除选中的图像。

本例中，建立的 ImageList 控件名为“ImageList1”，它装入了 15 个图像。

10.3.2　在 ToolBar 控件中添加按钮

ToolBar 工具栏可以建立多个按钮，每个按钮的图像来自 ImageList 对象中插入的图像。

1. 为工具栏连接图像

在窗体上增加 Toolbar 控件后，右键单击 Toolbar 控件，选择“属性”命令打开如图 10-12所示的 Toolbar 控件“属性页”对话框，选择“通用”选项卡。

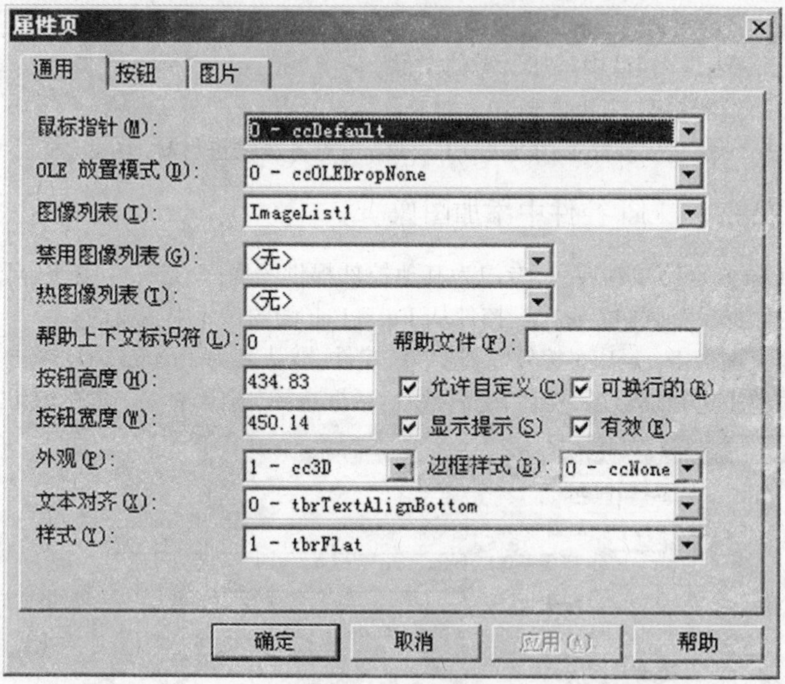

图 10-12　ToolBar“通用”标签对话框

其中：

“图像列表”框表示与 ImageList 控件的连接，此列选择“ImageList1”控件名。

“可换行”复选框被选中表示当工具栏的长度不能容纳所有的按钮时，在下一行显示，否则剩余的不显示。

“样式”是 VB 新增的。0 - tbrStandard 表示如 Windows 95 采用的普通风格（见图 10-13）；0 - tbrFlat 表示如 Windows 98 采用的平面风格。主要区别在于当按钮样式为“样式 3”时，前者按钮不可见，只留出一点空间；后者为有一条竖线的细窄按钮。

其余各项含义显而易见，一般取默认值。

注意：若要对 ImageList 控件进行增、删图像，必须先在 ToolBar 控件的“图像列表”框设置“无”，即与 ImageList 切断联系，否则 VB 提示无法对 ImageList 控件进行编辑。

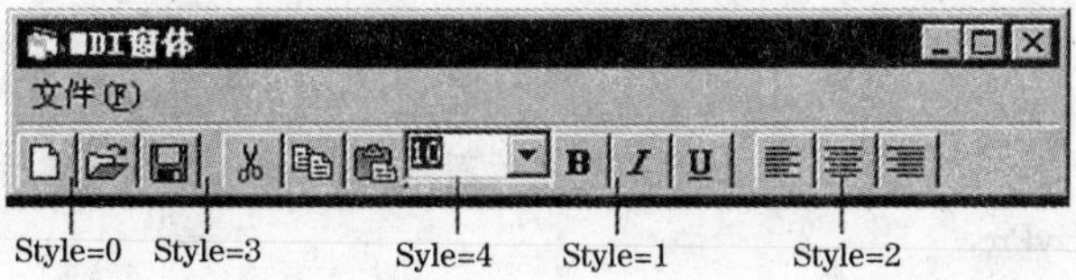

图 10-13　设计的工具栏效果

2. 为工具栏增加按钮

打开“属性页”上的“按钮”选项卡，单击“插入按钮”，可以在工具栏上插入按钮，对话框中主要属性：

索引(Index)：表示每个按钮的数字编号，在 ButtonClick 事件中引用。

关键字(Key)：表示每个按钮的标识名，在 ButtonClick 事件中引用。

样式(Style)：按钮样式，共 5 种，含义见表 10-3，效果见图 10-13。

图像(Image)：ImageList 对象中的图像，它的值可以是图中的 Key 或 Index。

值(Value)：表示按钮的状态，有按下(tbrPressed)和没按下(tbrUnpressed)，对样式 1 和样式 2 有用。

本例中，工具栏设计见图 10-13，ImageList1 控件与 ToolBar1 控件的主要属性见表 10-3。

表 10-3　按钮样式

值	常数	说明
0	tbrDefault	普通按钮。按下按钮后恢复原状，如“新建”按钮
1	tbrCheck	开关按钮。按下按钮后保持按下状态，如“加粗”等按钮
2	tbrButtonGroup	编组按钮。在一组按钮中只能有一个有效，如对齐方式按钮
3	tbrSepatator	分隔按钮。将左右按钮分隔开
4	tbrPlaceholder	占位按钮。用来安放其他按钮，可以设置其宽度(width)
5	tbrdropdown	菜单按钮。具有下拉菜单，如 Word 中的“字符缩放”按钮

10.3.3　响应 Toolbar 控件事件

Toolbar 控件常用的事件有两个：ButtonClick 和 ButtonMenuClick。前者对应按钮样式为 0~2，后者对应样式为 5 的菜单按钮。

实际上，工具栏上的按钮是控件数组，单击工具栏上的按钮会发生 ButtonClick 事件或 ButtonMenuClick 事件，可以利用数组的索引(Index 属性)或关键字(Key 属性)来识别按钮，再使用 Select Case 语句完成代码编制。现以 ButtonClick 事件举例。

(1)用索引 Index 确定按钮。

```
Private Sub Toolbar1 _ ButtonClick(ByVal Button As ComctlLib.Button)
  Select Case Button.Index
    Case 1                    '按了新建按钮,执行新建过程,该过程代码在标准模块
          FileNewProc
    Case 2                    '按了打开按钮,执行打开过程
          FileOpenProc
    …
  End Select
End Sub
```

(2)用关键字 Key 确定按钮。

```
Private Sub Toolbar1 _ ButtonClick(ByVal Button As ComctlLib.Button)
  Select Case Button.Key
    Case "TNew"                 '按了新建按钮,执行新建过程,该过程代码在标准模块
      FileNewProc
    Case "TOpen"                '按了打开按钮,执行打开过程
      FileOpenProc
    …
  End Select
End Sub
```

由此可见,使用 Button.Key 程序可读性好;而且当按钮有增删时,使用关键字不影响程序,程序可维护性好。

当单击菜单按钮时响应 ButtonMenuClick 事件,该事件形式如下:

```
Private Sub Object _ ButtonMenuClick([index As Integer,] ByVal Button As ComctlLib.ButtonMenu)
      …
End Sub
```

其中:

Index 表示菜单按钮在控件数组中的索引;Button 表示对菜单按钮对象的引用。详细说明参阅 VB 帮助。

对于字号组合框,虽然位置在工具栏,但实际是一个独立的控件,使用方法在第五章已介绍。此处,只要编写 Combo1 _ Click 事件过程即可,关于字号的控制的代码,本章不再介绍。

本章小结

本章主要介绍一些高级控件的使用方法,用户可以使用它们强化界面的设计。通过

本章的学习,您应该掌握如下内容:各种对话框的使用,菜单的使用,工具栏的设计等内容。

习题 10

10.1　选择题

1. 在用菜单编辑器设计菜单时,必须输入的项是(　　)。

(A)快捷键　　(B)标题　　(C)索引　　(D)名称

2. 在下列关于菜单的说法中,错误的是(　　)。

(A)每个菜单项都是一个控件,与其他控件一样有自己的属性和事件

(B)除了 Click 事件之外,菜单项还能响应其他的(如 DblClick 等)事件

(C)菜单项的快捷键不能任意设置

(D)在程序执行时,如果菜单项的 Enabled 属性为 False,则该菜单项变成灰色,不能被用户选择

3. 在下列关于通用对话框的叙述中,错误的是(　　)。

(A)CommonDialogl.ShowFont 显示字体对话框

(B)在“打开”或“另存为”对话框中,用户选择的文件名可以经 FileTitle 属性返回

(C)在“打开”或“另存为”对话框中,FileName 属性返回所选的文件名及其路径

(D)通用对话框可以用来制作和显示帮助对话框

4. 以下语句正确的是(　　)。

(A)CommonDialogl.Filter=All Files | *.* | Pictures (*.Bmp) | *.Bmp

(B)CommonDialogl.Filter="All Files" | "*.*" | "Pictures (*.Bmp)" | "*.Bmp"

(C)CommonDialogl.Filter="All Files| *.* | Pictures(*.Bmp)| *.Bmp"

(D)CommonDialogl.Filter={All Files| *.* | Pictures(*.Bmp)| *.Bmp}

10.2　填空题

1. 如果建立菜单时在标题文本框中输入一个______,那么显示时形成一个分隔符。

2. 如果把菜单项的______属性设置为 True,则该菜单项成为一个选定项。

3. 不论是在窗口顶部菜单条上显示的菜单,还是隐藏的菜单,都可以用______方法把它们作为弹出菜单在程序运行期间显示出来。

4. 菜单的热键指使用______键和菜单项标题中的一个字符来打开菜单。建热键的方法是,在菜单标题的某个字符前加上一个______符号,则菜单中这一字符自动加上______,表示该字符是热键字符。

5. 假定有一个通用对话框控件 CommonDialogl,除了用 CommonDialogI.Action=3 显示颜色对话框之外,还可以用______方法显示。

6. 在显示字体对话框之前必须设置______属性,否则将发生字体不存在的错误。

实验 10

【实验目的】

(1)学会使用通用对话框进行编程。

(2)掌握窗口菜单和实时菜单的设计方法。

(3)掌握工具栏、图像列表框控件的使用。

(4)掌握状态栏控件的使用。

(5)综合应用所学的知识,编制具有可视化界面的应用程序。

【实验内容】

实验 10.1　设计一个运行界面如图 10-14 所示的应用程序。当选择"改变标签标题选择颜色"按钮后,弹出颜色对话框,为标签标题选择一个颜色;当选择"编辑文本文件"按钮后,弹出打开文件对话框,选择一个文本文件后调用记事本程序编辑该文件。

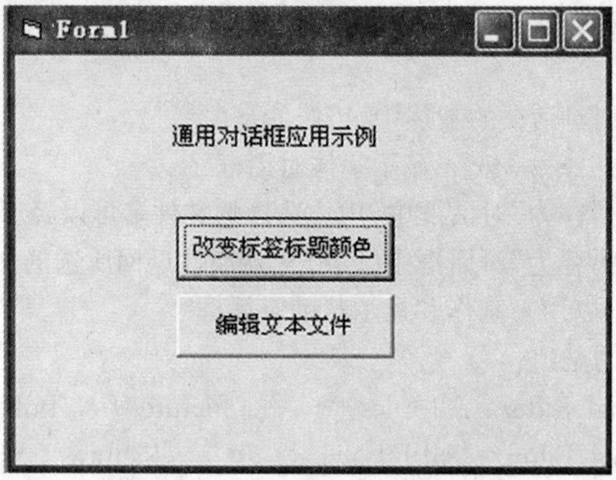

图 10-14　实验 10.1 通用对话框

实验 10.2　在窗体上放置一个文本框,设置它的 Multiline 属性 Ture。设计一个含有 2 个主菜单项的菜单系统,分别为"菜单 1"和"菜单 2"。其中,"菜单 1"包括"清除"、"结束"两个菜单命令。"菜单 2"包括"12 号字体"、"16 号字体"、"粗体"、"斜体"4 个命令,如图 10-15 和图 10-16 所示。为菜单项编写有关的程序代码。

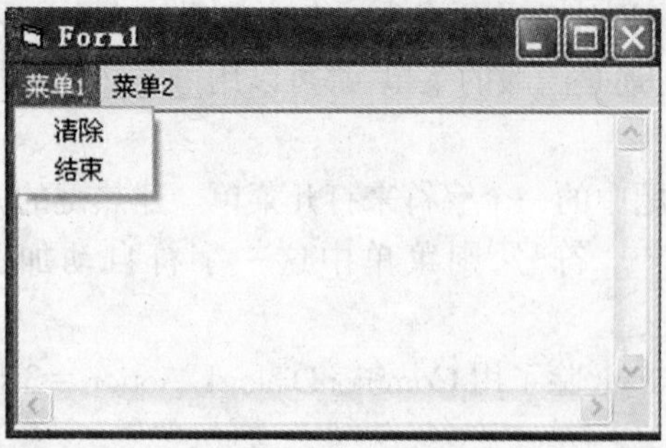

图 10-15　实验 10.2 菜单 1

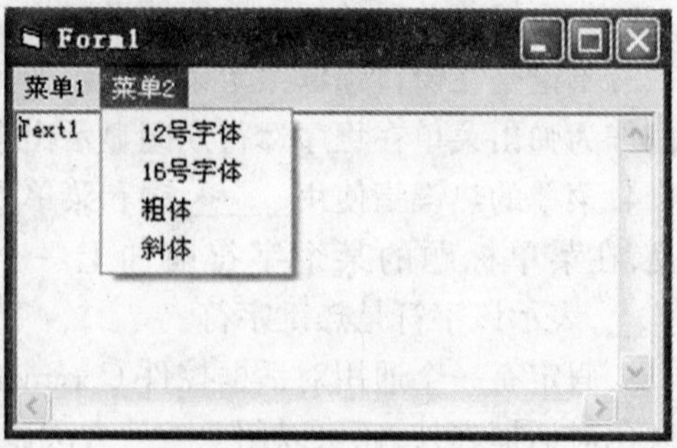

图 10-16　实验 10.2 菜单 2

"清除"命令:清除文本框中所显示的内容。

"12 号字体"或"16 号字体"命令:把文本框中文本字体的大小设置为 12 磅或 16 磅。

"粗体"或"斜体"命令:在菜单项左边加上或取消标记"√",控制文本框中的文体字形变化。

窗体上"菜单 2"的显示与否与文本框中有无内容相关,当清除文本框中的内容时,隐藏"菜单 2",当文本框中输入信息后,显示"菜单 2",另外可通过鼠标右键弹出"菜单 2"。

实验 10.3　在实验 10.2 的基础上按菜单的功能添加一个控制字体风格的工具栏。提示:"菜单 2"中的"12 号字体"、"16 号字体"功能对应的按钮采用菜单按钮(设置样式值为 5),在 Toolbar1 - ButtonClick 事件响应所作的选择。"粗体"、"斜体"对应的按钮采用开关按钮(设置样式值为 1),在 Toolbar1 - ButtonClick 事件响应所做的选择。

第 11 章　图形操作

在计算机应用中,图形是比较有趣并且令人感兴趣的部分,同时也是比较复杂难以掌握的部分。VB 向用户提供了丰富的图形功能。VB 对于图形和绘图的支持表现在三个方面:一是提供了窗体、图片框、图像框等对象显示已存在的图形文件;二是提供了 Line 和 Shape 两个基本控件,用于绘制一般的几何图形;三是提供了一些方法和命令,用来在窗体或屏幕上直接绘制图形。

11.1 VB 的坐标系统

VB 在很多地方都要用到坐标系统。例如,向窗体添加控件时,通过修改控件的 Top 属性和 Left 属性值,就可以确定控件的位置,这里用的就是窗体的坐标系统。VB 提供两种坐标系统:默认坐标系和自定义坐标系。

11.1.1 默认坐标系

在默认坐标系中,对象的左上角坐标为(0,0),当沿着水平轴向右移动和沿着垂直轴向下移动时,坐标值增加。对象的 Top 属性和 Left 属性指定了该对象左上角距原点在垂直和水平方向的偏移量。

每个对象都有自己的尺寸,其中水平方向的宽度用属性 Width 来表示,垂直方向的高度用属性 Height 来表示。默认状态下,Top、Left、Width、Height 属性用 Twip(缇)作单位,1 缇 = 1/1440 英寸。这个度量单位规定的是对象打印时的大小,屏幕上的实际物理距离可因监视器尺寸而异。

11.1.2 自定义坐标系

对象的坐标系允许用户自行定义。有两种方法可以用来自定义坐标系。

1. 通过修改对象的 ScaleTop、ScaleLeft、ScaleWidth、ScaleHeight 属性来实现

ScaleLeft 和 ScaleTop 属性用于控制对象左上角坐标。默认坐标系中,ScaleLeft 和 ScaleTop 属性的值为 0。ScaleWidth 和 ScaleHeight 属性的值则是根据坐标系的长度单位计算的内部区域的实际宽度和高度。

当改变 ScaleTop 或 ScaleLeft 的值后,坐标系的 X 轴或 Y 轴按此值平移形成新的原点。此时,对象右下角的坐标值为:(ScaleLeft + ScaleWidth, ScaleTop + ScaleHeight)。根据对象左上角和右下角坐标值的大小自动设置坐标轴的正向。X 轴与 Y 轴的度量单位分别为 1/ScaleWidth 和 1/ScaleHeight。

【例 11-1】 Form_Click 事件中通过属性定义窗体 Form1 的坐标系。

程序代码如下:

```
Private Sub Form_Click()
  Cls
  Form1.ScaleLeft = -100
  Form1.ScaleTop = 200
  Form1.ScaleWidth = 500
  Form1.ScaleHeight = -400
  Line(-100, 0)-(400, 0)        '画 X 轴
  Line(0, 200)-(0, -200)        '画 Y 轴
  CurrentX = 0
  CurrentY = 0
  Print 0            '标记坐标原点
  CurrentX = 360
  CurrentY = 20
  Print "X"          '标记 X 轴
  CurrentX = 10
  CurrentY = 180
  Print "Y"          '标记 Y 轴
End Sub
```

窗体 Form1 的左上角坐标为(-100,200),右下角坐标为(400,-200)。X 轴的正向向右,Y 轴的正向向上。窗体 Form1 的坐标系如图 11-1 所示。

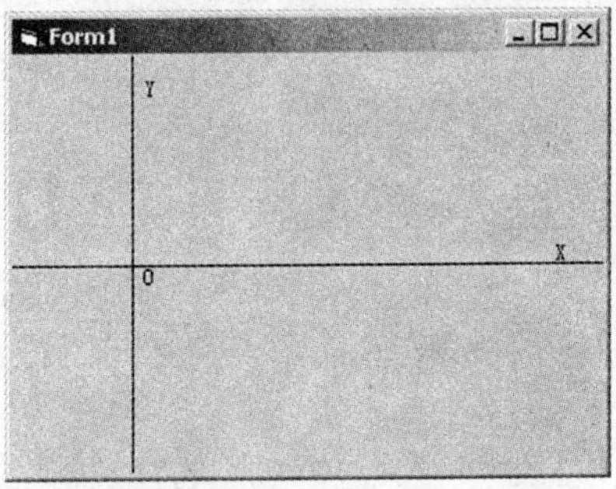

图 11-1

2. 通过 Scale 方法定义坐标系

格式:

[object.]Scale(x1,y1)-(x2,y2)

说明:

(1)对象可以是窗体、图片框或打印机,若省略对象,则为当前窗体。

(2)(x1,y1)、(x2,y2)分别指定对象左上角和右下角的坐标。均为单精度浮点数。

(3)语句 Scale(x1,y1)-(x2,y2)与下面四个语句的作用是相同的。

ScaleLeft = x1
ScaleTop = y1
ScaleWidth = x2 - x1
ScaleHeight = y2 - y1

【例 11-2】 用窗体内两个命令按钮的单击事件说明用 Scale 方法改变坐标系统后产生的影响,命令 Line (0, 0)-(1000, 1000)表示从坐标原点到(1000,1000)画一条直线。

程序代码如下:

```
Private Sub Command1_Click()
```

```
    Cls
    Form1.Scale          '采用窗体的默认坐标系
    Line (0, 0)-(1000, 1000)         '画线
End Sub

Private Sub Command2_Click()
    Cls
    Form1.Scale (0, 1000)-(1000, 0)          '自定义坐标系
    Line (0, 0)-(1000, 1000)          '画线
End Sub
```

运行结果如图 11-2 所示。

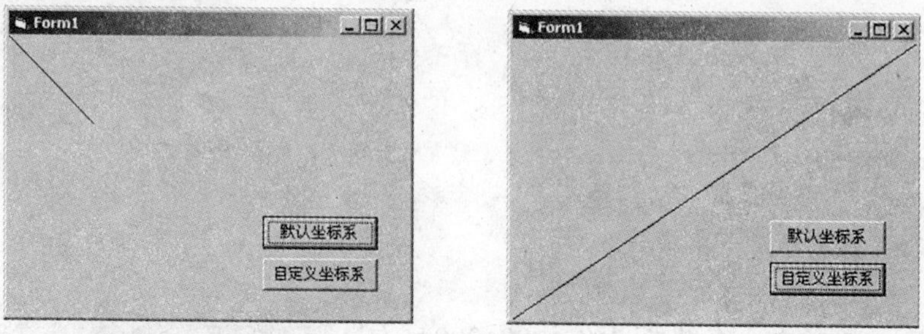

图 11-2

11.2 绘图属性

11.2.1 当前坐标

CurrentX、CurrentY 属性:给出对象在绘图时的当前坐标。

说明:对象是指窗体、图片框或打印机。

当重新设置窗体的坐标系统时,CurrentX 和 CurrentY 的值也将自动改变,但其相对应的点的实际位置并不发生改变。

【例 11-3】 使用 CurrentX 和 CurrentY 属性,在窗体上输出立体字。

要在窗体上产生立体字效果,可将相同内容的字符用不同颜色输出两次,并在第二次输出时,适当地偏移输出位置。

程序代码如下:

```
Private Sub Form_Click()
    FontBold = True
    FontSize = 30
    ForeColor = QBColor(0)
    CurrentX = 700
```

```
    CurrentY = 1100
    Print "VB 程序设计"
    ForeColor = QBColor(15)
    CurrentX = 660
    CurrentY = 1080
    Print "VB 程序设计"
End Sub
```

图 11-3

运行结果如图 11-3 所示。

11.2.2　线宽

(1)DrawWidth 属性:返回或设置图形方法输出的线宽。属性值的单位为像素,取值范围为 1~32767,缺省值为 1。

(2)BorderWidth 属性:使用图形控件时定义线的宽度,取值范围为 1~8192。

【例 11-4】　在窗体上画一系列宽度递增的直线。

程序代码如下:

```
Private Sub Form_Click()
    CurrentX = 0
    CurrentY = ScaleHeight /2
    ForeColor = QBColor(3)
    For i = 1 To 300 Step 2
    DrawWidth = i
    Line - Step(ScaleWidth /20, 0)
    Next i
End Sub
```

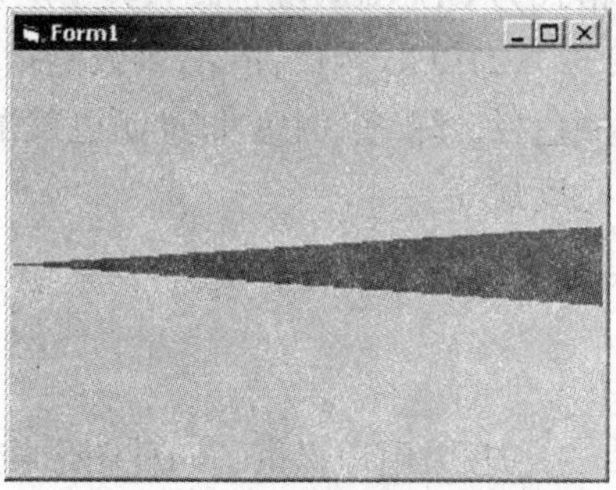

图 11-4

运行结果如图 11-4 所示。

11.2.3　线型

(1)DrawStyle 属性:返回或设置图形方法输出的线型的样式。取值范围为 0~6,共 7 种线型,缺省值为 0(实线)。0:实线;1:虚线;2:点线;3:点划线;4:双点划线;5:透明线(无线);6:内实线。

说明:当 DrawWidth 属性值大于 1 且 DrawStyle 属性值为 1~4 时,都将画出一条实线。

(2)BorderStyle 属性:使用控件时给出画线的样式。取值范围为 0~6,共 7 种线型,缺省值为 1(实线)。0:透明;1:实线;2:虚线;3:点线;4:点划线;5:双点划线;6:内实线。

11.2.4　填充

封闭图形的填充是由 FillStyle 和 FillColor 属性决定的。

(1)FillStyle 属性:设置填充封闭图形的图案样式。取值范围为 0～7,共 8 种样式。0:实心;1:透明;2:水平线;3:垂直线;4:向上对角线;5:向下对角线;6:交叉线;7:对角交叉线。

(2)FillColor 属性:设置填充图案的颜色,缺省颜色与 ForeColor 相同。

【例 11-5】 用 FillColor 和 FillStyle 属性指定填充的 8 种图案及颜色。

程序代码如下:

```
Private Sub Form_Click()
  For i = 0 To 7
    Shape1(i).FillStyle=i              '设置填充样式
    Shape1(i).FillColor=QBColor(15-i)  '设置填充颜色
  Next i
End Sub
```

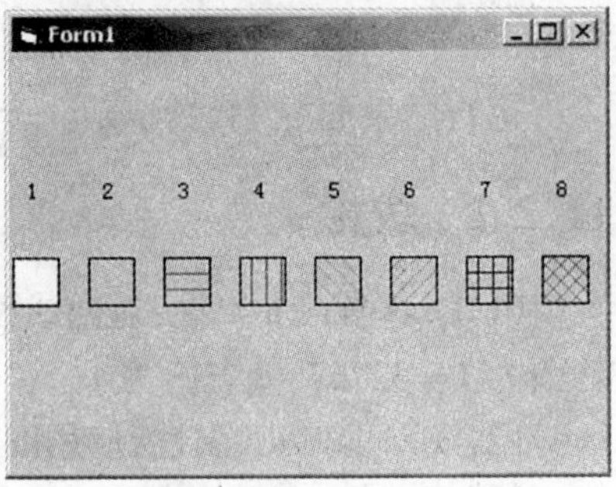

图 11-5

运行结果如图 11-5 所示。

11.2.5　颜色函数

(1)QBColor 函数:QBColor 函数能够选择 16 种 Microsoft QuickBasic 颜色中的一种。格式为 QBColor(颜色码),其中颜色码的取值范围为 0～15,每个颜色码代表一种颜色。

(2)RGB 函数:RGB 函数能指定任何颜色。格式为 RGB(红、绿、蓝)。要对三种主要颜色(红、绿、蓝)中的每种颜色赋予 0～255 之间的一个整数值,0 表示亮度最低,255 表示亮度最高。

11.3　图形控件

VB 为用户提供了四种图形控件:图片框(PictureBox)、图像框(Image)、直线(Line)和形状(Shape)。在前面我们已经学习过图片框和图像框,在本节我们将学习直线和形状。

11.3.1　Line 控件

Line 控件用来在窗体或其他控件容器中创建简单的线条,它没有自己特殊的方法,也不产生任何事件。设计和运行时可以通过它的属性来改变其位置、粗细和颜色等。

1.Line 控件的常用属性

(1)BorderColor 属性:返回或设置直线的颜色。

(1)BorderStyle 属性:返回或设置直线的样式。取值范围为 0～6,共 7 种类型。

(2)BorderWidth 属性:返回或设置直线的宽度。

2.Line 控件的特有属性

x1,x2,y1,y2 属性指定直线起点和终点的 x 坐标及 y 坐标。可以通过改变 x1,x2,y1,y2 的值,来改变直线的位置和长度。

说明：

(1)Line 控件没有 Left、Top、Width 和 Height 属性。

(2)运行时不能用 Move 方法决定直线的位置和长度。

【例 11-6】　在窗体上使用 Line 控件画 7 条线，编写一个命令按钮的单击事件过程，设置它们的样式。其中第一条线 BorderStyle=0，是透明的，显示不出来。

程序代码如下：

```
Private Sub Command1 _ Click()
  For i=0 To 6
    Label1(i)="boderstyle=" & i
    Line1(i).BorderStyle=i
  Next i
End Sub
```

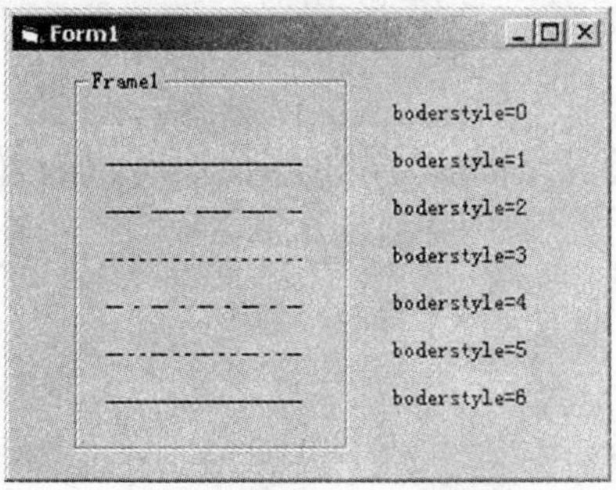

图 11-6

运行结果如图 11-6 所示。

11.3.2　Shape 控件

使用 Shape 控件可以在窗体或其他控件容器中画出矩形、正方形、圆形、椭圆形、圆角矩形或圆角正方形。

1.Shape 控件的常用属性

(1)Left、Top、Width、Height 属性决定 Shape 控件的位置和大小，也可以用 Move 方法改变它的大小和位置。

(2)BorderWidth 属性：设置图形边界宽度，其值是以像素为单位的边线宽度。

(3)BorderColor 属性：设置图形边界颜色。

(4)BorderStyle 属性：设置边界线的类型。

(5)FillColor 属性：设置图形的前景色。

为图形设置前景色时，应该先将图形的属性 FillStyle 的值设置为 0(不透明)，此时，不论背景色 BackColor 的值为何种颜色，都会被前景色 FillColor 所覆盖。当图形的属性 FillStyle 的值为 1(透明)时，则图形内显示背景色。

2.Shape 控件的特有属性

(1)Shape 属性：设置图形的形状。不同的取值对应不同的图形样式。0：矩形；1：正方形；2：椭圆形；3：圆形；4：圆角矩形；5：圆角正方形。

(2)BackStyle 属性：设置图形背景风格。

(3)FillStyle 属性：设置图形填充样式。

【例 11-7】　将形状控件显示不同的形状、设置不同的颜色、填充不同的图案。

程序代码如下：

```
Private Sub Command1 _ Click()          '设置不同的形状
  For i=0 To 5
```

```
      Shape1(i).Shape=i
      Label1(i).Caption="i=" + Str(i)
   Next i
End Sub

Private Sub Command2_Click()          '设置不同的颜色
   For i = 0 To 5
      Shape1(i).FillStyle=1            '设置 FillStyle 为透明
      Shape1(i).BackStyle=1            '设置 BackStyle 为不透明
      Shape1(i).BackColor = QBColor(i + 2)     '设置背景色
      Label1(i).Caption="i=" + Str(i)
   Next i
End Sub

Private Sub Command3_Click()       '设置不同的填充图案
   For i = 0 To 5
      Shape1(i).FillStyle=i
      Shape1(i).BackColor=QBColor(i + 2)
      Label1(i).Caption="i="+Str(i)
   Next i
End Sub
```

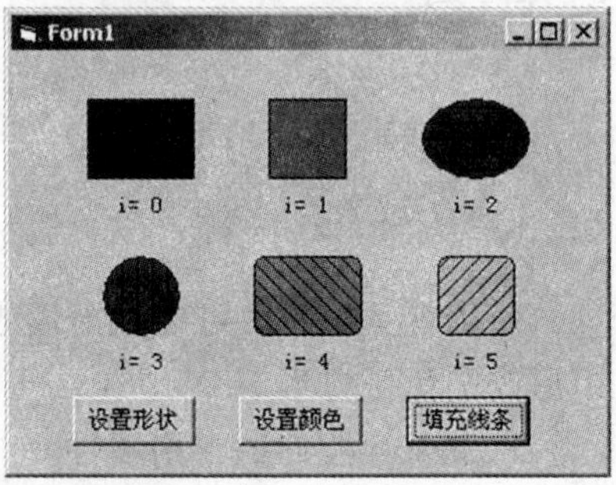

图 11-7

运行结果如图 11-7 所示。

11.4　图形方法

11.4.1　Pset 方法

Pset 方法用来设置对象上指定的点的颜色，即用指定的颜色画出一个点。

格式：

[object.]Pset [step] (x,y)[, color]

说明：

(1)step 指定相对于由 CurrentX 和 CurrentY 属性提供的当前图形位置的坐标，可选。

(2)(x,y)设置所画点的水平(x 轴)和垂直(y 轴)坐标，是单精度浮点数。

(3)color 设置该点像素的前景色，为可选的长整型参数。

(4)用 Pset 方法可以清除一点。先设定该点的坐标，然后将 color 参数设置为 BackColor 属性值即可。

【例 11-8】　星空演示。用随机的颜色在窗口上的随机位置画 1000 个点，每隔 0.1 秒重画一次，产生星空闪烁的效果。

程序代码如下：

```
Private Sub Timer1_Timer()          '计时器 Timer1 的 InterVal 属性值为 100
  Cls                               '清除窗体中的内容
  DrawWidth = 4                     '设置点的大小
  For i = 1 To 1000                 '画 1000 个点
  r = 255 * Rnd                     '随机的红色值
  g = 255 * Rnd
  b = 255 * Rnd
  x = Rnd * Width                   '随机的 x 值
  y = Rnd * Height                  '随机的 y 值
  PSet (x, y), RGB(r, g, b)
  Next i
End Sub
```

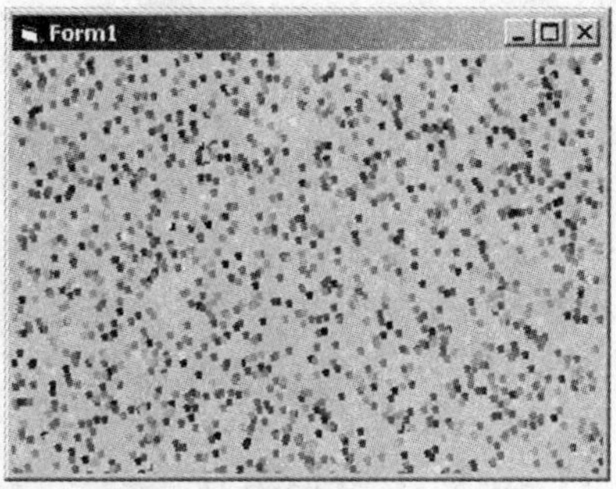

图 11-8

运行结果如图 11-8 所示。

11.4.2　Line 方法

Line 方法用来绘制直线和矩形。根据参数的不同，该方法既可以画出直线，也可以画出空心矩形或实心矩形。

格式：

[objet.]Line [step](x1,y1) - [step](x2,y2),[color],[B][F]

说明：

(1)step 指定相对于由 CurrentX 和 CurrentY 属性提供的当前图形位置的坐标，可选。

(2)(x1,y1)指定直线或矩形的起点坐标，度量单位由 ScaleMode 属性决定。若省略，则从 CurrentX 和 CurrentY 指示的位置开始。为可选的单精度浮点参数。

(3)指定相对于线的起点的终点坐标，可选。

(4)(x2,y2)指定直线或矩形的终点坐标。为可选的单精度浮点参数。

(5)color 指定线条的颜色。

(6)选项 B 表明是否画矩形，可选。若给定 B，则语句根据起止点绘制矩形。

(7)选项 F 指定是否填充矩形，只有在指定 B 后才能使用。若同时选择 B、F 选项，则规定以矩形边框的颜色填充，即画出实心矩形；若只用 B 选项而不用 F 选项，则矩形用当前的 FillColor 和 FillStyle 填充。

【例 11-9】　用 Line 方法画随机的射线。

由随机函数 Rnd 产生的 X 坐标与 Y 坐标都大于 0，所以画出的射线都分布在第一象限，用随机函数 Rnd 产生的值在(0,0.5)与(0.5,1)之间的分布是相等的，可根据 Rnd<0.5 取相反值，得到其他 3 个象限的坐标值。然后利用 Line(0,0) - (x,y)画线。

程序代码如下：

```
Private Sub Form_Click()
  Cls
Scale (-300, 300)-(300, -300)     '自定义坐标系，窗体的中心为原点(0,0)
DrawWidth = 1                     '规定线条的宽度
```

```
For i = 1 To 50                        '画 50 条射线
    x = 300 * Rnd                      '随机产生 X 坐标值
    y = 300 * Rnd                      '随机产生 Y 坐标值
    If Rnd<0.5 Then x = -x
    If Rnd<0.5 Then y = -y
    c = 15 * Rnd          '随机产生颜色
    Line (0, 0)-(x, y), QBColor(c) '画射线
  Next i
End Sub
```

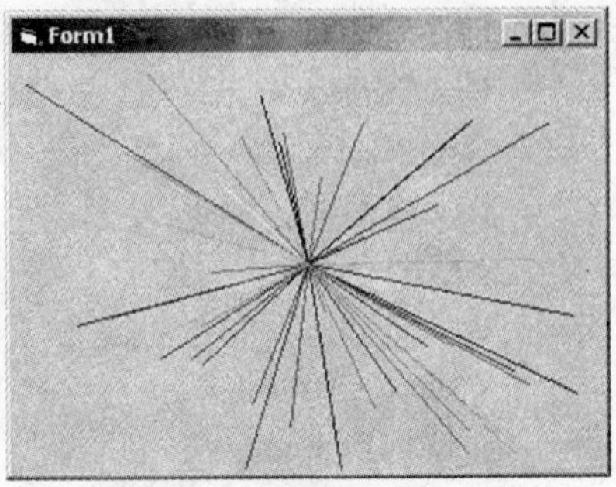

图 11-9

运行结果如图 11-9 所示。

11.4.3 Circle 方法

Circle 方法用来绘制圆形、椭圆形、扇形和弧形。该方法参数很多，传送不同的参数，可以画出不同的图形。

格式：

[object.]Circle [Step](x,y),radius,[color,start,end,aspect]

说明：

(1)Step 关键字，用来指定圆、椭圆、弧的中心，它们相对于当前对象的 CurrentX 和 CurrentY 属性提供的坐标，可选。

(2)(x,y)指定圆、椭圆、弧的中心坐标。为单精度浮点参数。

(3)radius 指定圆、椭圆、弧的半径。为单精度浮点参数。

(4)color 指定圆周的 RGB 颜色。若省略，则使用当前的 ForeColor 属性值。为可选的长整型参数。

(5)start 指定弧的起点位置，单位为弧度，其范围从 -2π～2π，默认值是 0。为可选的单精度浮点参数。

(6)end 指定弧的终点位置，单位为弧度，其范围从 -2π～2π，默认值是 2π。为可选的单精度浮点参数。

(7)aspect 指定圆的纵横尺寸比，默认值为 1.0，它在任何屏幕上都产生一个标准圆(非椭圆)。它可以是正的小数表达式，但不能是负数。当 aspect>1 时，椭圆沿垂直轴线拉长，radius 指的是垂直方向的 y 半径；当 aspect<1 时，椭圆沿水平轴线拉长，radius 指的是水平方向的 x 半径。

(8)可以使用所属对象的 FillColor 和 FillStyle 属性来填充图形，只有封闭的图形才能被填充。

(9)当参数 Start 和 End 都为正数时，将画一条弧。当参数 Start 和 End 都为负数时，将画一个封闭的扇形。

【例 11-10】 在窗体中随机地产生 30 个彩色的圆。

程序代码如下：

```
Private Sub Form_Click()
  Cls
  DrawWidth=2          '指定线条宽度
  For i=1 To 30        '画 30 个圆
    x=Rnd * Width        '随机产生圆心的 x 坐标
    y=Rnd * Height       '随机产生圆心的 y 坐标
    Circle (x, y), x/10, QBColor(Rnd * 15)
              '以(x,y)为圆心,以 x/10 为半径画圆
  Next i
End Sub
```

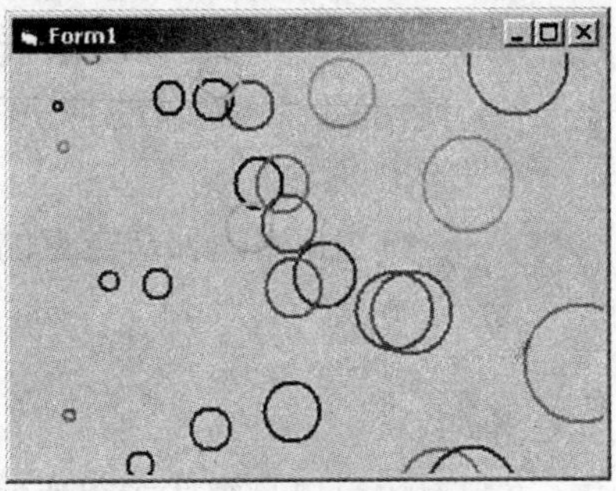

图 11-10

运行结果如图 11-10 所示。

【例 11-11】 用 Circle 方法画由圆环构成的艺术图案。

构造图案的算法为:将一个半径为 r 的圆周等分为 n 份,以这 n 个等分点为圆心,以 r1 为半径画 n 个圆。

程序代码如下:

```
Private Sub Timer1_Timer()
  Cls
  red=255 * Rnd
  green=255 * Rnd
  blue=255 * Rnd
  r=Height/4          '大圆的半径,为窗体高度的 1/4
  x0=Width/2
  y0=Height/2          '(x0,y0)为大圆的圆心坐标,在窗体的中心
  pai=Atn(1) * 4          '由正切函数求出精确的 π 值
  st=pai/30
  For i=0 To 2 * pai Step st          '等分圆周为 60 份
    x=r * Cos(i) + x0
    y=r * Sin(i) + y0     '取圆周上的等分点(x,y)
    Circle (x, y), r * 0.6, RGB(red, green, blue)
  Next i
End Sub
```

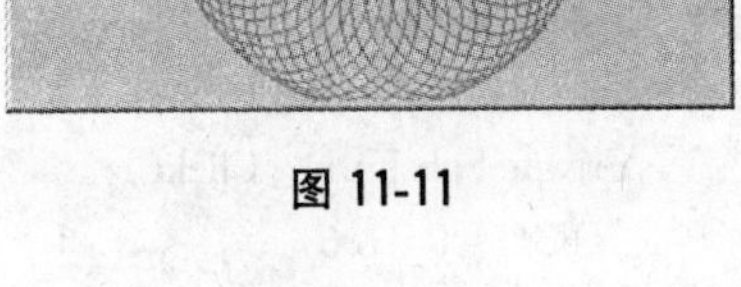

图 11-11

运行结果如图 11-11 所示。

11.4.4　Cls 方法、Point 方法和 PaintPicture 方法

1. Cls 方法

Cls 方法用来清除在运行时由窗体或图片框所生成的图形和文本。

格式:

[Object.]Cls

说明：

(1)对象可以是窗体或图片框，默认值为当前活动窗体。

(2)设计时使用 Picture 属性设置的背景位图不受 Cls 影响。

(3)使用 Cls 后，对象的 CurrentX 和 CurrentY 属性均被设置为 0。

2. Point 方法

Point 方法用来返回指定点的红、绿、蓝(R,G,B)颜色。

格式：

[object.]Point(x,y)

说明：

(1)对象可以是窗体或图片框，默认值为当前活动窗体。

(2)(x,y) 指示对象的 ScaleMode 属性中该点的水平(X 轴)和垂直(Y 轴)坐标。

(3)若(x,y)坐标所对应的点在对象之外，则将返回值 -1。

3. PaintPicture 方法

PaintPicture 方法用来在窗体、图片框、图像框或打印机上绘制图形文件的内容。

格式：

[object.]PaintPicture(picture,x1,y1,width1,height1,x2,y2,width2,height2,opcode)

说明：

(1)Picture 指将要绘制的图形。对于窗体或图片框必须是 Picture 属性。

(2)(x1,y1)指定在对象上绘制图形的目标坐标，为单精度浮点参数。

(3)width1 和 height1 指定图形的目标宽度和高度。如果目标宽度(或目标高度)比源宽度(或源高度)大或小，将适当拉伸或压缩图形。如果省略该参数，则使用源宽度(或源高度)。为可选的单精度浮点参数。

(4)(x2,y2)指示图形内剪贴区的坐标，默认为 0。为可选的单精度浮点参数。

(5)Width2 和 Height2 指示图形内剪贴区的源宽度和源高度，默认为整个源宽度(或源高度)。可选的单精度浮点数。

(6)Opcode 定义在将图形绘制到对象上时对图形的位操作。

(7)若想指定某个可选参数，必须先指定语法中出现在该参数前面的全部参数。

【例 11-12】 在窗体上将图像框中的图片水平翻转后平铺。通过给参数 Height1 设置一个负值来对每张图片进行水平翻转。

程序代码如下：

```
Private Sub Form_Click()
  For i = 0 To 6
    For j = 0 To 6
      Form1.PaintPicture Image1.Picture, j * Image1.Width, _
                 i * Image1.Height, Image1.Width, - Image1.Height
    Next j
  Next i
End Sub
```

运行结果如图 11-12 所示。

图 11-12

11.5　简单动画设计

11.5.1　简单动画设计

图形的动画设计是图形设计中的一个重要内容。本节简单介绍实现图形动画的几种方法。

其实,简单的动画无非就是使一个图像连续地在屏幕上移动位置而已。复杂一些的动画除了将一个运动图像整体移动外,还可以改变图像的形状和大小。实现动画效果,一般有以下几种方法:

(1)改变图像的位置和大小。

(2)在不同的位置显示不同的图像。

(3)在相同的位置显示不同的图像。

(4)使用 Move 方法移动控件或图像。

无论使用哪种方法,都必须使用计时器定时触发有关动画的事件过程,用计时器的 Interval 属性控制图像的移动频度。

11.5.2　应用举例

【例 11-13】 实现使一组图片和字幕在窗口上同步向左循环移动的效果。

在窗体上添加一个标签、八个图片框数组(0~7)、两个计时器,将八个图片框分别加载不同的图片,计时器的 Interval 属性都设置为 50。使标签和图片框的 Left 值不断减少,从而实现它们的左移。

程序代码如下:

```
Private Sub Form_Load()
  i=0         '变量初始化
End Sub

Private Sub Timer1_Timer()          '使图片组向左移动
  For i=0 To 7
```

```
    If Picture1(i).Left >= - Picture1(i).Width Then        '判断图片是否移出窗口左边界
      Picture1(i).Left = Picture1(i).Left - 10        '若未移出,则图片向左移动
    Else
      Picture1(i).Left = Form1.Width        '若移出,则图片从窗口的右边开始进入窗口
    End If
  Next i
End Sub

Private Sub Timer2_Timer()        '使字幕向左移动,方法与图片的移动相同
  If Label1.Left >= - Label1.Width Then
    Label1.Left = Label1.Left - 10
  Else
    Label1.Left = Form1.Width
  End If
End Sub
```

运行结果如图 11-13 所示。

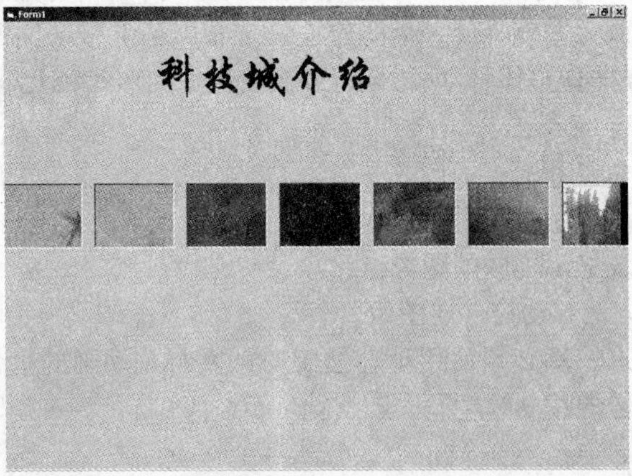

图 11-13

【例 11-14】 使用清除图形对象实现动画。在窗体上画一个滚动的小球,当小球滚到窗体的最右边时,再返回到窗体的左边。

程序代码如下:

```
Dim x1 As Integer        '定义变量
Dim y1 As Integer
Dim r As Integer
Private Sub Form_Click()        '单击窗体使小球开始或停止滚动
  Timer1.Interval = 500        '控制小球滚动的频度
  Timer1.Enabled = Not Timer1.Enabled        '控制小球开始或停止滚动
End Sub
```

```
Private Sub Form_Load()             '变量初始化
  DrawWidth=5              '设置线条宽度
  x1=400                  '设置圆心横坐标
  y1=ScaleHeight/2              '设置圆心纵坐标
  r=400          '设置圆半径
  Timer1.Enabled=False              '程序运行时,未单击窗体时,小球不滚动
End Sub

Private Sub Timer1_Timer()              '控制小球滚动
  Cls          '清除原来的图形
  Circle (x1, y1), r, RGB(255, 0, 0)
'画出新的图形
  x1=x1+200
'圆心横坐标增加,使新画出的小球位置向右移动
  If x1>ScaleWidth Then
'判断小球是否滚到窗体最右边
  x1=400
'当小球滚动到窗体最右边时,在返回到窗体的左边
  End If
End Sub
```

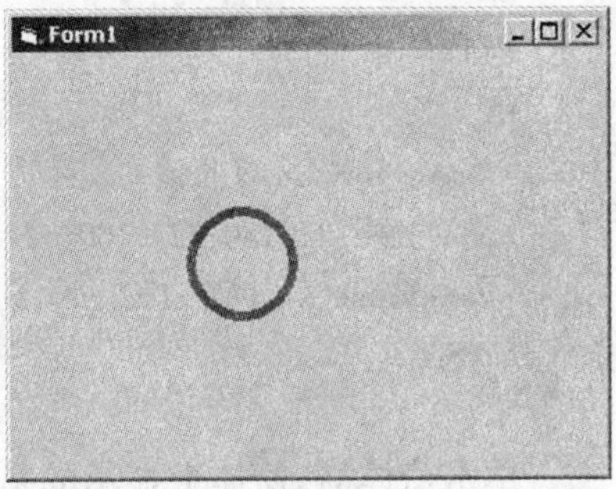

图 11-14

运行结果如图 11-14 所示。

本章小结

本章讲述了有关 VB 绘图的知识。通过本章的学习,您应该掌握如下内容:

(1)VB 的坐标系统。VB 的坐标系统分为两种:默认坐标系和自定义坐标系。在默认坐标系中,对象的左上角坐标为(0,0),当沿着水平轴向右移动和沿着垂直轴向下移动时,坐标值增加。对象的坐标系允许用户自行定义。有两种方法可以用来自定义坐标系:通过修改对象的 ScaleTop、ScaleLeft、ScaleWidth、ScaleHeight 属性来实现;通过 Scale 方法定义坐标系。

(2)绘图属性和颜色函数。CurrentX、CurrentY 属性,给出对象在绘图时的当前坐标。DrawWidth 属性,返回或设置图形方法输出的线宽。BorderWidth 属性,使用图形控件时定义线的宽度。DrawStyle 属性,返回或设置图形方法输出的线型的样式。BorderStyle 属性,使用控件时给出画线的样式。FillStyle 属性,设置填充封闭图形的图案样式。FillColor 属性,设置填充图案的颜色。QBColor 函数,能够选择 16 种 Microsoft QuickBasic 颜色中的一种。RGB 函数,能指定任何颜色,格式为 RGB(红、绿、蓝)。

(3)图形控件 Line 和 Shape。Line 控件用来在窗体或其他控件容器中创建简单的线条,它没有自己特殊的方法,也不产生任何事件。Shape 控件可以在窗体或其他控件容器中画出矩形、正方形、圆形、椭圆形、圆角矩形或圆角正方形。

(4)图形方法。Pset 方法用来设置对象上指定的点的颜色,即用指定的颜色画出一个点。Line 方法用来绘制直线和矩形。根据参数的不同,该方法既可以画出直线,也可以画出空心矩形或实心矩形。Circle 方法用来绘制圆形、椭圆形、扇形和弧形。该方法参数很多,传送不同的参数,可以画出不同的图形。Cls 方法用来清除在运行时由窗体或图片框所生成的图形和文本。Point 方法用来返回指定点的红、绿、蓝(R,G,B)颜色。PaintPicture 方法用来在窗体、图片框、图像框或打印机上绘制图形文件的内容。

习题 11

11.1 选择题

1.有如下程序

```
Private Sub Form_Click()
  X1 = 180:y1 = 180:x2 = 100:y2 = 100
  Form1.line(x1,y1) - (x2,y2),B
End Sub
```

单击窗体后,窗体上显示的是(　　)。

(A)一条直线　　(B)一个矩形框

(C)一个填充了颜色的矩形　　(D)无任何显示

2.运行以下程序后,输出的图形是(　　)。

```
For k = 100 To 200
  Pset(2 * k,k)
Next k
```

(A)两条相互平行的直线　　(B)两条分离的斜线

(C)两条交叉的斜线　　(D)一条直线

3.运行以下程序后,输出的图形是(　　)。

```
For r = 0 To 150
Circle(320,240),r
  For i = 1 To 1000
  Next i
Next r
```

(A)一个固定的空心圆　　(B)一个半径逐渐变大的空心圆

(C)一个固定的实心圆　　(D)一个半径逐渐变大的实心圆

11.2　填空题

1. 在默认坐标系中，对象的左上角坐标为______，当沿着水平轴向______移动和沿着垂直轴向______移动时，坐标值增加。

2. Line 控件没有______、______、______和______属性，运行时不能用______方法决定直线的位置和长度。

3. 下列程序的功能是绘制一个长为 200，宽为 350 的矩形，完成下列程序。

```
Sub DrawBox()
  Line(0,0) - (200,0)
  Line(______) - (200,350)
  Line - (0,350)
  Line - (______)
End Sub
```

11.3　编程题

1. 编写程序，用滚动条模拟颜色定义框的操作。
2. 在窗体上画正弦曲线。
3. 用 Line 方法画 8 * 8 的网格线。
4. 用不同的颜色画一个空心矩形、一个实心矩形和一条直线。
5. 在窗体上建立两个图片框，然后在第一个图片框的随机位置画圆，用随机颜色填充，并把它拷贝到第二个图片框中。
6. 在窗体上画一个饼图，并用蓝色填充。
7. 在一幅画上轮流显示十个大学的名字。

实验 11

【实验目的】

(1)理解 VB 的坐标系统。
(2)掌握绘图属性和颜色函数的使用。
(3)掌握图形控件 Line 和 Shape 的使用。
(4)掌握图形方法的使用。

【实验内容】

实验 11.1　建立窗体坐标系，在坐标系上用 Line 方法绘制正弦曲线。

实验 11.2　用不同的颜色画一个空心矩形、一个实心矩形、一条直线。

实验 11.3　设计一个程序，使窗体的基本背景颜色为红色，并以滚动的方式使其逐渐由深变浅。

第 12 章　数据库技术

数据库技术是信息社会的重要基础技术之一，是计算机科学领域中发展十分迅速的一个分支。对于大量的数据，使用数据库来存储管理将比通过文件来存储管理有更高的效率。VB 是 Microsoft 公司的最为成功的编程工具之一，提供了强有力的数据库存取能力，将 Windows 的各种先进特性与强大的数据库管理功能有机地结合在一起。VB 中集成的各种可视化数据库工具可以用来管理和访问数据库，包括像 Microsoft SQL 和 Oracle 这样的远程开放数据库，这种创建和访问结构化数据库系统的能力给编程带来了许多方便。

本章将介绍数据库设计的基本概念，以及 VB 提供的数据库管理的基本解决方案和 SQL 语言的使用。

12.1　数据库概念

12.1.1　数据库基本概念

1. 数据库

所谓数据库(Database，简称 DB)就是长期存放在计算机内，以一定组织方式动态存储的、相互关联的、可共享的数据集合。一个完整的数据库系统(Database system，DBS)由数据库、数据库管理系统(Database management system，DBMS)、数据库应用系统、数据库管理员(Database Administrator，DBA)以及用户组成。

2. 关系数据库

根据数据模型，即实现数据结构化所采用的联系方式，数据库可以分为层次结构数据库、网状结构数据库和关系数据库。

层次结构数据库是现存数据库中最老的一种形式，数据按照一系列树型结构排列，可以反映出数据之间自然的位置关系。层次结构对数据关系的模拟可以称为“一对多”。

网状结构数据库是作为层次结构数据库的替代品发展起来的。网状结构数据库把信息存储在数据集中，数据集中的一条记录与另一个数据集中的相关记录通过一组物理指针相联系，这样，第一个数据集中的记录被链接到第二个数据集中的记录。由于要保持所有的链接，网状结构数据库一个最主要的缺点是非常复杂，一个链接的断开就会导致整个数据库出问题。网状结构对数据关系的模拟可以称为“多对多”。

关系数据库建立在严格的数学概念基础上，采用单一的数据结构来描述数据间的联系，并且还提供了结构化查询语言 SQL 的标准接口，该接口允许以一致的和可理解的方法来一起使用许多数据库工具和产品，因此具有强大的功能、良好的数据独立性与安全性。

下面结合图 12-1 介绍一下关系数据库的有关概念。

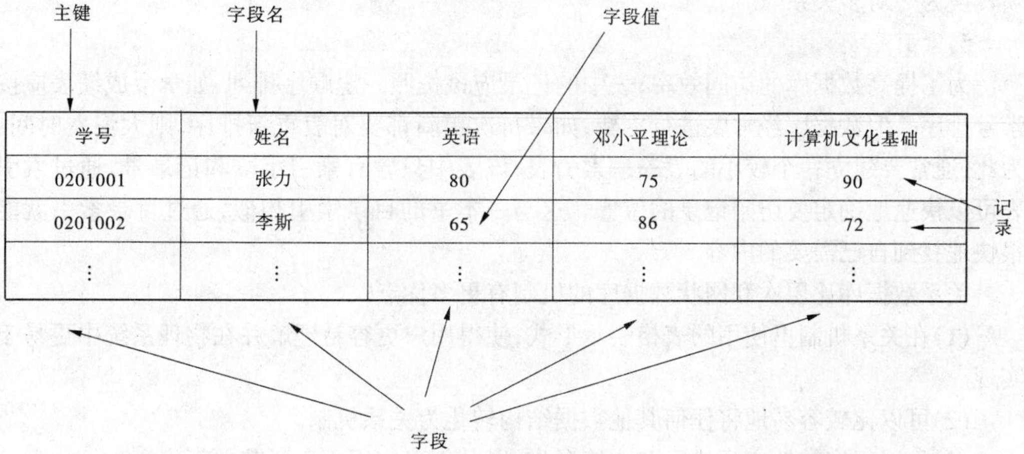

图 12-1　学生成绩表

1)关系(表)

在关系数据库中,数据以关系的形式出现,可以把关系理解成一张二维表(Table)。每个表定义了某种特定的结构,例如,学生成绩表定义了学号、姓名、英语、邓小平理论和计算机文化基础。一个关系数据库可以由一张或多张表组成,每张表都有一个名称,即关系名。

2)记录(行)

每张二维表均由若干行和列构成,其中每一行称为一条记录(Record),它是字段值的集合。记录是一组数据项(字段值)的集合,表中不允许出现完全相同的记录,但记录出现的先后次序可以任意。例如,学生成绩表,表中每一行是一条记录,它包含了特定学生的成绩情况,而每条记录则包含了相同类型和数量的字段,如学号、姓名、英语、邓小平理论和计算机文化基础。

3)字段(列)

二维表中每一列称为一个字段(Field),它对应表格中的数据项,每个数据项的名称称为字段名,如"学号"、"姓名"等都是字段名,各字段名互不相同。字段的取值范围称为域,通常用字段描述表格实体在某一方面的属性。列出现的顺序也可以是任意的,但同一列中的数据类型必须相同。例如,"姓名"这一列中,存放的都是字符类型的数据。

4)主键

在数据库中最常用的操作是检索信息,为了提高检索效率,常将关系数据库中的某个字段或某些字段的组合定义为主关键字(简称主键,Primary Key)。每个表都应有一个主键,每条记录的主键值都是唯一的,这就保证了可以通过主键唯一标识一条记录。例如,在学生成绩表中,学号是表的主键,因为学号唯一地表示了一个且只有一个学生。

在数据库中,表与表之间是通过关键字来相互关联的。例如,学生情况表与学生成绩表之间就是用"学号"相互关联的。用来联系两个数据表的字段称为关键字段。根据一个表中记录与另一个表中记录之间的数量对应关系,分为一对一、一对多(或多对一)、多对多关系,常用的是一对多关系,一对一关系可看成是一对多关系的特例,而多对多关系必须转换为一对多关系。

5)索引

为了提高数据库的访问效率,表中的记录应该按照一定顺序排列,如学生成绩表应按学号排序。但数据库经常要进行更新,如果每次更新都要对表重新排序,则太浪费时间。为此,通常要建立一个较小的表——索引表,该表中只含有索引字段和记录号,通过索引表可以快速地确定要访问记录的位置。这与一本书的目录索引相似,通过目录索引就能很快地找到自己需要的内容。

关系数据库比层次和网状数据库的机制有更多优点:

(1)在关系机制里使用的表格表示形式,使得用户更容易理解并在物理系统中更易于实现。

(2)可以比较容易地将任何其他数据结构转化为关系机制。

(3)可以很容易地实现投影和连接操作,以及创建应用程序所需的新表。

(4)必须要遵循一个指针字符串机制的搜索过程的速度更快。

(5)关系结构比层次和网状结构更容易进行修改。在要求灵活性的环境里,这是至关重要的。

(6)数据库的清晰与可视性改进了关系结构。搜索表格数据比搜索无组织的内联数据要容易得多。

目前,关系数据库已经成为最流行的商业数据库系统,本章所讨论的数据库也是关系数据库。

12.1.2 数据库引擎

数据库的基本功能由数据库引擎提供,数据库引擎(Microsoft JET,Jiont Engineering Technology)是应用程序和数据库存储之间的一种接口。它将与数据库相关的内存管理、游标管理和存储处理等具体而复杂的细节问题抽象为一个既高度一致又简化的编程接口。数据库引擎对所支持的不同类型的数据库提供统一的外部接口,将对记录集的操作转化成对数据库的物理操作。基于 VB 的数据库应用程序从逻辑上可分为三部分:用户接口、数据库引擎和数据库存储。由用户接口实现对具体数据库的连接,通过数据库引擎完成数据库存储。VB 环境下提供的数据库引擎有 Microsoft DAO 2.5/3.51 Compatibility Library 和 Microsoft DAO 3.51 Object Library 库。可以通过“工程”菜单中“引用”项将其加入到用户环境内。

12.1.3 VB 的数据库应用

从前面的介绍可以看出,一个完整的数据库系统除了包括可以共享的数据库外,还包括用于处理数据的数据库应用系统。习惯上,数据库本身被称为后台,后台数据库通常是一个表的集合。而数据库应用系统则被称为前台,它是一个计算机应用程序,通过该程序可以选择数据库中的数据项,并将所选择的数据项按用户的要求显示出来。

VB 是一个功能强大的数据库开发平台,之所以选择 VB 作为开发数据库前台应用程序的工具,主要因为 VB 具有以下优点:

(1)简单性。VB 提供的数据空间使得用户只需编写少量代码甚至不编写任何代码就可以访问数据库,对数据库进行浏览。

(2)灵活性。VB 除了可以直接建立和访问内部的 Access 数据库外,还可以通过 Access 数据库引擎或者 ODBC 驱动程序与其他类型的数据库进行连接。

(3)可扩充性。VB 是一种可以扩充的语言,可以使用 Microsoft 公司或者第三方开发者提供的 Active X 控件进行数据库应用功能方面的扩充。

12.2 数据库管理器

VB 提供了一个非常实用的工具程序,即可视化数据管理器(VisualData Manager),使用它可以方便地建立数据库、数据表和数据查询。可以说,凡是有关 VB 数据库的操作,都能使用它来完成。

12.2.1 建立数据库

使用可视化数据管理器建立的数据库是 Access 数据库(类型名为 .mdb),可以被 Access 直接打开和操作。在 VB 开发环境内单击“外接程序”菜单中的“可视化数据管理器”命令或在操作系统桌面上运行 VB 系统目录中的 Visdata.exe 程序文件,都可打开如图 12-2 所示的“可视化数据管理器”窗口。

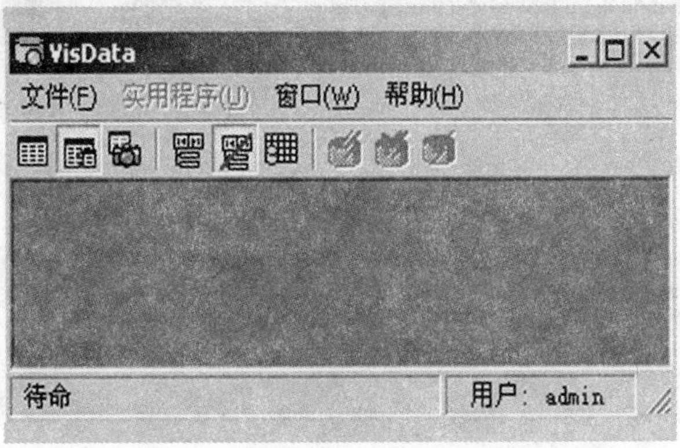

图 12-2 “可视化数据管理器”窗口

数据管理器“文件”菜单中的命令功能描述如表 12-1 所示。

表 12-1 文件菜单中的命令

命令	功能描述
打开数据库	打开指定的数据库
新建	根据所选类型建立新数据库
导入/导出	从其他数据库导入数据表,或导出数据表及 SQL 查询结果
工作空间	显示登录对话框登录新工作空间
压缩 MDB	压缩指定的 Access 数据库
修复 MDB	修复指定的 Access 数据库

数据管理器"实用程序"菜单中的命令功能描述如表 12-2 所示。

表 12-2　实用程序菜单中的命令

命令	功能描述
查询生成器	建立、查看、执行和存储 SQL 查询
数据窗口设计器	创建数据窗口并将其添加到 Visual Basic 工程
全局替换	创建 SQL 表达式更新所选数据表中满足条件的记录
附加	显示当前 Access 数据库中所有附加数据表及连接条件
用户组/用户	查看和修改用户组、用户、权限等设置
SYSTEM.MDA	创建 System.mda 文件,以便为每个文件设置安全机制
首选项	设置超时值

使用可视数据管理器文件菜单中的新建或打开命令,新建数据库的步骤是:

(1)选择"文件"菜单中的"新建"命令,在打开的子菜单中选择 Microsoft Access, Version 7.0 MDB,如图 12-3 所示。

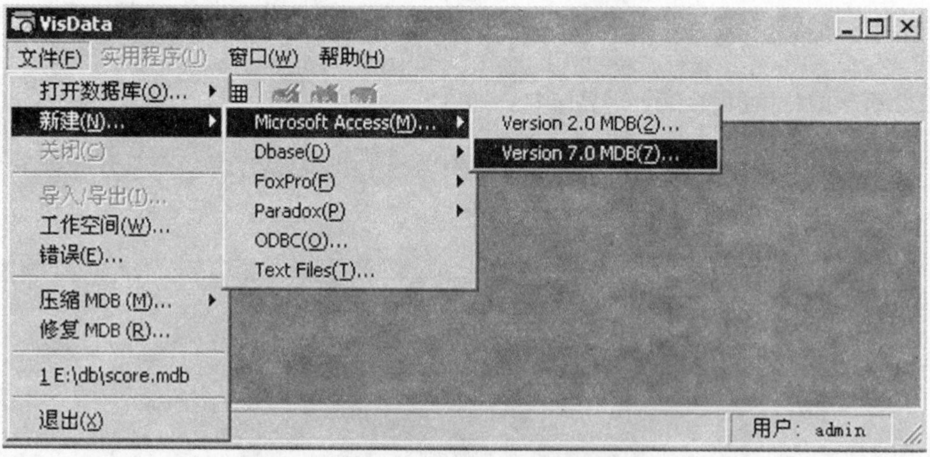

图 12-3　选择"新建"数据库的类型

(2)在出现的文件对话框中,选择存储新数据库的文件夹,然后输入数据库的名字(为了方便本章随后的示例,数据库取名为 score.mdb)。

(3)单击"保存",新的数据库产生。可视数据管理器显示几个窗口使用户能使用数据库,如图 12-4 所示。

可视化数据管理器的数据库窗口包含所有的数据库部件。在这个窗口,你能观看数据库的属性,检查表和其他的数据库部件并增加新的数据库部件。

若想看你刚建立的数据库的属性,单击图中 Properties 项左边的加号标记。属性项展开如图 12-5 所示。

12.2.2　建立数据表

一个数据库由一张或多张表组成,所有数据分别存放在不同的表中,建立数据库实际

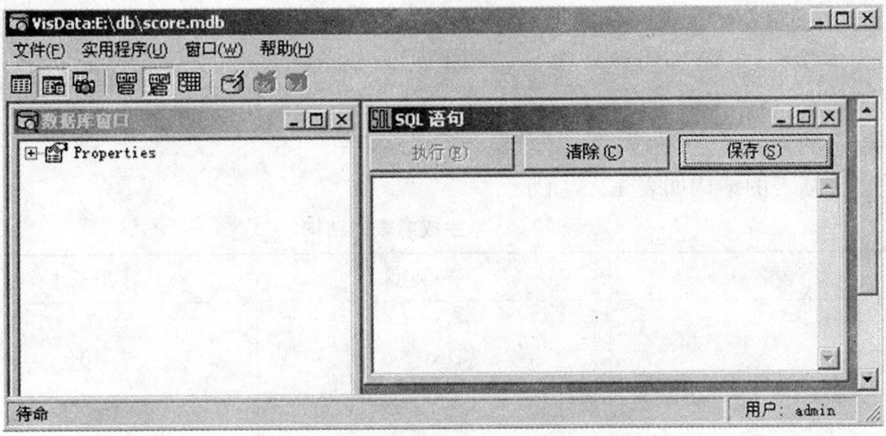

图 12-4　已经建立一个新的数据库

图 12-5　展开后的属性项,显示缺省的数据库属性

上就是建立构成数据库的表。

1. 确定表结构

首先应给数据表取一个名字,即表名称。表名是表的唯一标识,建立表后可以通过表名访问表中数据。

确定表结构主要是确定表中各字段的名称、类型和长度。

从前面的介绍可以知道,共享数据是使用数据库进行数据管理的一大特色。事实上,在设计表结构时也是以提高共享、减少冗余为目标。

例如,在学生成绩管理中除了需要了解学生各门功课的成绩外,总分和平均分也是使用者经常关心的两个数据。可以将总分和平均分也作为表中两个字段,但这样做一方面会增加数据存储空间,另一方面也会给数据库的维护工作带来一些麻烦(假设用户改变了某一门功课的成绩,它必须同时改变总分和平均分两个字段的值)。

仔细分析一下就会发现总分和平均分完全可以通过各门功课的成绩计算出来,因此在设计表结构时无需将总分和平均分作为表中的两个字段,只需在前台程序中编码自动计算出总分和平均分即可。

字段类型共有11种,分别是:逻辑型(Boolean)、字节型(Byte)、整型(Integer)、长整型

(Long)、货币型(Currency)、单精度型(Single)、双精度型(Double)、日期时间型(Date/Time)、文本型(Text)、二进制型(Binary)和备注型(Memo)。

字段长度,指该字段可以存放数据的长度(除 Text 类型外,其他类型字段的长度都是由系统指定的)。

学生成绩表的结构如表 12-3 所示。

表 12-3　学生成绩表的结构

字段名	字段类型	字段长度
学号	Text	7
姓名	Text	10
英语	Single	
邓小平理论	Single	
计算机文化基础	Single	

2. 建立一张表

可视化数据管理器的一个特有的风格是,它并不给用户在已有的数据库中建立新表的显而易见的方法,这是因为出现在可视化数据管理器的数据库窗口的部件对右击敏感。但一旦用户习惯右击,建立新表就容易了。例如,建立上述数据表的步骤如下:

(1)在可视化数据管理器的数据库窗口,单击右键,在弹出的菜单中选择"新建表"命令,打开如图 12-6 所示的"表结构"对话框。

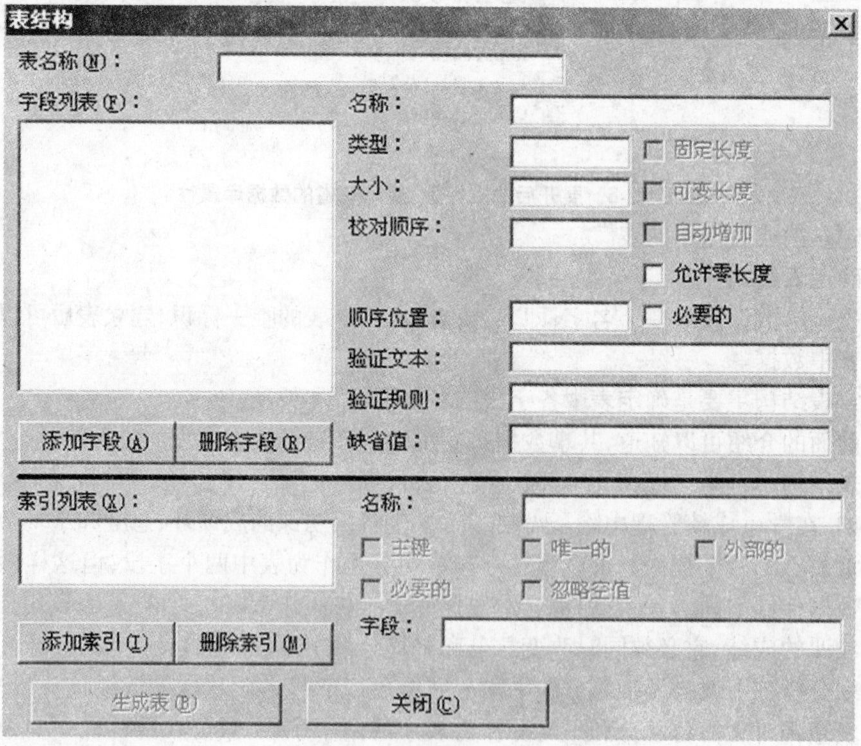

图 12-6　"表结构"对话框

(2)在“表结构”对话框中输入表名后，单击“添加字段”按钮，在弹出的如图 12-7 所示的“添加字段”对话框中输入字段名，选择字段类型(Text 类型字段还需输入字段大小)。重复此过程直至添加完所有的字段，单击“关闭”。对话框中各选项的作用如表 12-4 所示。

(3)单击“表结构”对话框的“生成表”按钮，至此数据表建立完毕。

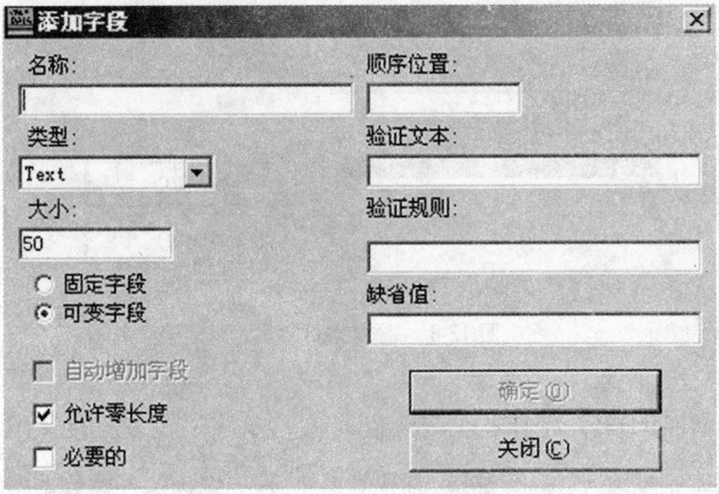

图 12-7　“添加字段”对话框

表 12-4　“添加字段”对话框各选项说明

选项名	描述
名称	字段名称
类型	指定字段类型
大小	字段宽度
固定字段	字段宽度固定不变
可变字段	字段宽度可变
允许零长度	表示空串可作为有效的字段值
必要的	表示该字段值不可缺少
顺序位置	字段在表中的顺序位置
验证文本	当向表输入无效值时所显示的提示
验证规则	验证输入字段值的简单规则
缺省值	在输入时设置的字段初始值

3. 建立索引

索引是分配给一个字段的属性，是数据库引擎基于存储在这个字段里的信息更容易检索数据。例如，学生成绩数据库中，可以通过学号来查询对应学生的各门功课的成绩。

建立索引的步骤如下：

在“表结构”对话框中，单击“添加索引”按钮，在弹出的对话框(如图 12-8 所示)输入索引名称，选择索引字段后，单击“确定”按钮即完成了索引的建立过程。

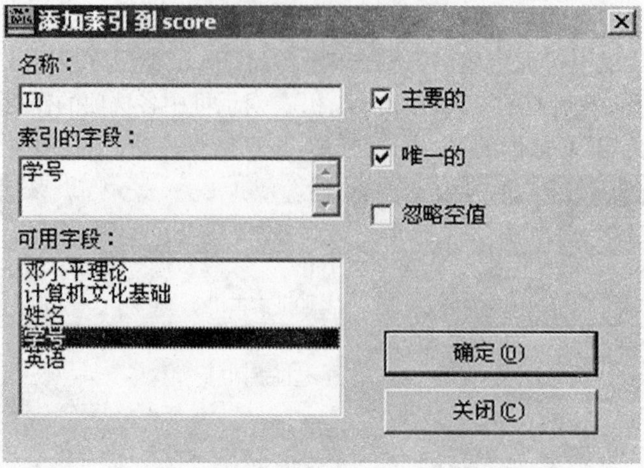

图 12-8 “添加索引”对话框

12.2.3 数据库的基本操作

要对数据库完成输入、编辑、删除、查找等操作，首先应该保证此数据库已经打开。如果数据库已关闭，可执行“可视化数据管理器”中“文件”菜单的“打开数据库”命令将其重新打开。右击“数据库窗口”中的表名，在弹出的菜单中选择“打开”命令后，即可打开如图 12-9 所示的输入数据窗口，在此窗口中可以完成下列数据库的基本操作。

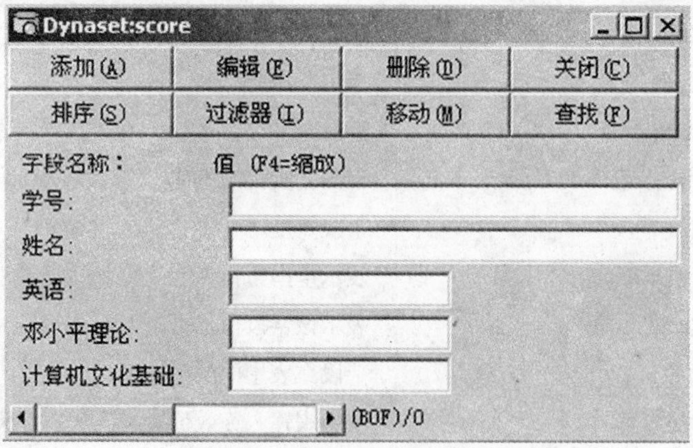

图 12-9 输入数据窗口

1. 输入数据

单击“添加”按钮，在弹出的对话框中输入各字段的值后，单击“更新”按钮。重复此过程，输入其他记录。

2. 编辑数据

如果要修改某条记录中的某个字段值，应当先通过滚动条将该记录定位为当前记录，然后单击“编辑”按钮，在弹出的对话框中输入新的字段值后，单击“更新”按钮。

3. 删除数据

通过滚动条将要删除的记录定位为当前记录，然后单击“删除”按钮，在弹出的对话框中单击“是”按钮即可。

4. 排序数据

单击“排序”按钮后，在弹出的对话框中输入要排序列的序号后（例如要按学号字段对表中记录进行排序，则输入列号 1），单击“确定”按钮即可。

5. 过滤数据

过滤数据类似于 Excel 中的筛选功能，例如只想显示计算机文化基础成绩大于 85 分的记录，则可以单击“过滤器”，在弹出对话框中输入过滤器表达式“计算机文化基础＞85”，再单击“确定”按钮。

过滤器表达式一般由字段名、运算符和值三部分组成，常用的运算符有＞（大于）、＜（小于）、＞=（大于等于）、＜=（小于等于）、＜＞（不等于）。

6. 移动数据

单击“移动”按钮后，在弹出的对话框中输入要移动的行数（若输入负数表示向右移动），单击“确定”按钮即可。

7. 查找数据

通过“查找”按钮可以查找表中附和指定条件的记录。例如要查找姓名为张丽的学生，单击“查找”按钮后在如图 12-10 所示的“查找记录”对话框中进行操作。

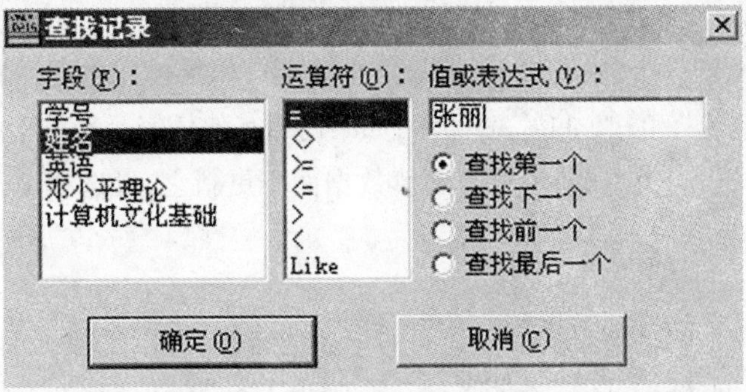

图 12-10　“查找记录”对话框

查找分为“查找第一个”（表中第一条符合条件的记录）、“查找下一个”（从当前记录开始向下搜索到第一条符合条件的记录）、“查找前一个”（从当前记录开始向上搜索到的第一条符合条件的记录）、“查找最后一个”（表中最后一条符合条件的记录）。

12.3　数据控件

数据控件提供了一种方便地访问数据库中数据的方法，使用数据控件无需编写代码就可以对 VB 所支持的各种类型的数据库执行大部分数据访问操作。数据控件在工具箱中的图标为  。

12.3.1 数据控件属性

1)Connect 属性

用于指定数据控件所要连接的数据库类型,其值为一字符串,默认为 Microsoft Access 的 MDB 文件。如果你想连接到非 Access 数据类型,可以改变设置。这些数据类型被称为外部数据类型(External Data Types)。VB 可识别的数据库有:

(1)Microsoft Access 的 MDB 文件(缺省值)。

(2)Borland dBASE、Microsoft FoxPro 的 DBF 文件(文件内只包含一张表)。

(3)Borland Paradox 的 DB 文件(文件内只包含一张表)。

(4)Novell Btrieve 的 DDF 文件。

(5)Microsoft Excel 的 XLS 文件。

(6)Lotus 的 WKS 文件。

(7)Open DataBase Connectivity(ODBC)数据库。

2)databaseName 属性

用于返回或设置数据控件的数据源的名称及位置。如果连接的是单表数据库,则 DatabaseName 属性应设置为数据库文件所在的子目录名,而具体文件名放在 RecordSource属性中。

3)RecordsetType 属性

用于返回或设置一个值,指出记录集合的类型。如果使用的是 Microsoft Access 的 MDB 数据库,则应选择 0 - Table(表)类型;如果使用其他任何一种类型的数据库,则应选择 1 - Dynaset(动态集)类型;如果只需要读数据而不更新它,可选择 2 - Snapshot(快照)类型。

4)RecordSource 属性

指定通过窗体上的被绑定的控件访问的记录的来源,可以是数据库中的一个存在的表,一个存在的查询(QueryDef)的名称或一条返回记录的 SQL 语句。

5)ReadOnly 属性

返回或设置一个逻辑值,用于指定基本的记录集中的数据是否可以修改。当 ReadOnly设置为 True 时,不能对记录集进行写操作。

6)Exclusive 属性

用于控制被打开的数据库是否允许被其他应用程序共享。如果 Exclusive 属性设置为 True,表示该数据库被独占,其他应用程序将不能再打开该数据库。

7)BOFAction 和 EOFAction 属性

当记录指针指向 RecordSet 对象的开始(第一个记录前)或结束(最后一个记录后)时,数据控件的 BOFAction 和 EOFAction 属性的设置或返回值决定了数据控件要采取的操作。属性的取值如表 12-5 所示。

表 12-5 BOFAction 和 EOFAction 属性的设置

属性	值	操作
BOFAction	0	默认设置,使第一个记录为当前记录
	1	在第一个记录上触发数据控件的无效事件(Validate)
EOFAction	0	默认设置,保持最后一个记录为当前记录
	1	在最后一个记录上触发数据控件的无效事件(Validate)
	2	向记录集添加新的空记录,可以编辑该记录,移动当前记录的指针,则该记录被自动追加到记录集中

数据控件本身不能显示和直接修改记录,只能在与数据控件相关联的数据约束控件中显示各个记录。数据控件只相当于一个记录指针,可以通过单击其左右两边的箭头按钮移动这个指针来选择当前记录,数据约束控件会自动显示来自当前记录或当前记录旁边的一个记录集合中的一个或多个字段的数据。可以做数据约束控件的标准控件有以下8种:文本框、标签、图片框、图像框、检查框、列表框、组合框、OLE 控件。

将数据控件与数据约束控件建立约束关系的过程称为"绑定"(Bounding),被绑定的控件(数据约束控件)提供了对数据库中特定数据的访问功能。被绑定的控件的DataSource属性指定一个合法的数据源,DataField 属性则指定一个在数据源所创建的Recordset 对象中合法的字段名称。这些属性一起说明哪些数据出现在该被绑定的控件中。如果修改了被绑定的控件中的数据,只要移动记录指针,就会将修改后的数据自动写入数据库。

12.3.2 数据控件的事件

1. Reposition 事件

当数据控件中移动记录指针改变当前记录时触发该事件。只要改变记录集的指针,使其从一条记录移到另一条记录,就会产生 Reposition 事件。通常,可以在这个事件中显示当前指针的位置。

2. Vaildate 事件

如果移动数据控件中记录指针,并且约束控件中的内容已被修改,此时数据库当前记录的内容将被更新,同时触发该事件。Vaildate 事件检查被数据控件绑定的控件内的数据是否发生变化。在 Vaildate 事件中有两个参数:Save 参数和 Action 参数。Save 参数是一个逻辑值,用以判断是否有约束控件的内容被修改过。如果 Vaildate 事件过程结束时,Save 参数为 True 则保存修改,为 False 则忽略所作修改。Action 参数是一个整型数(具体设置见表 12-6),用以判断是何种操作触发了此事件,也可以在 Vaildate 事件中重新给Action 参数赋值,从而使得在事件结束后执行新的操作。

表 12-6 Vaildate 事件的 Action 参数

Action 值	系统常量	作用
0	VbDataActionCancel	取消对数据控件的操作
1	VbDataActionMoveFirst	MoveFirst 方法
2	VbDataActionMovePrevious	MovePrevious 方法
3	VbDataActionMoveNext	MoveNext 方法
4	VbDataActionMoveLast	MoveLast 方法
5	VbDataActionAddNew	AddNew 方法
6	VbDataActionUpdate	Update 方法
7	VbDataActionDelete	Delete 方法
8	VbDataActionFind	Find 方法
9	VbDataActionBookMark	设置 BookMark 属性
10	VbDataActionClose	Close 方法
11	VbDataActionUnload	卸载窗体

12.3.3 数据控件的常用方法

1. Refresh 方法

可以在数据控件上使用 Refresh 方法来打开或重新打开数据库(如果 DatabaseName、ReadOnly 或 Connect 属性的设置值发生改变)。

在多用户环境下,其他用户可以对数据进行修改,因此常使用 Refresh 方法重新显示数据,以保证用户看到的是最新数据。

2. UpdateControls 方法

此方法用于从数据控件的 Recordset 对象中读取当前记录,并将数据显示在相关约束控件上。在多用户环境下,其他用户可以更新数据库的当前记录,但相应控件中的值不会自动更新,可以调用此方法将当前记录的值在约束控件中显示出来。另外,当改变约束控件中的数据但又想取消对数据的修改时,可通过 UpdateControls 方法实现。

3. UpdateRecord 方法

当对绑定控件内的数据修改后,数据控件需要移动记录集的指针才能保存修改。如果使用 UpdateRecord 方法可强制数据控件将绑定控件内的数据写入到数据库而不再触发 Vaildate 事件。

12.3.4 数据库记录的增删改操作

数据控件是浏览表格并编辑表格的好工具,但怎么输入新信息或删除现有记录呢?这些操作需要编写几行代码,否则无法在数据控件上完成数据输入。数据库记录的增删改操作通过 AddNew、Delete、Edit、Update、Refresh 方法。它们的语法格式为:

数据控件．记录集．方法名

1. 增加记录

AddNew 方法可以将记录增加到表格中。增加记录的步骤如下：

(1)调用 AddNew 方法，打开一个空白记录。

(2)通过相关约束控件给各字段赋值。给字段赋值格式为：

Recordset.Fields("字段名")＝值

(3)调用 Update 方法确定所作的添加，或单击数据控件上的箭头按钮，移动记录指针。

2. 删除记录

要从记录集中删除记录的操作分为三步：

(1)删除的记录定位为当前记录。

(2)用 Delete 方法。

(3)移动记录指针，确定所做的删除操作。

3. 编辑记录

数据控件自动提供了修改现有记录的能力，当直接改变被数据库所约束控件的内容后，须单击数据控件对象的任一箭头来改变当前记录，确定所做的修改。也可通过程序代码来修改记录，使用程序代码来修改记录集中的当前记录的操作分为四步：

(1)将要修改的记录定位为当前记录。

(2)调用 Edit 方法。

(3)通过相关约束控件修改各字段值。

(4)移动记录指针，或调用 Update 方法，确定所做的修改。

本章小结

VB 良好的界面和强大的控件功能使数据库编程变得简单多了，但即便如此，数据库应用程序的开发仍然算得上是 VB 编程中的难点。VB 中的数据库编程就是创建数据访问对象，这些数据访问对象对应于被访问物理数据库的不同部分，如数据库、表、字段和索引等，同时用这些对象的属性和方法来实现对数据库的操作，以便在 VB 窗体中使用绑定和非绑定控件来显示操作结果并接收用户输入。

习题 12

12.1　选择题

1. 以下说法错误的是(　　)。

(A)一个表可以构成一个数据库

(B)多个表可以构成一个数据库

(C)一个表的每一条记录中的各数据项具有相同的类型

(D)同一个字段的数据具有相同的类型

2. 以下关于索引的说法,错误的是(　　)。

(A)一个表可以建立一个到多个索引　(B)每个表至少要建立一个索引

(C)索引字段可以是多个字段的组合　(D)利用索引可以加快查找速度

3. Microsoft Access 数据库文件的扩展名为(　　)。

(A).dbf　(B).Acc　(C).mdb　(D).db

4. SQL 语句 Select 编号,姓名,部门 from 职工 Where 部门="信电系",所查询的表名称是(　　)。

(A)所有表　(B)职工　(C)新电系　(D)编号,姓名,部门

5. 语句 Select * From 学生基本情况 where 性别="男"中的"*"表示(　　)。

(A)所有表　(B)所有指定条件的记录

(C)所有记录　(D)指定表中的所有字段

6. 当使用 Seek 方法或 Find 方法进行查找时,可以根据记录集的(　　)属性判断是否找到了匹配的记录。

(A)Match　(B)NoMatch　(C)Found　(D)Nofound

7. 以下说法正确的是(　　)。

(A)使用 Data 控件可以直接显示数据库中的数据

(B)使用数据绑定控件可以直接访问数据库中的数据

(C)使用 Data 控件可以对数据库中的数据进行操作,却不能显示数据库中的数据

(D)Data 控件只有通过数据绑定控件才可以访问数据库中的数据

12.2　填空题

1. DB 是__________的简称,DBMS 是__________的简称。

2. 按数据的组织方式不同,数据库可以分为三种类型,即__________数据库、__________数据库和__________数据库。

3. 一个数据库可以有______个表,表中的______称为记录,表中的______称为字段。

4. SQL 语句Select * form 学生基本信息 Where 性别=男,功能是__________。

5. 从工资表中查询所有性别为女的职工的姓名和应发工资,相应的 Select 语句为____________________。

6. 某学生成绩表包括学号、姓名和成绩字段,要将学号为"2002005"、姓名为"王黎"、成绩为 97 的学生信息插入学生成绩表中,相应的 Insert 语句为______________________________。

7. 删除学生成绩表中成绩字段值小于 60 分的记录,相应的 Delete 语句为______________________________。

8. 记录集的__________属性用于指定 Recordset 对象中记录的总数。

12.3　问答题

1. 什么是数据库？什么是关系型数据库？
2. 记录、字段、表与数据库之间的关系如何？
3. 怎样使用“可视化数据管理器”建立或修改数据库？
4. 使用数据控件返回数据库中记录的集合时，应该怎样设置其属性？
5. 什么是 SQL 语句？如何在 VB 中使用 SQL 语句？
6. 数据控件可以访问哪些类型的数据库？
7. VB 访问数据库有哪几种不同的方法？

实验 12

【实验目的】

(1)熟悉数据库的基本概念。

(2)掌握 VB 数据管理器的使用方法。

(3)掌握常用数据控件的基本用法。

(4)了解在 VB 中使用结构化查询语言 SQL 的方法。

(5)掌握数据库、表、记录和字段的概念。

(6)掌握可视化数据库管理器的使用。

(7)了解使用 SQL 语句对数据库中的数据进行查询和更新的功能。

(8)掌握数据控件 Data 和数据绑定控件的使用方法。

【实验内容】

实验 12.1　在窗体上放置合适的多个数据绑定控件和数据控件。

(1)单击数据控件的移动记录按钮时，显示当前记录所代表学生的个人信息。

(2)显示该学生所学的全部课程的信息。

实验 12.2　在窗体上建立组合框 Combo1、文本框 Text1、表格控件 DBGrid1 和数据控件 Data1。

(1)在 Combo1 中显示 3 项：“全部显示”、“按学号查询”、“按姓名查询”。

(2)如果“全部显示”，则在 DBGrid1 中显示“学生”表全部记录，并且 Text1 不允许输入信息。

(3)如果 Combo1 中选择“按学号查询”，则在 Text1 中输入待查询学生的学号，输入完毕后按回车键后在 DBGrid1 中显示该学生记录或显示“查无此人”。

(4)如果 Combo1 中选择“按姓名查询”，则在 Text1 中输入待查询学生的姓名，输入完毕后按回车键后在 DBGrid1 中显示该学生记录或显示“查无此人”。

实验 12.3　在窗体上建立多个数据绑定控件、一个数据控件 Data1 和文本框。

(1)在列表框 List1 中显示所有课程名，在列表框 List2 中显示所有专业名。

(2)选择列表框 List1 中的某门课程后，显示学习该课程学生的各个成绩档次的统计人数(优、良、中、及、差)。

(3)选择列表框 List2 中的某个专业课程后,显示该专业学生奖学金的总数和平均数,以及获得奖学金的人数比例。

实验 12.4 使用可视化数据库管理器建立一个名为"Student. mdb"的 Access 数据库,它包括一个学生学籍表,该表的表名为 xjb,各列的名称、数据类型、长度及意义如表 12-7所示。

表 12-7

列名	数据类型	长度	意义
st _ no	Integer		学号
name	Text	10	姓名
sex	Text	2	性别
addr	Text	50	地址
height	single		身高

实验 12.5 用数据控件设计数据浏览程序,并能向数据库中添加、删除和查找记录。

第 13 章　Visual Basic.NET 基础

13.1　Visual Basic.NET 介绍

13.1.1　为什么要学习 Visual Basic.NET

虽然 VB 一直是一种易学易用的开发工具，但是随着新的开发工具的出现和新需求的不断增强，VB 始终都因为功能不如 VC 强大和不是完全的面向对象而逊色于 VC，又因为移植性不好和网络开发能力较差而输给了 Java，这一直都是 VB 的不足。

今天微软公司用 VB.NET 证明了一切。VB.NET 是新一代的 VB，微软公司投入很大的力量开发网络新领域——.NET 平台的同时，也将 VB 运用到了这一平台之上，同时大幅度地提高了 VB 的功能。也可以这样说，VB.NET 的功能不输给 VC 的升级版语言 C#，而且实现了真正的面向对象功能，同时微软公司增强了语言的网络开发功能和可移植性，VB.NET 完全有实力赶上并且超过 Java。

学习 VB.NET 是未来发展的需要，尤其是在数据库和网络方面更是程序开发者的首选语言。

据统计，开发同样的数据库程序，用 VB 来实现所需要的时间约是用 VC 开发所需要的时间的 1/3。也正是因为如此，在数据库开发领域 VB 比 VC 应用得更加广泛。在升级到 .NET 平台的同时，微软公司也同样会对数据库程序进行升级，而 VB.NET 必将是进行这种数据库开发的最好语言。

在网络方面，VB.NET 更是以完善、强大的功能吸引着广大的程序爱好者和软件开发人员。对于用户所想到的各种理由，VB.NET 都能够满足。使用 VB.NET 来设计控件实际上并不比使用 VBScript 或 JavaScript 困难多少。使用 VB.NET 可以编写执行起来更快的代码，并且很容易就能达到要求。并且在 VB.NET 中，可以使用 VB.NET 生成面向网络的对象，这种对象和 ASP 兼容。总之，走组件组合的路线不管是现在还是将来都会被认为是最好的选择。

VB.NET 引入 Web Classes，Web Classes 是经过精心挑选后确定的网络开发工具。因为它更具有可扩展性、更强大，而且是真正的与语言无关的。它在 Visual Studio.NET 的所有工具中起作用。如果利用多层开发的一些基本规则，可以很容易地完成这个转变。特别要注意，把中间层过程和现实层过程分开。核心的事件处理功能必须在中间层完成，也已使用多种编译语言编写用于实现这些功能的各个组件。然后，这些组件组装在一个 ASP 脚本文件中，这样各组件就可以协同工作了。如果把大部分逻辑运算放在事件对象中而不是脚本中的话，那就是最理想的了。它不仅对于 Web Services 转变是一个好的主意，它也是一种值得效仿的实践。

13.1.2 .NET 的意义

究竟 .NET 是什么,最初微软是这样定义的:.NET 代表了一个集合、一个环境、一个编程的基本结构,作为一个平台来支持下一代互联网。同时 .NET 也是一个用户环境,是一组基本的用户服务,可以作用于客户端、服务器以及任何地方,并与该编程模式具有很好的一致性且有新的创意。.NET 是创建分布式 Web 应用程序的新一代开发平台,它是为了简化在第三代 Internet 网络环境下的分布式应用程序开发,在基于开放的互联网标准和协议的基础上,实现异构语言和平台的交互性。因此,这不仅是一个用户体验,而且是开发人员体验的集合,这就是对 .NET 的概念性的描述。

从设计角度上看,Microsoft.NET 平台和 Windows 平台较为相似。通过该平台,用户可以创建出更多的应用软件。Windows 让人们能够接触到数以千计的第三方应用软件,并促进个人计算机产业发生了巨大的变革。同样的,.NET 能够让遍布全球的网站产生更有价值的服务,还能让用户以非常简便的方式从多个网站上获取信息。

综上所述,我们不难得到 .NET 在概念层次上的准确定义:.NET 是一个可以支持下一代互联网服务和运营所需要的平台。这个平台将包含微软新一代的操作系统和新的办公软件,包括大量的互联网服务软件,包括对各种设备的支持,包括微软提供给开发人员的最新应用程序开发套件 Visual Studio.NET 等。在这个平台上,用户可以得到完整的接入服务,开发者可以在开发方面得到有力的支持,以创新各式各样的应用软件。也就是说,微软将未来 IT 发展的一切都以一个名词来概括,这个名词就是 .NET。

13.1.3 .NET 的优点

.NET 具有如下优势。

1)跨语言

.NET 支持多语言的互操作,在一种语言下的组件通过面向对象的编程可以在另一组件下重用,这些组件即可以是用 VB、C＃、Visual C++ 编写的,也可以是用Java、Pascal 等语言编写的。

2)跨平台

.NET 是独立于操作系统的,它将各种语言通过使用特定的编译器生成独立于机器的微软中间语言(MSIL),同时产生运行所需要的元数据(Metadata)。在代码运行时再使用即时编译器生成本地平台的机器代码来执行,从而实现异构平台下对象的互操作。目前,支持 .NET 的平台不仅仅包括 Windows、Linux 和 UNIX 等操作系统,还包括各种支持 .NET 的智能终端。

3)安全性

.NET 中的 Runtime 提供了系统的安全服务,以保证未经授权的用户不能访问机器上的资源,并且代码也不能完成未授权的活动,这大大改善了系统的安全性和可靠性,大幅度减少了应用程序配置时来自"DLL Hell"的挑战。

4)对开放互联网标准和协议的支持

.NET 通过对 HTTP、MXL、SOAP、WSDL 等 Internet 标准和 Web 服务协议的强劲

支持提供在异构网络环境下的获取远程服务、连接远程设备以及完成程序间的交互。

13.2　Visual Basic.NET 的新特征

13.2.1　VB.NET 的新特点

VB.NET 是一种面向对象的编程语言,它不仅继承了 VB 的优点,而且还增加了许多新的特征,从而大大提高了开发人员的效率。VB.NET 是基于 .NET 框架,而 .NET 框架应用于生成、部署和运行 Web 服务以及应用其他的应用程序环境。.NET 框架由三个主要部分构成:公共语言运行库、类库和 ASP.NET。公共语言运行库和类库(包括 Windows 窗体、ADO.NET 和 ASP.NET)结合在一起可以提供在各种系统内部和各系统之间方便地集成服务和解决方案。.NET 框架提供:完全托管的、受保护的,并且功能丰富的应用程序运行环境,简化的开发和部署,以及各种语言的集成。主要特点如下。

1)统一的集成开发环境(IDE)

VB.NET 提供了统一的集成开发环境。在该环境下,用户可以自由选择自己喜欢的语言编写各种应用程序。

2)快速应用程序开发

VB.NET 支持 RAD(快速应用程序开发),比如项目模板、设计器和其他的开发环境特征。VB.NET 使用 .NET 框架的基类。在 VB.NET 中具有了很多以前没有的新特征。

3)Web 开发新特征

VB.NET 支持创建和使用 Web 窗体和 Web 服务。Web 窗体允许快速、方便地创建基于浏览器接口的 ASP.NET 的 Web 应用程序。Web 服务器允许封装一个 VB.NET 方法,并使得它能够在 Web 上访问。

4)数据的新特征

ADO.NET 允许创建一个与数据源隔离的数据集,作为数据源的缓冲区。并且也可以直接使用 XML 语言创建和编辑 XML 文件并用数据填充。

5)窗体和控件的新特征

Windows 窗体和控件的新特征,使用 Windows 窗体和控件可以很方便地创建分布式应用程序的表示层。Windows 窗体提供一个清晰的、面向对象的、可扩展的一系列的类,使得我们能够开发丰富的 Windows 应用程序。

13.2.2　VB.NET 在语言上的新特征

VB.NET 是微软公司 VB 语言的新一代产品,用来快速创建、设计包括 Web 服务和 ASP.NET Web 应用程序在内的 .NET 应用程序。VB.NET 有很多新的、提升的特征,如继承、重载、重载关键字、构造函数等,还有一些新的特征,如自由线性和结构异常处理。VB.NET 完全继承了 .NET 框架和 CLR(通用语言运行库),提供了几种语言间相互操作、垃圾收集、增强安全性和增强的版本支持功能。同时,VB.NET 支持 RAD(快速应用程序开发)的功能,使用项目模板、设计器和开发环境的其他特征可以很快开发出令人满意的产品出来。

1.继承

VB.NET 允许用基类为类定义派生类,派生类能继承并扩展类的属性和方法。派生类也能够利用新的实现方法重载继承方法。所有由 VB.NET 创建的类都默认为可继承类。因为设计的窗体实际上都是类,因此可以使用继承来定义基于现存窗体的新窗体。

```
Class Father
  Sub Method( )
    …
  End Sub
End Class
Class Child
  Inherits Father
    …
End Class
```

2.结构化异常处理

在 VB.NET 中,现在支持使用 Try-Catch-Finally 的增强版本结构化异常处理,两者以前是 C++语言才有的。结构化异常处理组合了先进的异常控制结构(类似于 Select Case 或 While)具有处理异常、代码保护快和过滤的功能,结构化异常处理使得程序更加健壮,系统更加不易崩溃。

Try-Catch-Finally 是一种用于编写在正常条件和异常条件下执行清洁代码的控制结构。

```
Sub SHE( )
Try
  Open "TESTFILE" For Output As #1
  Write #1,CustomerInformation
Catch
  Kill "TESTFILE"
Finally
  Close #1
End try
End Sub
```

3.重载属性和方法

重载定义为:具有相同名称的属性、方法、过程和函数,可以使用不同的数据类型。对于数据模型中做了具体规定的过程,比如规定了要使用名称相近但操作于不同的数据类型之上的过程,这时继承尤为有用。例如,一个可能表现为几种不同数据类型的类可以使用这样一个 Display 过程：

```
Overloads Sub Display(the Char As Char)
...
Overloads Sub Display(the Integer As Integer)
...
Overloads Sub Display(the Double As Double)
```

如果没有继承，就需要为每个过程用不同的名称或使用 Variant 参数。重载提供了一种更清晰、更有效的方法来处理多种数据类型。

4.重载现有方法

重载关键字允许从父对象派生对象。重载方法具有相同的参数，但是与基类的实现形式却不同。通过在方法名前明确指定 MyBase 关键字，新方法的实现形式能调用父类中最初的实现。

5.构造函数和析构函数

构造函数就是能控制一个类的新实例初始化的过程。与之相反，析构函数用于当一个类离开作用域或被设为 Nothing 时，释放系统资源的过程。VB.NET 使用 Sub New 过程和 Sub Destruct 过程支持构造函数和析构函数。

6.数据类型

构造函数和析构函数引入三种数据类型。Char 数据类型是一个无符号 16 位数，用于保存 Unicode 字符，它相当于 .NET 框架中 System.Char 数据类型。Short 数据类型是一个有符号 16 位整数，在 VB 早期版本中称为 Integer。Decimal 数据类型是一个 96 位有符号整数，它的值大小跟 10 的幂次成正比，在 VB 早期版本中，它只能在 Variant 数据类型中使用。

7.接口

接口描述类的属性和方法，但又与类不同，接口不提供实现。在 VB.NET 中允许使用 Interface 关键字声明接口，允许 Implements 关键字在接口中实现编写代码。

8.代理和 AddressOf 操作符

代理就是根据用户的需要调用对象方法的对象。正因为如此，代理有时被认为是类型安全、面向对象的函数指针。当事件发生时，可以使用代理指定事件句柄方法来进行。代理也经常使用在多线程的应用程序中。

过去因为 VB 没有指针，更没有函数指针，所以 VB 无法自定义拦截 Windows 的消息，只能靠 VB 本身提供的几个有限的事件来编程，这具有很大的局限性。VB 缺少消息捕获功能，同时又被认为不支持回调函数机制，这造成了 VB 编程的很大局限性。而在 VB.NET 中引入了 AddressOf 操作符，AddressOf 操作符的作用就是获取自定义函数的地址，有了函数地址就可以采用回调函数的机制了，这样就解决了因为 VB 没有指针而存在的缺陷，从而增强了 VB.NET 的功能。

9.共享成员

共享成员就是被类的所有实例共享的属性、过程和字段。在使用继承的 VB.NET 应用程序中，在类的所有实例中共享数据成员或函数的实例是非常有用的。在类的所有实例中共享一个数据成员或函数的单个实例是使用继承的 VB 应用程序所需要的。一个共享数据成员独立地存在于类的每个实例中。共享方法不同于普通的方法,它并不是隐式的传递类的一个实例。由于这个原因,在共享方法中对非共享数据成员的无限制引用是不允许的。共有的共享成员可以被间接地访问,而且它们可以从类的实例后期绑定。

10. 引用

引用允许用户使用在其他组件中定义的对象,引用使得不再指向类型库而是指向组件。

11. 命名组件

命名空间主要是为了防止组织类、接口和方法之间的名称冲突。

12. 组件

组件代替了类型库,通过为一个特殊的组件或应用程序描述所有必需的文件,从而扩充它们的性能,一个组件可以包括一个或多个命名空间。

13. 特征

特征对程序元素提供了额外的信息,比如可以使用特征来指定类方法的访问修改符。

14. 自由线程

线程是对处理器进行处理的最小单位,VB.NET 允许用户独立编写能执行多项任务的应用程序,多线程可以同时执行不同的任务。在 VB 中创建应用程序的时候,所编写的代码是同步的。这意味着每行代码在下一行代码之前执行。在 VB.NET 中引入了自由线程,通过自由线程,开发人员可以生成一个线程来完成一些运行时间长的任务、执行一个复杂的查询或运行一个多部分的计算,而应用程序的其他部分继续执行,这就是需要的自由多线程异步处理。

```
Sub CreateMyThread( )
  Dim b As BackGroundWork
  Dim t As Thread
  Set b = New BackGroundWork( )
  Set t = New Thread(New ThreadStart(AddressOf b.DoIt))
  t.Start
End Sub
Class BackGroundWork
Sub DoIt( )
…
End Sub
End Class
```

13.3 Visual Basic.NET 的安装与配置

由于 VB.NET 的功能比以前的 VB 版本有了很大的提高,所以安装 VB.NET 对计算机硬件配置有较高的要求。并且安装过程比较复杂,安装时间一小时左右,具体与计算机的配置性能有关,为了减少安装 VB.NET 的时间建议先把安装盘上的文件拷贝到硬盘上,然后再从硬盘安装。

13.3.1 VB.NET 的安装要求

VB.NET 作为一个强大的开发平台,就像一个操作系统一样,包括了各式各样、大大小小的功能组件和应用程序。如果要完整地安装它,用户必须使用一台性能很高的计算机,具体安装环境要求如下。

1)CPU

最低要求:CPU 需要 Pentium Ⅱ,450MHz。

推荐使用:Pentium Ⅲ,600MHz 或以上。

2)操作系统

Windows 2000(需要 Service Pack 3 或更高版本); Windows NT 4.0;Windows XP; Microsoft Windows Server 2003。

3)内存

Windows NT 4.0 Workstation 最低要求:64MB.;建议使用 96MB。

Windows NT 4.0 Server 最低要求:160MB;建议使用:192MB。

Windows 2000 Professional 最低要求:96MB;建议使用:120MB。

Windows 2000 Server 最低要求:192MB;建议使用:256MB。

Windows XP Professional 最低要求:160MB;建议使用:192MB。

4)硬盘空间

系统驱动器 900MB,安装驱动器 3.5GB。可选的 MSDN Library 文档需要额外的 1.9GB 可用空间。

13.3.2 VB.NET 的安装过程

无论是什么操作系统,只有当满足 VB.NET 的系统安装要求配置之后,才能够安装 VB.NET。安装过程大致分三部分,首先是按照 .NET 框架的要求对 Windows 组件进行更新,然后再运行 VB.NET 和 VB.NET 的安装,最后是 MSDN 的安装和更新服务版本。

13.3.3 VB.NET 的环境配置

1.项目

当进入 Visual Studio.NET 时,Visual Studio.NET 的起始页就会显示“项目(S)”的页面,此时显示三部分内容。首先是名称,如果已经使用过 Visual Studio.NET 创建或编辑过项目,那么起始页中的“名称”下就会显示最近打开过的项目名,并显示最近的修改日期。其次是打开项目,单击该按钮,打开已经存在的项目。最后是新建项目,单击该按钮显示新建项目对话框,如图 13-1 所示,用来创建新的项目。

在该对话框的“项目类型”列表框中,选择使用需要的开发语言,在这里选择“VB 项目”,然后在“模板”列表框中选择要编写的应用程序的类型。另外,还必须在“名称”文本框中输入该项目的名称,默认名称为“WindowsApplication1”,最后选择好要保存的位置。

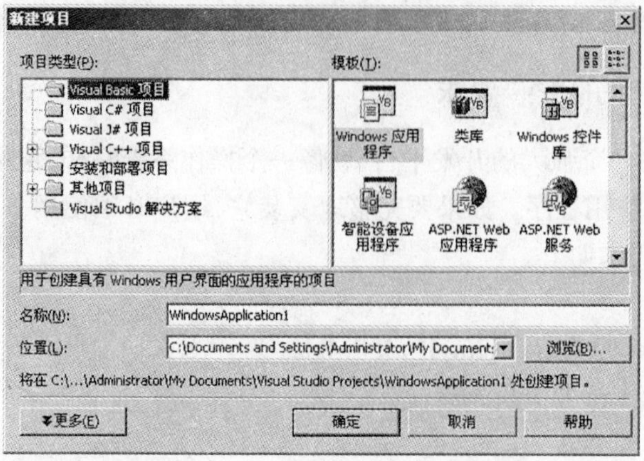

图 13-1　Visual Studio.NET 新建项目

2.配置文件

单击“配置文件(Y)”选项,出现如图 13-2 所示的窗口。

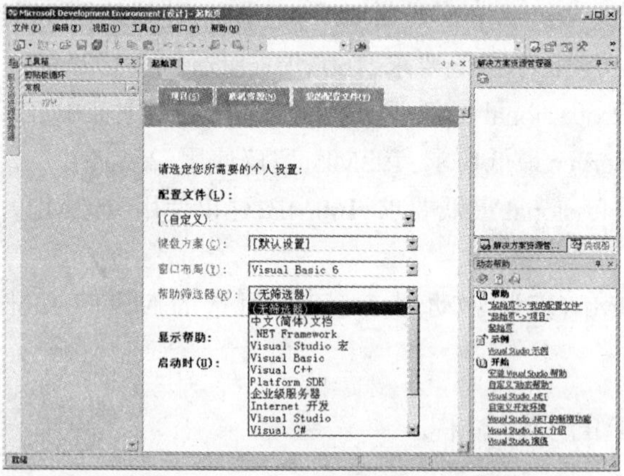

图 13-2　Visual Studio.NET 配置窗口

在该窗口里,用户可以制定自己的 Visual Studio.NET,也可以指定自己属于哪种类型的开发人员。此设置的优点是,在使用帮助信息的时候,只有与自己的个人设置相关的信息才会显示出来。

13.4　Visual Basic.NET 的集成开发环境

13.4.1　了解 VB.NET 的编程环境

在使用 VB.NET 之前,先了解一下 VB.NET 的集成开发环境,与 VB 以前的版本相比,VB.NET 界面作了很大的改动,有了很多新的特征,比如:所有的窗口都以标签的形式列出,可以设置为自动隐藏,这样,当我们打开较多的窗口时就可以很方便地进行切换;另外,还提供了动态帮助,在编写程序的过程中,动态帮助会根据用户的输入内容自动给出相应的帮助,对于编程方便了很多;还有一些新的功能,比如可以在开发集成环境中显示网页,可以新建和管理宏等,这些新的特征都使得在使用 VB.NET 时感到方便、快捷。

VB.NET 的主界面如图 13-3 所示,我们将分别对 VB.NET 主界面中各个主要的组成部分分别作详细的介绍。

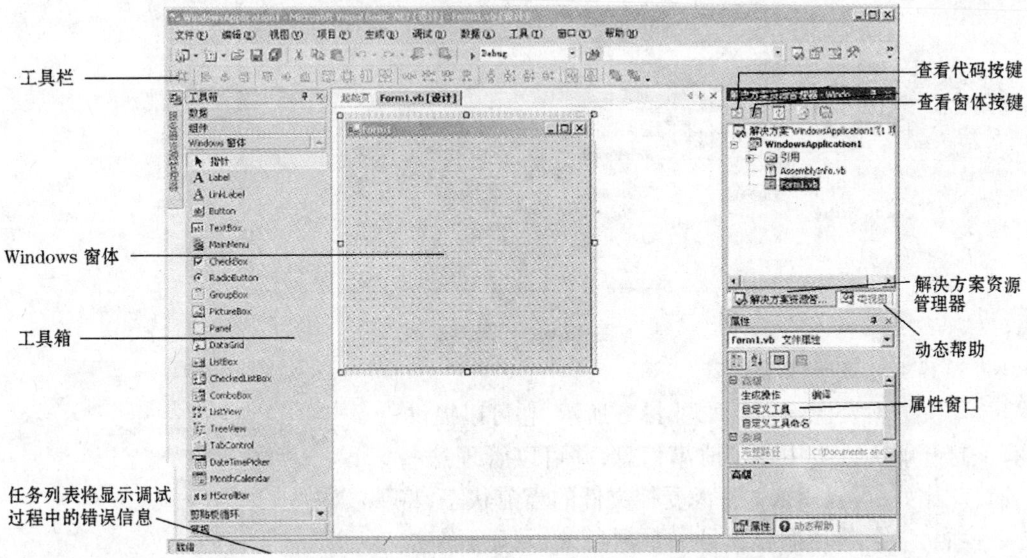

图 13-3　Visual Studio.NET 主界面窗口

1)窗体编辑器

窗体编辑器如图 13-4 所示,即图 13-3 中的 Windows 窗体,是编辑可视化应用程序界面时使用次数最多的工具之一,使用窗体编辑器可以直接用鼠标将控件拖动到窗体上,或者双击控件,也可以将控件添加到窗体编辑器上。

在窗体上添加控件后,如果控件的摆放位置不合适,可以通过菜单格式下的各种选择来对控件的大小和位置进行调整,所选择的控件中以最后一次被选中为基准。

2)代码编辑器

代码编辑器也是我们最常用的工具之一,如图 13-5 所示,我们在编写程序过程中输入、修改源代码以及显示 HTML 页都是在代码编辑器窗口下完成的。可以通过菜单“视图”—“代码”或单击解决方案资源管理器下的图标或按下 F7 键,这些操作都可以切换到代码编辑器。

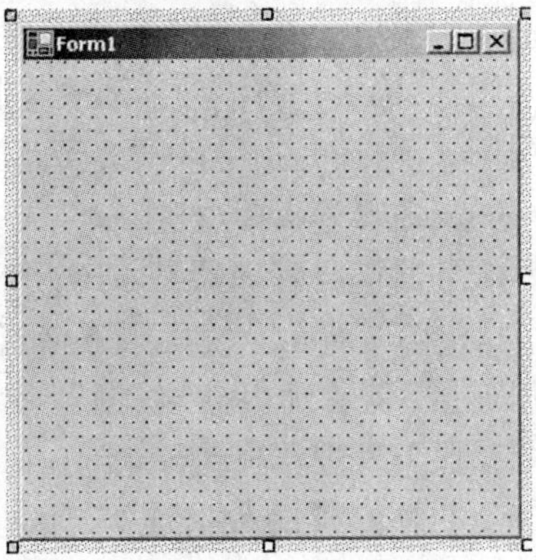

图 13-4　窗体编辑器

在代码编辑器中,不同的代码会以不同的颜色来表示,比如:绿色为注释内容,黑色为普通代码等。同时,代码编辑器适用文档标签化技术,在当前窗口失去焦点时,会自动以标签的形式隐藏,如果需要重新打开这个窗口,只需要在该标签上点击,就可以重新打开此窗口。

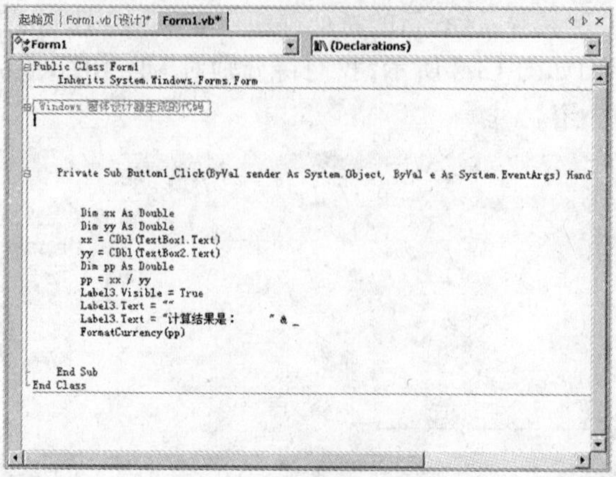

图 13-5　代码编辑器

3)解决方案资源管理器

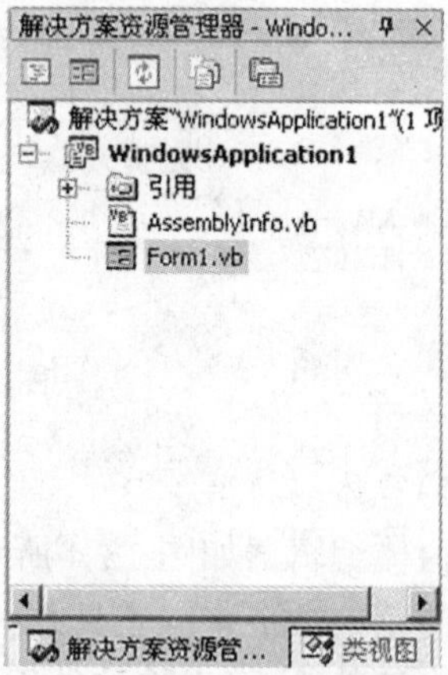

图 13-6　解决方案资源管理器

解决方案资源管理器如图 13-6 所示,它可以提供有关打开解决方案中各项时事信息,并可以管理这些项目。比如,可以用来监视源受控文件的当前状态,将某些项从一个项目拖放到另一个项目,以及显示解决方案、项目、文件属性等。一个解决方案中可以包含多个项目。解决方案资源管理器以树状视图的形式显示层次结构。

可以在解决方案资源管理器中移动、复制某一项或对某一项引用,方法为将其拖到其他位置即可。当将拖动的项放置在其目标位置上时,将出现一个工具提示图标,确定是将该项移动或复制到此位置,在该位置引用该项,还是拒绝该项访问此位置。

4)服务器资源管理器

图 13-7　服务器资源管理器

服务器资源管理器是 VB.NET 的服务器管理控制台,如图 13-7 所示。使用服务器资源管理器,可以打开数据连接,登录到服务器、浏览数据库和系统服务等。可以从服务管理器拖动节点到 VB.NET 设计器上,这样创建新的预配置的数据连接,通过菜单“视图”—“服务器资源管理器”命令,可以打开服务器资源管理器。

5)工具箱

当创建 VB.NET 项目时,工具箱用于显示可以使用的工具,工具箱中的各项随着当前设计期或编辑器的改变而改变。在工具箱中可用的项有:.NET 控件、COM 控件、HTML 对象、代码段和文本。工具箱一般显示两个项:常用项和剪切板循环项。当打开编辑器或设计器时,其他的项和工具将显示出来。

用户也可以根据自己的需要来制定工具箱。

6)属性窗口

属性窗口用来设置控件的属性值,如图 13-8 所示。属性窗口可以编辑、查看文件、项目及解决方案的属性。属性定义窗体、文档或控件的状态、行为和外观。其他属性可能仅在运行时间可用,可以通过代码来访问。

图 13-8 属性窗口

7)任务列表窗口

用于组织和管理解决方案的生成工作。

8)命令窗口

用于在集成开发环境中发出命令或调试计算表达式,命令窗口有两种不同的模式:命令模式和立即模式。

9)对象浏览器

对象浏览器用于从不同的控件中检查、查找对象及其成员,如图 13-9 所示。这里的对象包括空间、类、结构、接口、类型、枚举等,对象成员包括属性、方法、事件、变量、常量、枚举项等。这些控件可以是解决方案中的项目,这些项目中引用的控件或者外部控件一起构成了对象浏览器的浏览范围。通过自己设定浏览器的范围,用户可以决定要显示哪些控件。

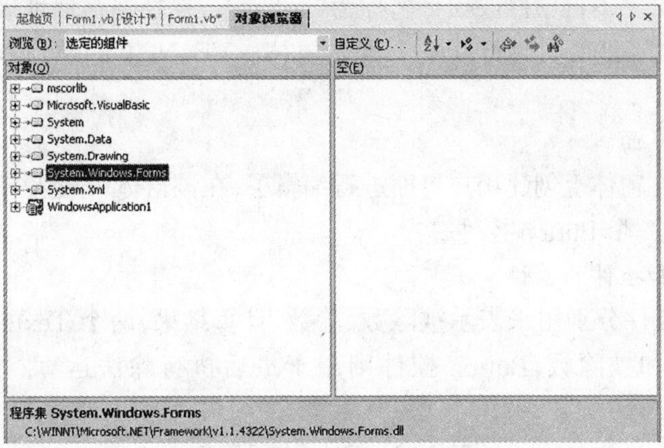

图 13-9 对象浏览器

13.4.2 创建一个 VB.NET 程序

创建一个 VB.NET 应用程序有七个主要步骤:

(1)创建项目。

(2)创建用户界面。

(3)设置窗体和控件的属性。

(4)编写代码。

(5)编译。

(6)调试和运行。

(7)生成发行版应用程序。

下面通过一个实例来介绍一下怎么使用 VB.NET 创建一个 VB 项目。

1)创建项目

启动 Visual Studio.NET 起始页,选择“文件”—“新建”—“项目”,打开新建项目对话框,如图 13-10 所示。

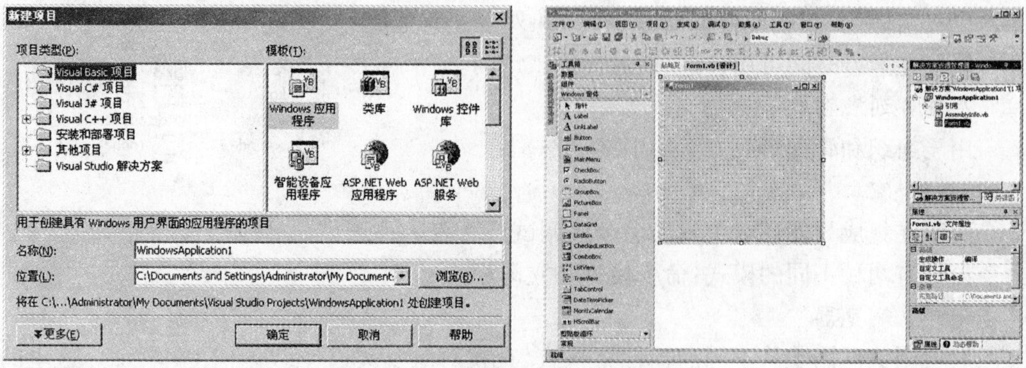

图 13-10　新建项目窗口和主窗口

在“新建项目”对话框中,选择“项目类型”为“VB 项目”,选择“模板”为“Windows 应用程序”,在“名称”文本框中修改项目名称为“jisuanqi”,选择保存地址确定后自动打开新建的项目“jisuanqi”窗口,同时打开一个默认窗体。VB.NET 的窗口布局如图 13-10 所示。

2)创建用户界面

现在就可以在窗体上创建用户界面进行编辑了,在该窗体中放入三个 Label 控件、两个 Textbox 控件、一个 Button 控件。

3)设置窗体和控件的属性

三个 Label 控件分别用来表示被除数、除数、计算结果,两个 Textbox 控件分别用来输入计算的除数和被除数,Button 控件则用于最后执行除法运算。控件属性设置如表 13-1 所示。

表 13-1　控件属性设置表

对象	属性	设置值
Form1	Text	简单的运算器
Label1	Text	被除数
Label2	Text	除数
Label3	Text	计算结果是:
Textbox1	Text	置空
Textbox2	Text	置空
Button1	Text	开始计算

4)编写代码

完成了窗体的设置和属性的设置后,用户就可以进行代码的编写了。在这个简单的计算器程序中,只有一个事件产生,即单击命令按钮控件后执行的除法运算并在固定的区域显示出运算结果。因此,用户需要在视图设计器窗口中双击 Button1 控件,打开代码编辑窗口。

在代码编辑窗口中,VB.NET 直接将光标定位于 Button1 _ Click 事件的代码段中,只需要直接在该事件中写入要实现的功能的代码即可。要实现除法运算,首先需要创建并声明三个变量类型均为 Double 类型,然后才可以通过除法运算符进行除法运算。同时,这里还需要使用 FormatCurrency()函数,以便将计算结果格式化为货币形式。所需编写的代码如下:

```
Private Sub Button1_Click(ByVal sender As System.Object, ByVal e As System.EventArgs) _
        Handles Button1.Click
    Dim xx As Double
    Dim yy As Double
    xx = CDbl(TextBox1.Text)
    yy = CDbl(TextBox2.Text)
    Dim pp As Double
    pp = xx /yy
    Label3.Visible = True
    Label3.Text=""
    Label3.Text="计算结果是:          " & FormatCurrency(pp)
End Sub
```

完成代码编写后,在代码窗口中以蓝色显示的字是 VB.NET 的保留字,而用户自己输入的代码以黑色显示,如果输入的代码有误,则 VB.NET 会自动识别这些有误的代码,并在错误的代码行中显示一条或多条蓝色的错误提示线,这样便可以直接检查代码中的语句、函数、符号书写的是否正确以及变量和赋值是否匹配等问题。只有用户将错误代码修改过来,再次在代码行末尾回车,蓝色的错误提示线才会消失。

5)编译

选择"生成"下的"生成解决方案"子菜单对代码进行编译。

6)调试和运行

选择"调试"菜单下的"启动"子菜单对程序进行调试和运行。如果要设置断点,可以在要设置断点的代码行前用鼠标点一下,该行前出现圆形标志,说明断点设置成功。编译结束后,可以查看编译信息,方法就是通过"任务列表"显示调试信息。然后输入被除数和除数,单击"开始计算"按钮,就会执行此程序。运行结果如图 13-11 所示。

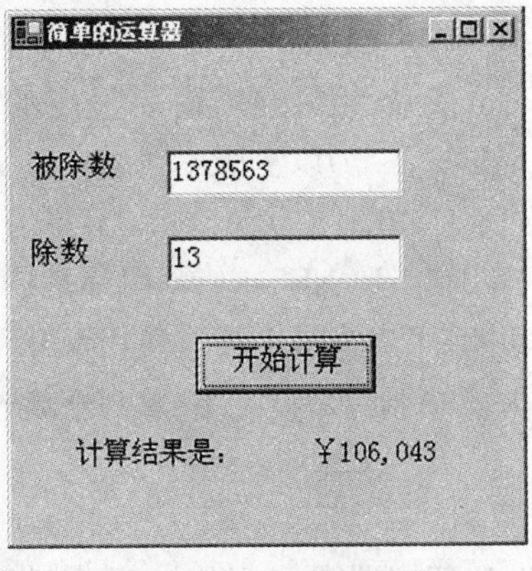

图 13-11 运行结果窗口

7)生成发行版应用程序

经过调试运行程序后,就可以生成最终的发行版本应用程序了。先从工具栏的"解决方案配置"

下拉列表中选择“Release”,然后按 F7 键即可生成可执行程序。发行版本可执行文件的大小比调试版本可执行文件的大小要小得多。

本章小结

在本章中,我们详细介绍了 VB.NET 的起源、发展以及现状,安装 VB.NET 的方法和注意事项,VB.NET 具有的新特征,VB.NET 的集成开发环境等。通过对本章的学习,一定要领会使用 VB.NET 开发应用程序的基本过程和方法,通过本章的实例讲解感受使用 VB.NET 开发应用程序的快捷和简便。应该掌握 Windows 窗体的基本知识和概念,掌握 Windows 窗体应用程序开发的过程和步骤。

习题 13

13.1　选择题

1. .NET 是(　　)。

(A)一种新的操作系统　　　(B)一种开发分布式 Web 应用程序的新型平台

(B)一种面向对象的语言　　(D)将微软所有产品捆绑在一起的软件包

2. VB.NET 是(　　)。

(A)一种新的开发环境　　　(B)一种面向对象的编程语言

(C)一种简单的脚本语言　　(D)一种开发分布式 Web 应用程序的新型平台

3. VB.NET 是利用对象的(　　)功能来创建一个类。

(A)封装性　　(B)多态性　　(C)重载　　(D)继承性

4. 在代码编辑器中,VB.NET 关键字默认显示的颜色是(　　)。

(A)绿色　　(B)黑色　　(C)蓝色　　(D)红色

5. 工具箱在缺省的状态下位于编辑界面的(　　)边,其上面提供多种不同的工具让用户选择。

(A)上边　　(B)下边　　(C)左边　　(D)右边

6. 安装 VB.NET 需要很高的软件和硬件配置,安装浏览器至少需要安装 Internet Explorer(　　)以上版本。

(A)6.0　　(B)5.0　　(C)4.5　　(D)5.5

7. 在 VB.NET 中,一切都是(　　),这意味着比以前的 VB 版本里获得了更多的内在功能,用户将很少被迫使用 Windows API。

(A)属性　　(B)方法　　(C)类　　(D)对象

13.2　简答题

1. 怎样理解 .NET? 它有哪些优点?

2. 与 VB 相比,VB.NET 在语言方面有哪些新的特征?

3.VB.NET 不支持包括实现继承在内的所有面向对象的语言特征,这句话是否正确?

4.窗体设计器被用于设计和编制应用程序的用户接口,设计器显示的两个窗口的作用是什么?它们之间是否可以相互切换?

5..NET 平台是怎样实现程序代码的跨平台执行机制的?

13.3　操作题

1.安装 Visual Studio.NET 平台。

2.创建一个判断今天是星期几的应用程序。

在"判断按钮"的 Click 事件即完成判断系统时间是星期几的功能中应添加如下代码:

```
Private Sub Button1 _ Click(ByVal sender As System.Object,ByVal e As System,EventArgs)  _
          Handles Button1.Click
  Dim hweek(7) As ____________________
  Dim hDay As __________________________
  HWeek(0)="星期一"
  HWeek(1)="星期二"
  HWeek(2)="星期三"
  HWeek(3)="星期四"
  HWeek(4)="星期五"
  HWeek(5)="星期六"
  HWeek(6)="星期日"
  HDay=WeekDay(Now,FirstDayOfWeek.Monday)
  ____________________=____________________
End Sub
```

实验 13

【实验目的】

(1)了解在代码中设置对象属性的方法。

(2)了解在代码编辑器中输入程序的基本操作。

(3)了解开发程序的一般过程。

【实验内容】

设计一个简单的 VB.NET 趣味程序。在窗体上画三个文本框和两个命令按钮,当单击第二个命令按钮时,首先清除三个文本框的内容,然后重新显示,并使三个文本框在高、宽方面有所变化,文本框中的字体大小有所变化。

过程:

(1)建立界面。

(2)编写程序。

(3)运行程序。
(4)保存程序。
(5)装入(加载)程序。
(6)编译生成可执行文件。

参 考 文 献

[1] 龚沛增,陆慰民,杨志强.Visual Basic 程序设计简明教程(第 2 版).北京:高等教育出版社,2003
[2] 李淑华.VB 程序设计及应用.北京:高等教育出版社,2003
[3] 梁普选,等.新编 Visual Basic 程序设计教程.北京:电子工业出版社,2002
[4] 刘瑞新.二级 Visual Basic 语言程序设计.北京:机械工业出版社,2003
[5] 刘瑞新.Visual Basic 程序设计教程.北京:机械工业出版社,2000
[6] 林卓然.VB 语言程序设计.北京:电子工业出版社,2003
[7] 彭波.Visual Basic 程序设计.北京:清华大学出版社,2001
[8] 彭明柳.Visual Basic.NET 彻底研究.北京:中国铁道出版社,2003
[9] 普悠玛.Visual Basic.NET 程序开发务实.北京:中国铁道出版社,2002
[10] 普悠玛.Visual Basic.NET 程序设计示例导学.北京:北京科海电子出版社,2003
[11] 袁阳.Visual Basic.NET 实例入门.北京:海洋出版社,中国青年出版社,2002
[12] 黄山,等.Visual Basic.NET 中文版新概念百例.北京:中国水利水电出版社,2003
[13] 尹建民,张海卿.Visual Basic.NET 入门阶段.北京:清华大学出版社,2002
[14] 肖金秀,韩贵来.Visual Basic.NET 程序设计教程.北京:冶金工业出版社,2005
[15] 唐大仕.Visual Basic 程序设计.北京:清华大学出版社,2003
[16] 曹青,邱李华,郭志强.Visual Basic 程序设计教程.北京:机械工业出版社,2002
[17] 谭浩强,薛淑斌,袁玫.Visual Basic 程序设计.北京:清华大学出版社,2000

